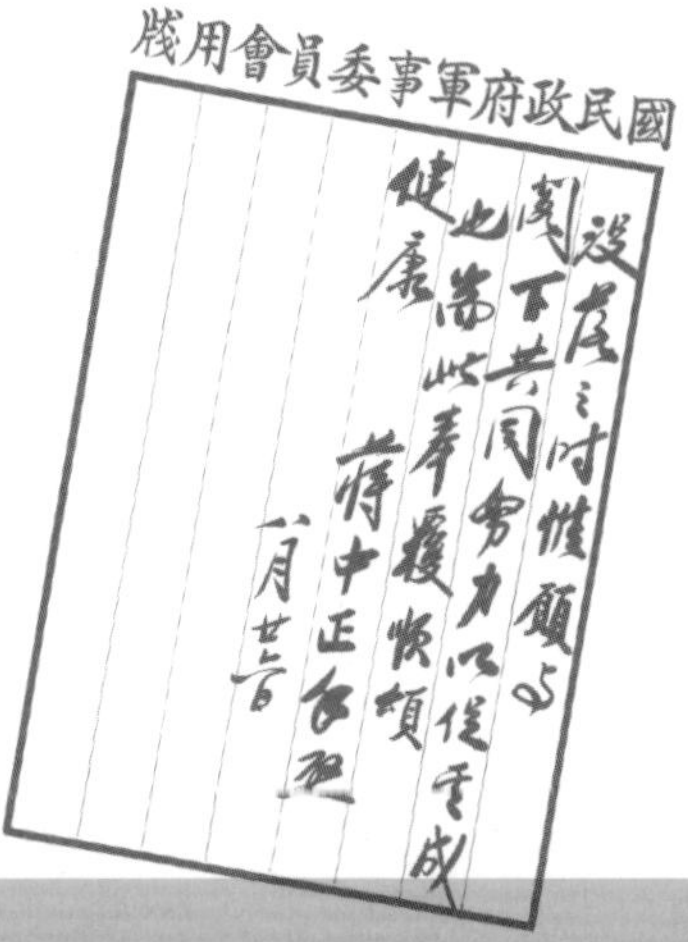

蔣介石の書簡外交

Another Frontline: Correspondence between Chiang Kai-shek and the World Leaders, 1937-1945

【下巻】日中戦争、もう一つの戦場

Masafumi Asada
麻田雅文

人文書院

目次

上巻目次

凡例

一、年号はすべて西暦に統一する。書簡の発信日時など、本文中では現地時間を用いる。

二、一部を読みやすさに配慮して、日本語の原文カナを現代かな遣いに改め、適宜句読点を補い、必要に応じてルビを施した。現在、中華人民共和国で用いられる簡字体は日本の常用漢字に変換した。引用文中の［ ］は執筆者（麻田）による補足である。引用文中には、現在から見ると不適切な表現があるが、歴史用語としてそのまま引用した。

三、地名は、二〇二一年現在と当時で表記の違う場合は、初出に限り現在の地名を記した。「ウラジオストク」や「沿海州」など、正確ではないが慣例化した表記がある場合、そちらを優先した。また現在の「中国東北部（東北）」は、日本人になじみのある「満洲」を採用した。ただし、引用文中に「満州」とある場合、表記はそのままとした。「満洲国」など、世界の大多数の承認を得られなかった、正統性の乏しい国家や組織はカッコを付けるべきだが、本書では他にも頻出するため、すべてカッコを外した。中国語の地名で、現地の音に近いものはカナ、日本語の読みの場合はかなのルビを振った。

四、人名の肩書きは当時のものである。日本語で表記する際、父称やミドルネームは省略し、名前、姓の順番で記す。日本人と中国人は姓名の順番で、必要に応じてルビを施した。本文は「蔣介石」としているが、原文に「蒋介石」とあるものはそのままとした。

五、ロシアの文書館史料を引用する際、文書館《アルヒーフ》名に続き、文書群《フォンド》、目録《オーピシ》、簿冊《ジェーラ》、枚《リスト》の番号（数字のあとの об は裏の意味）を記載する。以下は一例。РГАСПИ. Ф. 558. Оп.11. Д. 1665. Л. 1об.

蔣介石の書簡外交

――日中戦争、もう一つの戦場――

下巻

第六章

ビルマとインドでの蹉跌、一九四二年

チャーチルの慧眼

アジア太平洋戦争が始まるや、日本軍は東南アジア各地で破竹の進撃を続ける。一九四一年一二月一〇日には、日本海軍の航空隊がマレー半島東方の海上で、イギリス東洋艦隊の戦艦「プリンス・オブ・ウェールズ」と巡洋戦艦「レパルス」を撃沈した。

スターリンにも自慢したこれらの戦艦が沈められて、チャーチルは「戦争の全期間を通じて、私はこれ以上のショックを受けたことがなかった」と回想録に記している(1)。

それでもチャーチルは、蔣介石には弱気を見せない。新任の駐華英国大使、ホレス・シーモア(Sir Horace James Seymour)からは、一九四二年 月二七日付のチャーチルの書簡が蔣介石へ手渡された。

日本の新しい冒険での、劈頭《へきとう》の成功の数々は華々しいものですし、日本は奇襲攻撃で優位を獲得しました。しかし、その華々しい成功により、日本はとても不安定な地位に置かれ、獲得した優位も、まもなく必要不可欠な軍需物資が枯渇すれば、たちまち消えてしまうものです。日本はいずれ、敵の軍需品と艦船のとてつもない増産や、ゆっくりとはですが、着実に忍び寄るドイツの敗勢の運命も目にせざるを得ない。その時には、占領した地域は日本にとって負担となり、連合国の海軍力の増強とともに、自軍を［占領地から］撤退させるか、分散させるか余儀なくされるのです(2)

さらにチャーチルは励ます。一年前と比べてみて欲しい。あの時に枢軸国と激戦を繰り広げていたのは中国と大英帝国だけだったが、いまや東西の二つの戦争は一つとなり、我が陣営にはアメリカやソ連がいて、二六ヶ国もが連合国共同宣言に署名したのだ、と。

一九四二年一月一日に署名された連合国共同宣言は、前年の大西洋憲章の原則を取り入れ、日本、ドイツ、イタリアの枢軸国に対する徹底的な戦争遂行と、単独不講和ならびに単独不休戦を誓約したものだ。

まさに戦争がチャーチルの見立て通りに進んだことを思うと、彼の慧眼《けいがん》には驚かされる。ただ、それは戦争の結末を知っているがゆえの感想だろう。当時に身を置けば、日本軍の快進撃を前に、チャーチルの言葉は慰めにもならなかったに違いない。

イギリスの植民地だったために、それまで手が出せなかった香港は、日本陸軍が一九四一年一二月二五日に占領した。日本軍の連戦連勝は翌年も止まらない。二月にはイギリスの東洋における拠点、シンガポールが陥落する。三月には蘭印、五月にはアメリカの植民地フィリピンが日本軍に占領された。

中でもイギリスの植民地は、なぜこうも易々と陥落したのか。その答えは、アジアにおける植民地が、イギリス本国の防衛にとって二次的な意味しか持たず、軽視されたからだ(3)。

それだけではない。一九四一年一二月にビルマに向かうはずだった増援部隊は、シンガポールに送られた。おまけにオーストラリアが、自らが日本の脅威にさらされると、オーストラリア軍をビルマ防衛に使用するのを拒否した。結果的に、ビルマでは日本軍の前進を遅くしながら徐々に撤退するしか、イギリス軍に残された道はなかった。(4)

中国を支えたアメリカの財力

日本軍の快進撃を、蔣介石は苦々しげに見つめ、ある提案を練る。

一九四一年一二月三〇日、駐華米国大使館の一等書記官と会談した際のことだ。蔣介石は、中国軍のビルマ派兵を伝え、連合国との戦争協力に積極的な姿勢を示す。しかし、彼は中国の財政が危機的であるとも伝え、アメリカに五億ドル、イギリスに一億ポンドの計一〇億ドルの支援を仰いだ。

蔣介石によれば、日本軍は戦勝をプロパガンダに活用している。中国の知識人たちは、米英中蘭の最終的な勝利を疑っていないが、大衆や、汪兆銘政権につらなる中国人たちは、日本のプロパガンダに踊らされている。そこで、米英が中国を支え、財政支援してくれると公表してくれたら、疑いを持つ者や、反対する者を黙らすことができると述べた。(5)

イギリス側は反対だ。融資は中国国内のインフレ抑制のためだから、ビルマ・ルートの輸送管理の徹底や、米価統制といった改革をした上で、中国国内で発行される国債（内債）を発行する方が良いと、アメリカのモーゲンソー財務長官に申し入れる。(6)

だが、いまや共通の敵と戦う国として、アメリカは中国への援助に躊躇しない。特に、国務省は追加融資に積極的だった。ハル国務長官は五億ドルを融資するよう、大統領へ進言した。

「中国人が行ってきた、いまも続く侵略に対する見事な抵抗、共通の大義への貢献は、私たちができる最大限の支援を受けるに値します」[7]。

こうして、五億ドルの中国への借款が上下両院で承認されたと、ローズヴェルト大統領は一九四二年二月六日付の電信で蔣介石に伝える。満場一致での、異例の早さによる承認であったとも書き添えた[8]。蔣介石は返信で、開戦から四年半の間に疲弊した経済を立て直せるだけでなく、国民の士気も高めると感謝した[9]。

ある計算によると、大戦中にアメリカは、三八ヶ国に五〇〇億ドルを提供した。しかし、中国に供与した総額は、その内三・二パーセント（一六億二〇〇万ドル）に過ぎなかった。支援額では英ソ仏に次ぐ第四位だが、特に英ソ両国とは大きな差があった[10]。

もっとも、大戦中にアメリカの経済的な支えがなければ、蔣介石は政権を維持できただろうか。

ビルマ失陥

日本軍による東南アジアの占領で、連合国の協力は焦眉の急となる。その試金石となったのが、イギリスの植民地ビルマだった。一九四二年一月下旬、タイから国境を越えて日本軍がビルマに侵入する。ビルマが脅かされるようになると、イギリスは中国に派兵を要請した[11]。

中国では、戦線の拡大につながる応援には反対もあった。ソ連からの軍事顧問、チュイコフ中将は、中国が南太平洋やビルマの戦線に加わらないよう、蔣介石に説く。しかし蔣介石は、ビルマは中国にとって唯一の海の出口で、中国と米英を結ぶたった一つの道だから失うわけにいかないと、派兵を決めた[12]。進言をしりぞけられたチュイコフは、一九四二年三月に帰国する。同年九月からは、大戦中の屈指の激戦地、スターリングラードで指揮を執った。ソ連の軍事顧問に代わって、蔣介石が何かと相談するようになったのは、スティルウェルをはじめとするアメリカの軍人たちだった。

蔣介石は、ビルマ中央部を中国軍が守り、イギリス軍は南部にあるビルマの首都ラングーンを防衛する案を申し出た。しかし、米英蘭豪（ＡＢＤＡ）総司令官のアーチボルド・ウェーベル（Archibald Percival Wavell）陸軍大将に断られる。ウェーベルはチャーチルに、ビルマの防衛は中国軍ではなく、イギリス軍が行うべきだと主張した。アメリカ人のスティルウェルにいわせれば、その背景には、「汚い中国人がビルマにいるのを望まない」イギリス人の大国意識があった(13)。

論戦をしている間に、ビルマ南部は日本軍に占領される。一九四二年三月八日、日本の第三三師団はラングーンを無血占領した。海港ラングーンが占領され、ビルマ・ルートは機能しなくなった。

その翌日の三月九日、クラレンス・ガウス（Clarence Edward Gauss）駐華米国大使は、ハル国務長官に報告する。前年五月に着任したガウスからすると、蔣介石は「いままで見たことがないほど落ち込んでいた」。イギリスは撤退や降伏の際に同盟国に知らせない、と蔣介石はガウスに愚痴もこぼした(14)。

ビルマの惨状を視察

ビルマを失いつつあったこの時期、チャーチルと蔣介石の往復書簡の内容は険悪そのものだ。

蔣介石はインド訪問の往復でビルマへ立ち寄り、四月にも再訪した。四月一七日には、顧維鈞駐英大使を通じて、チャーチルにその情景を伝えている。彼が四月七日に訪れた際には、連合軍の弱点がいくつも見られた。その一つは、後方における組織の欠如であり、惨めになるほどの規律の欠如だった。蔣介石は、長い軍歴でも比べるものがない惨状だとも書く。

例にあげたのは、ビルマ中部の街マンダレーである。四月四日に日本軍の空襲を受け、蔣介石が到着した四月七日にもまだ燃え盛っており、焼死した人間や動物が転がっていた。街からは人影が消え、外部との通信も途絶え、線路には故障した車両が放置されていた。軍事面から見れば、ビルマ軍は人々からの信用を失っており、組織もリーダーシップもなく、軍隊は崩壊していた。民衆、特に僧侶には反英的な空気が満ちており、人々の大部分も日本軍に利用されているような状況だったと、蒋介石は記す。

　こうした惨状でも、中国から派遣された遠征軍は、イギリス軍の失策までカバーしようと必死で戦っているというのが、蒋介石の主張である。もはや戦闘はビルマ中部に移った。ビルマ中部を失えば北部が戦場となり、次はインドが陸路で脅かされる。そこで、ビルマを極東における決戦場と位置付け、米英ができる限りビルマの戦線を維持するよう、蒋介石は訴えた[15]。

ビルマ戦線で戦う中国軍兵士（1943年、ローズヴェルト大統領図書館蔵）

崩壊する大英帝国

　一九四二年四月二六日、チャーチルは返信を送る。蒋介石の「率直な」書簡に謝意を表し、ビルマがいかに重要かというあなたの意見に、私も配下の軍人たちも全面的に同意していると書く。しかし、「我々はこの戦争を、乗り越え難いほどのハンディキャップのもとで始めたのですから」と、イギリスの苦境を理解するよう促した。

チャーチルは記す。あなたのいわんとしているのは、ビルマにおける空軍の欠如だろう。イギリスでは開戦後、空軍の増強に努めているが、現在、ビルマの貴軍に航空機を送る余裕はない。ビルマに援軍を送るにはインドから、インドには中東から飛ばなければならない。加えて、極東では制海権も失っている。しかし、我々が受けた空襲の被害を敵に返す日は必ず来ると、チャーチルは励ました[16]。激励が、チャーチルにできる精一杯だった。

折しも北アフリカでは、ドイツ軍がイギリス軍をエジプトへ追いやり、スエズ運河を脅かそうとしていた。インド洋では、セイロン島（現在のスリランカ）の沖合で海戦となり、四月九日には空母「ハーミーズ」を失うなど、日本海軍に敗れた。このように、イギリス本国と中東、インドを結ぶ補給線は累卵の危機にあった。

イギリスの陸軍参謀総長、アラン・ブルック（Alan Francis Brooke）大将は、四月七日の日記に記す。「この帝国が歴史上こんな危っかしい情況にあったことはないのではないかと思われる[17]」。

自信を喪失した蔣介石

大英帝国全体が危機に陥る中、ビルマ戦線の優先順位はイギリスにとって低い。しかし、中国と境を接するビルマ戦線は、蔣介石には最優先である。蔣介石は、一九四二年四月一三日に、ローズヴェルト大統領にもビルマの惨状を伝え、少なくとも三〇〇機の航空機を送ってくれるように要請している。四月二一日付の返信で、大統領は快諾した。インドへアメリカの第一〇空軍を送り、中国との補給路を確保すると請け合う。また、アメリカから中国へ、準備ができ次第、四五六機を早急に送るとも約束した[18]。

しかし、すべては手遅れとなる。四月一九日、雲南省との国境に近いラシオが占領され、中国とビルマの交通が途絶した。五月一日には中部のマンダレーが陥落し、五月八日、中国との国境に近いミッチーナー（ミイトキーナ）も日本軍に占領された。ビルマ全土は五月末までにほぼ日本軍の支配下に入り、ビルマ・ルートは封鎖された。

こうして、ビルマ遠征は大失敗に終わった。中国のビルマ遠征軍は、インドと雲南省へ散り散りとなる。さらにビルマを占領した日本軍は、ビルマ・ルートをたどって中国へ侵入し、雲南省南西部を占領した。

アメリカの軍事使節団の代表として、重慶に派遣されていたジョン・マグルダ（John Magruder）陸軍准将は、重慶、そして中国からの撤退を準備すると、五月七日にガウス駐華米国大使に語る。ガウスは撤退計画を立案する必要性は認めたが、中国人の疑念を起こす行動には反対した。[19] アメリカ軍ですら、戦況に希望が持てなかったのだ。

蔣介石の妻の宋美齢も、五月二三日にカリー大統領顧問へ書く。

「ビルマを失い、この五年間でもかつてなかったほど、軍と国民の士気は低下しています。［中略］一九三七年以来初めて、チーフ［蔣介石］は悲観的となり、状況は危険だと認めました」。[20]

ビルマでの敗退で、蔣介石は、いい知れぬ嫌悪感をチャーチルに抱く。チャーチルは五月一〇日に演説したが、ビルマ救援のために払った中国の犠牲に言及しなかった。蔣介石は日記にその不満をぶちまける。まだ中国軍はビルマとの国境付近で包囲され、危機を脱していないのに、チャーチルはこれっぽっちも救援軍を出さず、中国軍がビルマに駆け付けた貢献にも言及しないとは、情理が全く無い。悪賢いイギリスとは仕事ができない、と[21]（「蔣中正日記」一九四二年五月一二日条）。

ミッドウェー海戦

東はハワイを襲い、西はビルマを制圧し、南はオーストラリアを爆撃して、北ではアリューシャン列島を占領した日本。まさに日本は敵なしに見えたが、蒋介石を勇気づける戦果もあった。

> 倭寇は江西、浙江に力を尽くして進攻し、いくつかの城市を占領したが、その最中に海軍は北太平洋の島で最近、損害を被った。「龍鶴《ママ》」、「翔鶴《しょうかく》」、「赤城《あかぎ》」、「加賀《かが》」といった航空母艦は沈没するか、大破したという。アメリカの報道では、「高砂《ママ》」と「瑞鶴《ずいかく》」も沈み、所有している主力母艦のほとんどを失ってしまったから、江西、浙江の城市を占領しても、損失の万分の一も償えようか（「蒋中正日記」一九四二年六月一六日条）[22]

ミッドウェー海戦のことだ。沈没した空母を過大に見積もり、艦名も正確ではないが、確かにこの海戦は転換点となった。日米両軍はこの後、西太平洋の島々で壮絶な攻防戦を繰り広げ、中国戦線の日本陸軍も、徐々に太平洋での戦いに力を奪われてゆく。蒋介石はこの日の日記に、日本軍の失敗は座して待つと、改めて持久戦の覚悟を記した。

しかし、目下の戦況が中国に不利なことに変わりはない。ビルマ・ルートを失った上に、中国大陸でも日本軍の攻勢にさらされていると、蒋介石はローズヴェルト大統領に訴えた。そして、大統領と直接会談したいが、中国を離れられないので、側近のハリー・ホプキンス（Harry Lloyd Hopkins）を派遣してもらいたいと大統領へ申し出る[23]。

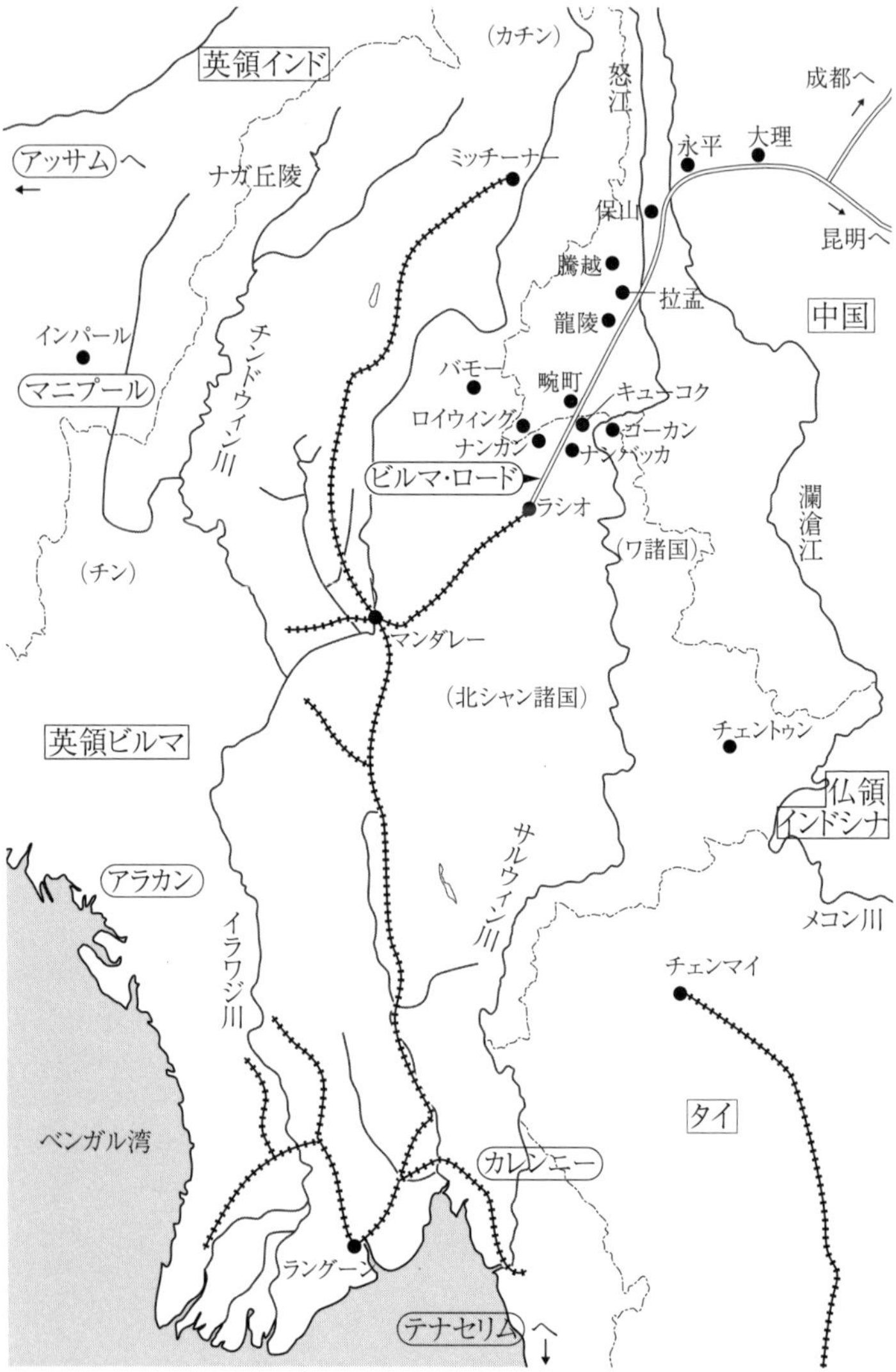

中国の雲南省と英領ビルマ（出典　後藤春美『国際主義との格闘』中公叢書、2016、205 頁）

ビルマ進攻作戦の問題点

ホプキンスに代わって重慶を訪れたのは、自ら志願して来たカリー大統領顧問である。一九四二年七月二六日の会談で、彼は蔣介石に、スティルウェルが立てた作戦を提示した。

イギリスはヨーロッパから一個師団を、中国は雲南から一二個師団を動員して、ビルマへ反攻する。雲南からは、中国軍が九個師団をベトナムに派兵し、陽動作戦とする。これらの攻勢を一一月一五日から一二月一日の間に行う。ビルマを占領したらイギリス軍に任せ、中国軍とアメリカ軍はタイへ進攻する。日本軍が南下しないように、アメリカ軍は空母を出動させて、航空機で華北の日本軍を攻撃して牽制する。実に壮大な作戦だ。

蔣介石は同意したが、条件を出した。ビルマでの経験から、空軍がなければ犠牲を出すだけだと分かった。だから五〇〇機の航空機を配備し、毎月五〇〇〇トンの物資を空輸して欲しい。これが実現したら中国軍を出動させると、蔣介石はその翌日にも繰り返した。(24)

しかし問題が二つあった。

第一に、進攻作戦には輸送機やそれを護衛する戦闘機が必要だが、そもそも、ビルマ進攻に大量の航空機を動員するのは、アメリカには無理な注文だった。この点は次章で詳述する。

第二に、進攻作戦に必要な軍需物資を、中国へ輸送するルートだ。すでに香港、ベトナム、ビルマのルートは、日本軍の手で閉じられた。では、どこから大量の物資を送るのか。この戦線における最大の難問が浮上する。

イランと新疆ルート

以前から検討されていたのが、ソ連領内の中央アジアを経由する案だ。一九四二年三月二〇日に、駐ソ大使の邵力子が、ソロモン・ロゾフスキー外務人民委員代理に提案した。しかしソ連側は「検討する」というのみで、はかばかしい返事は得られなかった。[25]

そこで、アメリカが仲介に乗り出す。駐ソ米国大使のスタンドリーがスターリンに直談判した。一九四二年七月二日の会談で、スタンドリーは、イランか、海港のカラチ（現在のパキスタン最大の都市）からソ連領を経由して運びたいという中国政府の希望を伝えた。スターリンから明瞭な返事はなかったが、ソ連は応じる印象を受けたと、大使はワシントンへ報告している。[26]

しかし、ソ連側の会談記録からは、スターリンの渋る様子がうかがえる。ソ連の鉄道は、いかなる場所であれ中国の鉄道と接続していないから、物資を輸送できないというのが、スターリンの返事だった。彼によれば、戦前には新疆を通って、陝西省の西安まで通す鉄道を敷くことを蔣介石と話し合ったが、計画倒れに終わった。代わってスターリンは、イランの鉄道とソ連の鉄道をアメリカ人がつなげて輸送すれば良い、と代案を出す。[27]

なぜイラン経由なのか。イランは大戦に中立を宣言したが、ドイツと緊密な関係を維持したため、一九四一年八月二五日に、赤軍がイラン北部へ進攻する。イギリス軍もペルシャ湾から上陸し、イランは両国の占領下に置かれた。[28] そのイランを経由すれば、日本の攻撃は受けないという提案だ。もっとも、大幅な遠回りを強いる輸送路でもあった。

一九四二年一〇月二三日、邵力子駐ソ大使は、ミコヤン貿易人民委員に詳しい要望書を渡した。計画では、毎月二〇〇〇トンの武器、軍用車両、弾薬などの軍需物資を鉄道と道路で運ぶ。輸送経路は、カラチからイラン南東部のドズダーブ（現在のザーヘダーン）、イラン北東部のマシュハドを経由して、ソ連領だったカザフスタンのアルマアタ（現在のアルマトイ）に至る。ここからは、中国側に輸送車両が足りないので、ソ連側の手で新疆のハミに運んでもらいたいと要望した。しかしソ連側は、このルートで輸送ができないのは、イギリスが必要な輸送車両をソ連に提供しないからだと、責任を転嫁した。[29]

新疆ルートにソ連が消極的だったのは、アメリカやイギリスなどに、ソ連が勢力下に置いていた新疆を見せたくなかったためと考えられている。[30] しかし、このルートは中ソ関係に左右されたことが、より重要だったと思われる。

第八章で詳述するが、一九四二年夏に、新疆の統治者である盛世才《せいせいさい》がソ連から重慶国民政府へ寝返った。その際、盛世才は、軍需物資輸送のため、新疆の飛行場を使用するのを歓迎するとして、新疆にある全飛行場の情報を引き渡した。[31] 当然、彼の寝返りはソ連側にとって面白いはずがなく、中国への物資輸送にも協力しなかったのだろう。

ヒマラヤ山脈を越えて

ビルマ・ルートは日本軍に封鎖され、イランと新疆ルートはソ連の協力が得らない。残るは、インドからヒマラヤ山脈を越え、中国に空輸するルートだけだ。ヒマラヤ山脈を駱駝《らくだ》のコブに見立てたこのルートは、ハンプ・ルートと呼ばれた。

早くも一九四二年二月九日に、ローズヴェルト大統領は蔣介石へ、ビルマのラングーンから後退しても、インド経由の空路で中国への輸送路を確保する、と約束していた。[32] 蔣介石もこのルートに期待しており、アメリカで開発されたばかりの四発機の大型貨物輸送機、ダグラスＤＣ－４を一五機、このルートのために融通して欲しいと、大統領に直訴した(33)。

しかしこのルートは、人里離れた険しい地域を通過し、天候不順にも悩まされる上、ビルマを占領した日本軍の戦闘機にも襲われる。このため、アメリカからの支援物資はインドに滞留した。それに比例して、蔣介石の苛立ちは募る。

さらに、インドから中国へ展開するはずだったアメリカの第一〇空軍の一部も、大統領の指示で、独伊の攻勢で危機にある中近東に緊急配備された。これはインドから中国への空路を守るためでもあると、大統領は蔣介石に理解を求める(34)。世界で作戦を展開するアメリカ軍は、蔣介石の要望に応える余裕が当時はなかったのである。

戦争の鍵を握るインド

以上のような経緯で、日中戦争とインドは深く結びつくようになった。けれども、当時のインドは宗主国イギリスの苦戦を知り、この機会に植民地支配から脱しようと、独立運動が盛んになっていた。連合国への協力を取り付けるのは、一筋縄では行かない。

ではインドにどう対処するか、連合国では意見が割れた。

頑としてインドの独立を認めようとしなかったのが、チャーチル首相である。一方、ローズヴェルト大統領と蔣介石は、インド人を味方につけておくためにも、インドに独立を、それが無理なら高度な自治を認めるべきと考えた。

インドに限らず、アジアにおける欧米の植民地で、人々の心をつかめるか否かが、勝敗を左右すると蔣介石は信じていた。そのことをうかがわせるのが、彼が一九四二年一月七日付で大統領へ送った書簡だ。

長い間、西方［欧米］諸国に支配されてきた現地［植民地］の民衆は、統治者との間に経済的、社会的、政治的平等は皆無といって良く、日本の残酷さについて聞いても、単なる誇大宣伝と見なすかもしれません。彼らは、自分たちの目の前にいる統治者を将来の統治者から守るのに、どんな意義があるのかというでしょう。中国人が経験してきたように、長期にわたる爆撃や、戦争の恐怖といった犠牲に耐えるために、必要な士気を保っておきたいなら、自分たち民族の利益がかかっていると彼らに感じさせることが必要です。私たち［中国人］の経験は、民衆の支援がなければ、軍隊が長期の抗戦を維持できないことを証明しています(35)

なお、一九四一年八月に米英が発表した大西洋憲章には、すべての国民がその政体を選択する権利を尊重し、強奪された主権と自治が回復されるよう希望する、という条文があった。

蔣介石は、アジアの植民地にも憲章が適用されると明示すべきだとも手紙で遠回しに主張した。そうしなければ、植民地の人々は日本軍を「解放者」として迎えかねないと、蔣介石は憂慮していた。

蔣介石は第二次世界大戦の目的を、「民族の優越を争うのではなく、民族の平等を求めることだ」と考えていた（「蔣中正日記」一九四二年一〇月二日条）(36)。彼にとって、植民地として支配されるアジアの人々の地位を「平等」に引き上げるのは、勝利のためだけではなく、理念としても重要であった。

そして、アジアの諸民族に、平等な地位の国家を用意できるのはアメリカしかいない。アメリカが率先してこの問題を解決してくれるのが、あらゆる「弱小民族」の希望であるとも、大統領特使のウェンデル・ウィルキー（Wendell Lewis Willkie）へ、蔣介石は一九四二年一〇月に述べた[37]。広大な植民地を誇る大英帝国には、こうした役割は期待できなかった。

インド訪問の波紋

アジアの植民地でも、蔣介石がとりわけ強い関心を示したのがインドだ。

蔣介石は、一九四二年二月にインドを訪問している。インド訪問については、段瑞聡の先駆的な研究がある[38]。詳細はそちらに譲り、本書は訪問に関連する書簡に着目したい。

蔣介石のインド訪問の希望を知ったチャーチルは、警告めいた書簡を一九四二年二月三日に蔣介石へ送る。内容は次の通りだ。

閣下がインドを訪問し、インド総督や英印軍総司令官と、ビルマやビルマ・ルートの防衛について、あらゆることを話し合うのを歓迎する。そうすれば、中国軍が頼りにしている軍需品の搬出を確実にできるだろう。

しかし、あくまでインド総督の客人としての訪問であるのをお忘れなく。国王陛下へ不服従なマハトマ・ガンディー（Mohandas Karamchand Gandhi）や、ジャワハルラール・ネルー（Jawaharlal Nehru）に会見したいという希望は、慎重に考慮して欲しい。会見は大英帝国にとって許し難い印象を与えるだろう。もし国民会議のリーダーたちに会うのなら、インドにいる八〇〇〇万人のムスリムを代表する、ムハンマド・ジンナー（Muhammad Ali Jinnah）や、下層や上層のカースト八〇〇〇万人の代表者にも会う必要がある。どうか戦後の世界秩序も考えて、私の言葉に注意を払ってもらいたい、と。大使も、ガンディーと会うなら、せめて彼の住むワルダに行くのではなく、ムンバイで会うよう蔣介石に伝えた[39]。蔣介石がわざわざ足を運べば、ガンディーの威信が増すからだろう。

チャーチルにとって、蔣介石のインド訪問は迷惑でしかない。何よりも彼が懸念したのは、重慶とインド国民会議が結束し、イギリスのインド支配に悪影響を与えることだった。蔣介石も、対日戦でイギリスに頼るからには、チャーチルの言葉を無下にはできなかったが、インド訪問を決行する。

ガンディーからの書簡

蔣介石のインド訪問の目的は、独立運動を抑え込み、日本との戦いにインドを協力させることにある。さらに、中国軍がビルマ防衛に従事していたので、その作戦の打ち合わせも兼ねた。

一九四二年二月一〇日に、インド総督のリンリスゴー侯爵（Victor Alexander John Hope, 2nd Marquess of Linlithgow）と会見した際には、イギリスがインドを自治領にすると先手を打って宣言すれば、インドはしばらく完全独立の要求を放棄する。敵の侮りを防ぐため結束するには、これが最も良いという趣旨を述べた[40]。蔣介石は、イギリスとインドの指導者たちの目を、日本に向けさせようとした。

蔣介石はガンディーの住むワルダにも行くつもりだった。しかし、蔣介石に付き添ったイギリスのカー駐華大使が反対し、蔣介石は訪問を断念した。これを聞いたガンディーは、一九四二年二月一一日付で蔣介石へ書簡を送っている。

御存知のように、私は人里離れた村に住んでいます。あなたが我が国を訪れたと人づてにお聞きし、さらにパンディト・ネルーから、ワルダにお越しになり、私のあばら家にご来臨頂けるという伝言ももらっていました。ですから、歓迎の言葉を送るのは控えていたのです。しかし、たったいま、ワルダには来られず、あなたのもとへ私が赴く必要もないとお考えだと知って、大変悲しんでいます。我が国にいらっしゃるのに、あなたと御夫人にお会いできず、どれだけ残念に思っているか知って頂ければと思います。私たちは文通以上に、ジャワハルラール・ネルーを通じて、お互いをよく知っています。私は貴国に多くのつながりを感じています。貴国は我が国よりも広い。我々の文明よりもさらに古い、あなたがたの文明ほど古いものを知りません。いったん自由を失えば、数世紀にわたって続くでしょう。あなた自身の自由を守ろうとする戦いに、私の全身全霊はともにあります。神が成功を授けて下さいますように。私たちが心において近づくのは、あなたを取り巻く状況でも、私には不可能ではないのです。

あなたの忠実な友(41)

M・K・ガンディー

実りなき会談

結局、インド東部のコルカタ（カルカッタ）で、一九四二年二月一八日に会談は実現する。蔣介石はガンディーの非暴力運動がインドには向いているものの、中国ではいかに日本軍が蛮行を働いているか語り、同じことがインドで起きないよう、積極的に抵抗すべき時ではないかと説いた。しかしガンディーは、その時が来たらどう動くべきか、神が導いて下さる、と取り合わなかった(42)。

ガンディーは会見で受けた印象を、国民会議の指導者の一人、ヴァッラブバーイー・パテール（Vallabhbhai Patel）へ、一九四二年二月二五日に書いている。

蔣介石、宋美齢とガンディー

「彼は手ぶらで来て、手ぶらで帰って行った。〔中略〕彼がいったことはただ一つ。『とにかくイギリスを助けてくれ、彼らは他よりはましだし、これからも悪いようにはしないから』[43]」。

蔣介石も、ガンディーへの失望を日記に記す。「彼の考えをまとめていうならば、彼はただインドだけを愛し、世界および他の人類がいることを知らない。〔中略〕インドの革命は簡単には成功しないと断言できる」（「蔣中正日記」一九四二年二月一八日条[44]）。

しかし、ガンディーに期待を裏切られても、蔣介石がインドへの関心を失った訳ではない。むしろ、インドの情勢に危機感を深めて帰国した。

調停に奔走する蔣介石夫妻

帰国した蔣介石は、一九四二年二月二四日付でチャーチル首相へメッセージを送り、それをローズヴェルト大統領にも転送した。その内容は以下の通りである。

インドの政治問題が直ちに解決されなければ、危険は日々増大していくだろうと強く感じている。インドの政情は、訪問前に想像していた以上にひどかった。日本軍がその状況を知ってインドを攻撃すれば、ほとんど抵抗を受けないだろう。しかし、もしイギリスがその態度を変え、インド人に「実権を与えれば」、恨みを忘れて彼らはイギリスに忠誠を誓う。インドの政情が安定すれば、日本軍もインド進出の野心を捨てるかもしれない、と助言した[45]。

大統領も、独立の約束がインド人たちを日本との戦いに向かわせると考えていた。そのため、インドに独立を与えることをチャーチルに提案する。結果は、チャーチルの怒りを招いただけだった[46]。大統領は、ガンディーとも書簡のやり取りがあったが、こちらの態度も頑なだった。

イギリスも手をこまねいていたわけではない。一九四二年三月にチャーチルは、駐ソ英国大使も務めたクリップスを派遣し、国民会議の説得を試みた。戦後の自治を条件に、戦争への協力を求めたのである。しかしネルーは、独立を与えてくれれば参戦するとの意見を変えない。ガンディーも、イギリスがインドにいるから日本と戦わざるを得なくなると、インドからの退去を求めた[47]。

インドに同行した蔣介石の妻、宋美齢も調停に奔走した。彼女は、クリップス使節団について大統領へ報告する。イギリスの新聞では、使節団は成功したように書いているが、事実とは異なる。ネルーからの情報によると、この使節団の失敗で、インド人はイギリスへの敵意を強めた。インドへの本当の意味での権限移譲も、防衛目的でのインドでの軍の創立も、使節団から提示されなかったそうだと、ネルーの見解を代弁した[48]。

一九四二年六月二五日、蔣介石はシーモア駐華英国大使と会談し、やはりインド問題を論じた。大使はインド情勢を説明し、連合国の作戦が影響を受けないようにすると語った。蔣介石は、これはイギリスの内政問題だが、インドの情勢が悪化しないよう早く友好的な解決方法が見つかるよう希望すると述べた。そして、インドにおける連立政権の樹立は困難ではないのではないか、と示唆する[49]。

シーモア大使はあきれたように、会談について本省へ報告した。

「蒋介石が、インドでの政治的解決が難しいと完全に分からない限り、この状況につき、ますます懸念を深めるのは明らかです(50)」。

ガンディーの妥協

状況が膠着していた一九四二年六月一四日、ガンディーは長文の書簡を蒋介石に送る。その内容は、まず蒋介石との会談の思い出から始め、南アフリカで弁護士をしていた時から、中国人に「同志」としての連帯意識を持っていたと記す。そして、インドにおける反英闘争は日本とは結託しないと、蒋介石を安堵させようとした。

私たちの偉大な国がより近づき、互いの利益のために協力するべきだと、私は強く希望しています。インドから出て行くように私はイギリスに要求していますが、それは、どんな形や方法であれ、日本の侵略に対するインドの防衛や、あなたの闘争を弱体化させないと、憚りながら申し上げておきたい。インドはどんな侵略者や略奪者にも絶対に屈せず、抵抗しなければなりません。私は貴国の自由を犠牲にして、自国の自由を買うような罪を決して犯しはしません。そのような考えが頭に浮かんだことすらありませんし、そのようなやり方では、インドは自由になれません。インドか中国のどちらか一つでも日本の支配下に置かれたら、もう一方の国も同じく害をこうむりますし、世界の平和にとっても有害です。ですから、そのような支配は食い止めねばなりませんし、私はインドがその本来の義務的な役割を担うよう期待しています(51)

だが、ガンディーが最も訴えたかったのは、インドにおける非暴力の反英運動が、なぜ戦時下でも必要とされるのかを説く、次の一文だろう。

大義のため、そしてインドや中国のため闘う我々は、武力を用いる場合でも、非暴力の場合でも、外国の支配下にある限り、望んでいる役割を果たせません。自由なインドを作り出してこそ、我々は自国のためだけでなく、中国や世界平和のためにも、決定的に重要な役割を果たせると確信しています。このように無力な状態にとどまり、効果的な行動の可能性が開けているのにやり過ごすのは、正しくもなく、男らしくもないと、私同様に多くの人々が感じています。ですから、独立と、緊急に必要とされる自由な行動を確保するために、あらゆる可能な努力をすべきだと彼らは感じています。イギリスの政権に、イギリスとインドの不自然な関係をすぐに終わらせるよう主張しているのも、こうした理由からです(52)

このように、インドの独立はインドのみならず世界のためになると、ガンディーは説いた。

そして、彼にとってできる最大限の妥協として、以下を提案する。

「あらゆる手段で日本の侵略を防ぐことを望んでいると完全に明らかにするため、連合国が我々と条約を結んで、インドに軍を駐留させ続け、日本の攻撃の脅威に備えるための作戦基地とすることに、個人的に同意します(53)」。

ガンディーは、日本が米英と開戦すると、駐屯するイギリス軍が日本のインド攻撃を招くとして、イギリスは「インドを立ち去れ」という運動を展開した。しかし彼は、一九四二年六月になって方針を転換し、連合国軍のインド駐留を認めた[54]。

これは、中国側にも大きな意味を持つ。一九四二年にビルマで敗退した中国軍は、一部がインドへ逃げ込んでいた。ガンディーが書簡を送った当時、米中ではこの部隊を再活用する計画が進められていた。その結果、インドのランガルを拠点に、最新鋭のアメリカ製武器で武装され、米軍将校の訓練を受けた中国軍が誕生することになる。ガンディーの書簡は、それを間接的に後押しすることになった。

最後にガンディーは、中国へのエールで書簡を結んだ。

もう間もなく、中国にあらゆる惨劇と悲嘆をもたらしてきた日本の攻撃、および貴国の抗戦も丸五年を迎えます。中国の人々を思う時、強敵を向こうに回し、国家の自由と統一のために英雄的に戦い、終わりなき犠牲を捧げておられるのに深い共感と敬意を覚えます。このような勇気、犠牲は無駄にならないと確信しています。必ず実を結ぶに違いありません。あなたと御夫人、偉大なる中国の人々に対して、成功を心よりお祈り申し上げます。解放されたインドと中国が、親交と兄弟愛を深め、自らのため、アジアのため、世界のため、ともに協力する日が来るのを願っています[55]

しかし、ガンディーの主張は、蔣介石には政治的な駆け引きとしか映らなかった。日記にはこうある。「ガンディーが書簡を寄越し、インドが抗戦することを表明し、我が国との協力を申し出ているが、イギリスにはインドから出て行けと要求している。こうした革命戦略は、甚だしい錯誤となる」(「蔣中正日記」一九四二年六月一八日条[56])。

そうした失望を隠して、六月二六日に蔣介石はガンディーへ返信した。我々は日本の侵略という危機に直面している。アジアの国家と反侵略同盟を結ぶ国は、足並みをそろえるべきだ。同盟国の利益は、中印両国の利益に等しいのだから、日本の侵略に一致して抵抗すべきだ、と。[57]

要するに蔣介石は、イギリスへ協力し、ともに日本と戦うよう呼びかけた。その代償として、インド独立を支持するとは書けない所に、連合国の一員である蔣介石の苦衷がある。

アメリカの力を借りて

ガンディーからは、一九四二年七月一五日に、短い返信が送られてきた[58]。ただ、蔣介石は最後までガンディーの信念を曲げることはできなかった。ならば、イギリスの態度を変えさせるしかない。チャーチルを説得できるのはローズヴェルト大統領しかいないと、蔣介石はアメリカに頼る。蔣介石は七月二四日付の長文の書簡で、大統領に再び問題を提起する。その大要は、以下の通りだ。

インドの政情の緊迫は、これ以上ないほどに高まり、危機的な状況を迎えています。侵略に立ち向かう国々が世界に訴えたのは、残虐な敵の軍を壊滅させ、全人類のための自由を保障することでした。しかし、インドが独立運動を始めれば、枢軸国は漁夫の利を得ることになる。そうすれば戦争の帰趨にも影響するだけなく、連合国の大義名分にも人々は疑いを持つでしょう。イギリスだけでなく、民主主義の諸国にとって痛手となります。

そこで蔣介石は、アメリカの奮起を促す。

インドの人々は、アメリカが立ち上がるのを長い間待ち望んでいる。インドの人々が望んでいるのは独立だ。もし連合国がインドの人々に共感を示さないなら、八月の国民会議の大会で、事態は収拾がつかなくなるだろう。反英運動が巻き起こり、連合国のアジアにおける戦争も大きな影響を受ける。連合国がともに勝利するためには、インドの政情を安定化させ、インドの人々を戦争に協力させることがどうしても必要である、と。(59)

書簡はさらに続くが、要は大統領からチャーチルに、熟考を促して欲しいと頼んでいる。蔣介石は、「よく効く薬は苦くて飲みにくい。よい忠告は聞くのがつらいが、ためになる」という古典まで引用して、何とか米英首脳を翻意させようとした。

ガンディー逮捕

なお蔣介石は、右の書簡は内密にと頼んだが、一九四二年七月二九日に、ローズヴェルト大統領はチャーチルへ転送した。チャーチルは、転送された翌日に大統領へ反論する。

我々としては、インド情勢に関する蔣介石の評価は承服できません。国民会議は全くインドを代表していないどころか、九〇〇〇万人以上のムスリムたちや、四〇〇〇万人の不可触民たちに強く反発されていますし、インドには約九〇〇〇万人も我々が条約によって義務を負う人々がいるのです。国民会議は、主にヒンズー教徒の非暴力主義の知識人たちを代表するに過ぎず、インドを守ることもできなければ、反乱に立ち上がることもないのです(60)

チャーチルは、蔣介石はガンディーらを買い被っているだけだと、国民会議と交渉の席につく必要すら認めなかった。

しかしインドの問題を放置すれば、連合国の結束に亀裂が入る。そこでローズヴェルトは、蔣介石の説得を試みた。八月八日に発せられた書簡で、大統領は、インド情勢を安定化させて、インドの人々を戦争遂行に協力させ、枢軸国に付け入る隙を与えないのは賛成だと、蔣介石の意見を肯定する。しかし、あなたの意見に従って、アメリカ政府がイギリス政府とインド人に、互いに納得する答えを探すように勧告するのは難しい。そのようなことをすれば、イギリスのインドにおける主権を尊重せず、インドの方に立つのかとイギリス側に思われて、逆にインドの独立が遠ざかるのでは、と理解を求めた。(61)

結局、戦争への協力の見返りとして、イギリス政府からインド人へ提示されたのは、曖昧な自治政府案であった。怒ったガンディーは、全国的な不服従運動を提唱し、インド国民会議に採択させた。その結果、ガンディーは国民会議の指導者たちと、一九四二年八月にイギリス当局に逮捕されてしまう。

蔣介石は八月一〇日付で、ローズヴェルト大統領に、逮捕を憂慮するメッセージを伝えた。彼の逮捕は、連合国の大義名分を損い、極東における戦争へ傾ける努力へ悪影響を及ぼすという、これまで繰り返してきたロジックである。(62)

その翌日の八月一一日、蔣介石はイギリスのシーモア駐華大使と会談し、インド問題を話し合った。蔣介石は、現時点でイギリスがインドから撤退するのは現実的ではないが、「インドでの首尾良き解決は連合国の勝利にとってきわめて重要」だと述べ、インド人に連合国の一員だと実感してもらうことが重要だと説く。そうでないと、インド人たちは日本側についてしまう。そのためにも問題の早期の解決が必要だとして、アメリカによる調停を受け入れるよう述べた。チャーチルにもこの意見を伝えるように頼む。(63)

蔣介石は、やはりアメリカの介入を期待していた。しかしローズヴェルトは八月一二日付の返信で、蔣介石をたしなめた。いまはインドについて何も公式声明を出すべきではなく、「友人として」、双方の話を聞くと知らせるだけで十分だと記す。積極的な調停はむしろ控えるべきだ、というのが大統領の考えだった。[64]

チャーチルの大反論

ローズヴェルトは、蔣介石の書簡を受け取った翌日に、「どう思われますか」と書き添えて、チャーチルに転送する。[65] 大統領は、蔣介石よりもチャーチルの意向を重視していた。

蔣介石の書簡は、チャーチルを立腹させる。一九四二年八月三一日、チャーチルは蔣介石に長文の書簡を送った。書簡の内容は、ローズヴェルトへの弁明とほぼ同じだ。

チャーチルにいわせると、インドはヨーロッパと同じく、人種、民族、宗教は多様だが、国民会議はそれらすべてを代表してはない。国民会議はヒンズー教徒の組織に過ぎない。また、インドでは強制的に徴兵する法律はないが、インド北部に住むムスリムからは今回の戦争にすでに一〇〇万人も志願兵があったと伝えている。要するに、独立志向の国民会議は、インドのムスリムなどから支持されていないという論理だ。

また、ガンディーは日本と交渉する準備をしており、日本軍も国民会議に軍隊を貸すかも知れないと、国民会議の内通の可能性を示唆する。そして、イギリスが中国の主権を尊重して、中国共産党の問題に触れないように、中国もイギリスのインド問題には干渉しないように求めた。アメリカがインド問題を調停するという蔣介石の案も、自身とローズヴェルトの信頼関係を考えれば提案されないだろうし、提案されても受けないと記す。

さらに、チャーチルは続ける。会見したスターリンの態度からすると、ソ連は日本の攻撃はないと楽観しているようだ。これは中国にとっては喜ばしくないだろう、と。つまり、インドに首を突っ込まず、自国の心配をせよという、痛烈な皮肉だった。チャーチルはインドからビルマにかけての攻勢も検討していると書き、同盟国としてのイギリスの重要性を蔣介石に思い出させようともした(66)。

書簡を受け取った蔣介石は、チャーチルはインド政策の固い決意を示し、脅迫めいた言葉もあったと日記に記す。そして、インド問題を、中国における共産党の内政問題に比較したのは、一笑に付すしかないと記した(「蔣中正日記」一九四二年九月一四日条(67))。

ただ激しい反論に、蔣介石も引き下がらざるを得ない。九月二三日に会談したシーモア駐華英国大使に蔣介石は、チャーチルの書簡は読んだといったきりだった。この件については何もいわないよう、はっきりと彼は決心したようだと、大使はロンドンへ報告している(68)。

植民地解放よりも勝利

こうして、蔣介石による調停は失敗に終わる。ガンディーらの幽閉は、一九四四年五月まで続いた(69)。この間も、蔣介石はガンディーを気にかけていた。一九四三年二月には、ガンディーがハンガー・ストライキで命が危ういと聞くと、救援に乗り出す。彼を釈放するよう圧力をかけて欲しいと大統領へ頼むよう、蔣介石はアメリカにいる妻、宋美齢に電報を打った(70)。

ちなみにインド人には、武装闘争で独立を勝ち取ろうとした、スバース・チャンドラ・ボース（Subhas Chandra Bose）もいた。ボースは日本の後援を受けて、一九四三年一〇月にシンガポールで自由インド仮政府を樹立し、イギリスに宣戦布告した。

蔣介石は、ボースは日本にもてあそばれていると、厳しい評価を下す。しかし、亡命中だから手段を選べなかったのだろうとも同情した。汪兆銘らが自ら敵に下り、傀儡となるのを望んだ「売国」的な行動とは訳が違うと（「蔣中正日記」一九四三年一〇月三一日条）[71]。

このように、インドの独立運動への蔣介石の連帯感は、ボースにすら及んでいた。そこには、蔣介石の反英意識、反帝国主義の信念も投影されているのだろう。

もっとも、戦時中に蔣介石がインド問題に熱心だったのは、彼が植民地解放論者だったのが第一の理由ではない。対日戦にインドの協力が必要だったからだ。

インドへの介入に怒ったチャーチルが、一九四二年五月にチベット問題に言及すると、「チベットに関することは中国の内政である」と、蔣介石は強く反発した[72]。新疆やモンゴルについては後述するが、蔣介石は、民族自決の原則を、すべての民族や地域に適用しようとしていたわけではない。

では、肝心の日中戦争はどうなっていたのか。次章では、一九四三年前後の往復書簡を見てみよう。

第七章　カイロ会談での栄光と挫折、一九四三年

連合国の反撃開始

一九四二年四月に日本の大本営は、支那派遣軍に四川省への進攻作戦の立案を命じた。しかし、八月から太平洋のガダルカナル島で日米両軍は激戦を繰り広げ、この「五号作戦」に投入が予定されていた兵力も、対米英戦に振り向けられる。結局、「五号作戦」は同年一二月一〇日に中止と決まった(1)。

一九四三年になると、日中戦争は膠着状態に陥る。同年一一月、アメリカ陸軍参謀本部は、その理由を次のように分析し、ローズヴェルト大統領へ報告した。

中国戦線は、日本軍が国内の主要な生産地域と交通手段を掌握し、ここ数年はおおむね安定している。日本軍は主に後方支援の難しさと、次に中国軍の抵抗により、これ以上の戦線拡大を阻まれている。時折、日本軍は経験の浅い兵力の訓練や、限定的な目的を達成するため、小規模な攻撃を行っている。一方、中国軍は、名目上は圧倒的な数的優位を誇るが、いまのところ装備、兵站、訓練は非常に貧弱であり、日本軍の進出を防げず、地元での作戦しか遂行できない。中国の軍事的な脆弱さは、生産地域の損失、国内の交通手段の混乱、外部からの支援の途絶、戦争への疲弊から生じる「貧血状態」が主な原因

である、と。(2)

一方、世界を見渡すと、一九四二年後半から、連合国の反撃が本格化していた。しかし、作戦の予定や戦果について、連合国の指導者たちから蔣介石にほとんど知らせはなかった。蔣介石も、根掘り葉掘り尋ねない。チャーチルとローズヴェルトが、ほぼ毎日、作戦について詳細なやり取りをしていたのを思えば、蔣介石は蚊帳の外に置かれていた。

もっとも、米英合同参謀長会議を設けた程の米英の親密さが例外なのであって、連合国といえども、各国は互いの作戦について緻密な連絡や討議をしていたわけではない。

スターリンも作戦に関しては秘密主義で、一九四二年一一月に、スターリングラード周辺での反撃をローズヴェルト大統領に伝えたのは、作戦決行の当日であった。しかし、徹底した秘匿が効を奏し、赤軍はドイツ第六軍をこの街で包囲し、翌年二月初めに降伏へ追いこんだ。

「日ソ開戦幻想」は続く

スターリングラードの戦勝を受けて重慶で盛り上がったのが、日本がドイツを助けるため、ソ連に攻撃を仕掛けて自滅する、という楽観的なシナリオだった。

宋子文はシーモア駐華英国大使へ、今年の早いうちに日ソ開戦だと中国政府は確信している、と一九四三年一月一九日に語った。ドイツが敗北するのは許し難いので、それを阻止するために日本は参戦するとも述べた。(3)

蔣介石も似たような確信を抱いていた。一九四三年三月二日に、ガウス駐華米国大使と晩餐をともにした際、大使は、ドイツが日本にシベリアへの攻撃をけしかけていると聞きますが、と水を向けた。

蔣介石は、そのような攻撃はあるとまだ信じている、と語った。日本はソ連を攻撃できる十分な予備兵力があるのでしょうか、と問う大使に、蔣介石はあると答えた。彼にいわせれば、開戦となれば日本の破滅で、戦争の終結も早まるに違いない。連合国の政治的な協力が緊密になっていれば、ソ連はもう対日戦に踏み切っていただろう。これからは協力を密にしなければ、とも語っている。(4)

蔣介石は「日ソ開戦幻想」を捨てきれずにいた。スターリングラード戦後、ソ連に休む間も与えず、ドイツは日本と呼応して、ソ連を挟み撃ちにすると分析した。そして、アメリカが今後二ヶ月間で日本に積極的な攻勢に出ないなら、日本がソ連を攻撃するのは間違いないと予想する（「蔣中正日記」一九四三年四月三日条）(5)。

蔣介石は一九四三年四月二九日にも、訪米中だった妻の宋美齢に、この一、二ヶ月間に必ず日本はシベリアを攻めるから、アメリカ側にも注意するよう伝えよ、と書き送った。(6)

同年五月二九日には、アリューシャン列島のアッツ島で、約二五〇〇名の日本軍守備隊がアメリカ軍の攻撃で全滅した。この知らせを聞いた蔣介石は、アッツ島の攻略により、米ソの戦線はさらに近づいたと考えた。自衛のため、日本軍はまずシベリアを攻める決心を固めざるをえず、ウラジオストクを占領するのではないかと予想する（「蔣中正日記」一九四三年六月一日条）(7)。

希望的観測が抜けないのは蔣介石の癖だが、国民党の幹部たちにしても、日本がソ連を攻撃して自滅するのは望ましいシナリオであった。中国の負担が軽減される上に、中国共産党も弱体化するので、一石二鳥だからだ。

アメリカ空軍の増強

ただ、蔣介石は他力本願で事を決しようとしたわけではない。彼が主戦場と定めていたのはビルマだ。一九四二年一〇月一一日、蔣介石はスティルウェル参謀長に、ビルマ戦線での反攻を準備するように命じた。作戦は陸海空の三方から行わなければならないと、蔣介石は指示している(8)。

ビルマへの進攻で何よりも必要なのは、アメリカの支援である。しかし、必要とする軍需物資は足りないし、米英も乗り気ではない、と蔣介石は感じていた。

ビルマへの進攻に中国軍の増強が必要なのは、米中の軍人たちの共通認識だった。ビルマ失陥後、中国への軍需物資の補給はインドからの空輸が頼みだった。問題は、この補給路を日本軍から守り、無事に雲南省や四川省へ輸送機を着陸させられるかだ。そこで問題となるのは、中国と連合国の空輸能力だった。蔣介石がローズヴェルト大統領にしきりに訴えたのも、この戦域の空軍増強である。

ローズヴェルトから蔣介石へ全般的な方針が伝えられたのは、一九四二年一〇月一〇日付の電信による。要点のみ記すと、中国戦区は引き続きアメリカ空軍の第一〇空軍に担わせ、この部隊の爆撃機や戦闘機を増強してゆく。また、中国とインド間を結ぶ輸送機も、一〇〇機まで増やすと約束した。大統領は、中国への輸送路確保のために、ビルマ進攻を目標にし、そのためにも雲南とインドでの中国軍の編成を蔣介石に求めた。もしビルマ・ルートが奪回できれば、三〇個師団分の装備を送れるとも書いて、蔣介石に期待を抱かせる(9)。

しかし、蔣介石は満足できない。一一月一四日付の返信で、第一〇空軍の航空機を増やすだけではなく、ガソリンと弾薬の補給も求める。インドと中国間を往復する輸送機は、ローズヴェルトの提案より、さらに大きな数字を要求した。すなわち、翌年一月一日までに一〇〇機、三月一日までにさらに一五〇機を求めた。この輸送路が中国の抗戦とビルマ進攻の鍵を握るというのが、その理由だ。

ただビルマに進攻する際には、中国空軍がシェンノートの指揮下に入ることに同意した。シェンノートが指揮した義勇部隊、飛虎隊は、一九四二年夏にアメリカ陸軍航空隊に編入されており、シェンノートもアメリカ空軍に准将として復帰していた。蒋介石は、関係の良かった彼になら、中国空軍を委ねられた[10]。

過大とも思える蒋介石の要求に、大統領は戸惑ったのだろう。直接的な返答は避けた。一一月二一日付の返信では、いまフランス西部と北アフリカへの攻撃を検討中で、これで地中海南部の支配権が取り戻せれば、インドや中国に弾薬もより楽に運べると記す。この作戦の成功が、皆にとって戦争のターニングポイントになると信じている、と期待を持たせた[11]。

一一月二二日、蒋介石は即座に返信した。来春のビルマでの攻勢に備え、スティルウェルが雲南で部隊を編成している。しかし、中印間を結ぶ輸送機は、双発機の五三機しかない。これを一〇〇機まで増やすか、四発機の大型貨物輸送機C‐87を二五機送ってくれないだろうか。来春早くに攻勢に出ないと、六月には雨季に入ってしまう、と[12]。

以上のように蒋介石は、ビルマ進攻作戦の準備に余念がなかった。だがその熱心さゆえに、米英の対応に物足りなさを感じていた。

イギリス海軍はまだか

ローズヴェルト大統領は、一九四三年一月二日の書簡で、ビルマでの作戦準備を急かす蒋介石に弁明する。ベンガル湾での作戦にはイギリスの艦船が必要だが、喜望峰付近で日本の艦艇を追い回すのに使

われている。できるだけ早く、連合国の最高幹部たちとビルマ・ルートの再開について作戦を練る、と。(13)

では、イギリスはビルマへの反攻の準備を整えているのか。蔣介石は、それから間もない大統領への返信で問い詰めた。

昨年の春、ワシントンの太平洋作戦会議［太平洋戦争協議会］で、チャーチル首相は次のように保証しました。インドで雨季が終わる前に、ビルマ奪還のため戦艦八隻、空母三隻、その他の軍艦をインド洋に集め、ビルマ奪還に参加すると。ビルマの奪還は、海軍が優勢を占められなければ、画餅に帰すことは明らかなので、中国はイギリスの支援を期待していました。けれども、スティルウェル将軍がインドでの会議から戻ってきて、こういいました。［イギリス東洋艦隊司令長官のジェームズ・］サマヴィル［James Fownes Somerville］海軍大将によると、イギリス海軍には、ベンガル湾での作戦のために、戦艦も空母も巡洋艦もない。駆逐艦と潜水艦が数隻あるだけだ、と。それに、［インド駐留英軍総司令官の］ウェーベル将軍は、ビルマの奪還にイギリス軍を七個師団投入すると、二ヶ月前はいっていたのに、いまでは［ビルマの］アキャブだけを占領し、チンドウィン河に前線を築くためだけに三個師団のみ投入できる、とスティルウェルにいったそうです。我が国はビルマ奪還のため、遠征軍を雲南とインドに集め、スティルウェル将軍が立てた計画に則り、いかなる情勢でも［一九四三年］三月には準備を完了し、ビルマ国境で攻勢をかけられると、閣下には信じてもらって結構です。この攻勢のために約束されたアメリカ空軍も、準備が必ず整うと信じております。しかし、イギリス側が約束を守らないために、この作戦を取り止めるのだとすれば、誠に遺憾です。

主要な連合国のスポークスマンたちは、一九四三年にビルマを奪還するとすでに約束しています。どうか閣下から、イギリスが十分な陸海空軍の軍事力で、ビルマ奪還の共同責任を負うように促してもらいたい。我が国の軍隊と国民は、すでに五年半もの軍事的、経済的な消耗を経て、ビルマでは二度目の失敗の危険を冒せないのです(14)

中英を調整する大統領

右の書簡で蔣介石は、ビルマ進攻作戦への、中国軍の参加取り下げまで示唆した。ローズヴェルトはあわてて返信を送り、ビルマ・ルートはできる限り早期に再開できるようチャーチルとも協議するから、最終決定は待って欲しいと懇願した(15)。

待たされる蔣介石の機嫌は悪い。おまけに一九四三年一月九日には、日本が汪兆銘政権へ、治外法権の撤廃や租界を返還すると共同宣言を出し、協定にも署名した。米英が不平等条約を撤廃する条約を重慶国民政府と結んだのは、一月一一日である。

実は前年に米英は、中国における治外法権の撤廃など、対華不平等条約を廃棄すると宣言していた。蔣介石もそれを、一九四二年一〇月一〇日の国慶節に、大々的に民衆へ発表していた(16)。しかし、それから音沙汰がなく、日本に先を越された。そのため蔣介石は、「アメリカ外交は愚拙《ぐせつ》無能《むのう》だ」と辛辣な評価を下す(「蔣中正日記」一九四三年一月九日条(17))。

大統領は、一九四三年一月七日に、蔣介石の前年一二月二八日付の書簡をチャーチルに転送する。その中で、「中国軍が三月に始まる作戦に全力を注ぐように、私たちは何かをしなければならないと感じています」と記している。そこで、蔣介石に何か援助を保証できないか尋ねた。この書簡で大統領は、太平洋上の日本の海上輸送路《シーレーン》を、中国から空爆する考えを披露している。それもあって、中国への道を開くビルマ進攻作戦は、大統領にとって「とても重要」なのだった(18)。

けれどもチャーチルは、そもそも、そのような大規模な艦隊の派遣を約束した覚えはないと否定する。しかも、戦況は昨年とは変わり、北アフリカ上陸作戦（暗号名「トーチ」）に空母や戦艦を投入しているので、ベンガル湾への戦力の投入は無理だと断る。ビルマで中国軍が攻勢に出るのは難しいと、スティルウェルが蔣介石を説得するしかないと大統領に返信した(19)。

この問題は、米英の首脳会談に持ち越される。

カサブランカ会談

米英が連合国の大戦略を立て、中国がそれに従わされる構図は、一九四三年になるとより露骨になる。この年の一月に開かれたカサブランカ会談もその一例だ。

この会談は、枢軸国に無条件降伏を要求したカサブランカ宣言で有名だ。ビルマでの反攻など、本来であれば中国側と相談すべき事も決めている。しかし、中国代表はカサブランカ会談に招かれなかったと、外交部長の宋子文はホプキンス大統領特別補佐官に抗議した(20)。

カサブランカ会談で、米英の参謀長たちは、ビルマでの反攻開始を一九四三年一一月一五日にすると合意した。ただしこれは仮の日時で、同年七月に、決行するか延期するか決める必要があるとした。作戦名は「アナキム」だ。目標は、軍需物資をラングーンの港で荷揚げして、中国へ陸路で輸送するビルマ・ルートの復活である(21)。

「アナキム作戦」の発動は、準備が整うまで待つべきだというイギリスの幕僚たちを説得したのは、アメリカ側だった。

中でもこの作戦を強く主張したのは、アメリカ陸軍参謀総長のジョージ・マーシャル（George Catlett Marshall, Jr.）陸軍大将である。彼は、中国の士気を高めるためではなく、中国の対日戦や、日本の船舶への攻撃に航空面で支援する必要があるから、ビルマ・ロードの開通を切望していると、米英合同参謀長会議で述べた(22)。

背景には、太平洋での海戦の戦果に頼りすぎるのは危険だという、マーシャルの判断があった。彼が米英合同参謀長会議で例に出したのは、ミッドウェー海戦である。この海戦でアメリカ軍は、日本の攻撃が展開される前に全機を上空に投入できた。その結果、アメリカ軍が失った空母は一隻に対し、日本海軍は四隻を失った。もしわずかでも不運があったら、逆になったかもしれない。その場合、アメリカ西海岸全体が日本の空母の攻撃にさらされていただろう、と(23)。

そのためマーシャルがビルマ、そして中国大陸という陸上からの日本攻撃を重視したのに対し、大統領は政治的な計算も入れて、ビルマ進攻作戦を推進した。

カサブランカでの米英合同参謀長会議で、大統領はこう分析した。蔣介石はビルマ作戦に関して失望している。さらに彼は、中国のいくつかの省の忠誠心を維持するのに、かなりの困難を抱えている。我々が中国を助け、日本を傷めつけることは何でも、彼の心を和らげる効果があるだろう。「対華援助は大部分が政治的なものなのだ」と、大統領は述べた(24)。

対独戦争が最優先

蔣介石に、米英両首脳からの書簡（一九四三年一月二五日付）が届いたのは、カサブランカ会談の終了後だった。

私たちは参謀総長らと、攻勢作戦と一九四三年の戦略について計画するため、北アフリカで会談しました。中国への援助の死活的な重要性が、我々の心を占めていました。すでにアメリカ空軍の［ヘンリー・］アーノルド（Henry Harley Arnold）将軍が、あなたとの会談のために［重慶へ］向かっています。シェンノート［の部隊］をただちに強化し、あなたにとって死活的に重要な輸送路だけでなく、日本も爆撃できるようにするためです。

アーノルドは、ビルマについての我々の最良の見解も伝えます。チュニジアで枢軸軍を撃破したあと、すぐにとりかかる、ドイツとイタリアへの攻勢拡大についても見解を述べます。

私たちは、一九四三年の連合国の反撃に大いなる自信を持っており、あなたとの協力のもと、これまで以上のテンポで日本に圧力をかけ続けると保証します(25)

もっとも、カサブランカ会談の本題は、スターリンが求める第二戦線だった。ドイツと死闘を繰り広げるソ連は、米英が西ヨーロッパでも戦線を開くよう望んでいた。そこで米英両国は、西ヨーロッパ進攻をシチリア島とイタリア本土上陸作戦から開始すると、カサブランカ会談で合意した。

一月二六日付の連名の書簡で、米英首脳は会談の結果をスターリンに報告する。そして、末尾で中国に言及した。

太平洋では、今後数ヶ月以内に、［日本海軍航空隊の前線基地の］ラバウルから日本人を追い出す予定で、その成功をてこに、主に日本〔本土〕を目指します。中国への補給路を再開するため、ビルマでの作戦の規模も拡大します。同時に、中国で空軍も強化します。しかし、あらゆる機会を捉えて一九四三年にドイツを完敗させるのを、対日攻勢が邪魔するようなことは許しません。我々の最重要課題は、物理的に可能な限り、陸海空軍の総力を結集し、ドイツとイタリアを追いつめることです(26)

米英の首脳は、ヨーロッパでの戦争を最優先にした。それはソ連の望みでもある。次に太平洋での戦いが置かれ、蔣介石が望むビルマでの攻勢は、さらに下位に位置する。これがカサブランカ会談の結論だが、蔣介石へは正直に打ち明けられなかった。

会談後にチャーチルは蔣介石へ書簡を書き、ドイツが日本よりも先に敗北したら、イギリスは陸海空軍の総力を派遣し、日本との戦争を続けると誓う(27)。これが精一杯だった。

度重なる支援要請

一方、蔣介石はローズヴェルトとチャーチルに、カサブランカ会談の成功を祝う書簡を送った。中国への支援にも感謝する(28)。

けれども、内心は穏やかではない。ヨーロッパが主戦場なので、極東に送る空軍が無いという大統領の弁明は「空言」であり、カサブランカ会談でローズヴェルトは失敗し、成功を収めたのはチャーチルだと、日記では苦々しげにつづった（「蔣中正日記」一九四三年一月二七日条）(29)。

蔣介石は、米英からより積極的な支援を引き出そうと焦った。彼はまずチャーチルに訴える。一九四三年二月七日に送った書簡で、一一月まで少なくとも月に一万トンの物資を、インドから中国へ運べるよう、軍や民間の輸送力を強化して欲しいと頼む。予定されているビルマでの攻勢を準備するためだ。[30]同日、蔣介石はローズヴェルトにも書簡を送る。中印間の輸送機はいま六二機で、一月の輸送量は一七〇〇トンに過ぎなかった。これを月に一万トンにまで増やして欲しい。中国空軍の航空機も五〇〇機にまで増やし、ガソリンや機材も増やすよう訴えた。[31]米英がヨーロッパを重視するなら、いまは物資を集めることに蔣介石は専念した。

中国とビルマの二正面を戦う中国は、単独では状況を打破できない。そのため、蔣介石は、連合国の危機感を煽ってまで、その支援を得ようとする。

例えば、四月一九日に会談したスティルウェルには、重慶に迫る日本軍の脅威について大統領に報告して欲しいと頼む。一九四三年の夏に長江が増水すれば、日本軍は水路を遡って、重慶の外側の防衛線まで迫る。もし夏に日本軍が長江沿岸で大攻勢に出れば、中国は恐らく持ちこたえられない、と。[32]

欧州優先のイギリス

苦戦する蔣介石にとって、米英の援助こそ頼みの綱だ。両国の力でビルマ・ルートを再開し、中国軍を増強して、中国大陸で日本軍を打倒するのが、蔣介石の戦略だった。しかし、ビルマへ進攻する「アナキム作戦」は、雲行きが怪しくなる。

態度を変えたのはイギリスである。

イギリス参謀本部は、一九四三年五月一二日の報告書で、今年から来年にかけては、大攻勢に出るべきではないとアメリカ側に進言する。その理由は、ドイツとの戦いが佳境にあるのに、反撃の「序幕」

にしかならない「アナキム作戦」を行う余裕はない、というのが一つ。第二に、兵員と物資の補給が間に合いそうもない。第三に、作戦の与える影響が限定的であることだ。インドと中国にとっては政治的な意義があるが、日本を「完全な敗北」に追い込むためには必要不可欠ではないと思われる、という理由だ。たとえ作戦が成功しても、ビルマ・ルートは一九四五年半ばまで開通できないとも予測した(33)。

チャーチルも、中国を助けるよりも、ヨーロッパ大陸への進攻が戦略の要だと考えていた。一九四三年五月一二日、米英首脳と、英米の陸海空の参謀長たちが集まる米英合同参謀長会議がホワイトハウスで開かれる。会議の冒頭、チャーチルは述べた。一九四四年にドイツは戦争から撤退する。一九四五年には対日作戦に集中できるという前提で、アメリカの統合参謀本部が共同研究をリードすべきだ。「日本に対しソ連を参戦させれば、それが最良の解決策」だとも付け加えた(34)。

チャーチルにいわせれば、「日本軍と戦うために、[ビルマの]沼地のようなジャングルに入るのは、水に入ってサメと戦うようなもの」だ(35)。何よりチャーチルは、中国の抗戦力や、中国を爆撃基地にするアメリカの戦略に信を置いていなかった。

イギリスの軍部も、たとえ「中国を積極的な同盟国として失っても」、上陸作戦で中国沿岸部を占領すれば、そこが日本への攻撃基地になる上、台湾こそ中国本土に代わる攻撃基地だと考えていたという。中国本土に戦略的価値を認めないイギリスは、シンガポールを奪還するまで、ビルマの首都ラングーンを占領する気はないとも、アメリカ側は分析している(36)。

大統領の切り札はソ連

もっとも、ローズヴェルトにしても、ビルマでの大規模な上陸作戦は、対日作戦の選択肢の一つに過ぎない。一九四三年五月一二日に、チャーチルとともに出席した米英合同参謀長会議で、大統領は「アナキム作戦」の効果は一九四四年春まで感じられないだろうと述べ、ビルマ・ルートも一九四五年までには完全に再開できないと述べている。

その代わりに大統領が提唱したのは、インド北東部のアッサム地方で飛行場を拡充させることだ。そして、蔣介石の望んでいる強力なアメリカ空軍を与えるのが重要だという。中国で空軍の力を強めれば、武漢の日本軍を攻撃して、日本軍が南から重慶に迫るのや、長江をさかのぼって進撃してくるのを防げる。さらに大統領は中国から日本の船舶や日本本土を攻撃し、日本の生命線である海上輸送路を断ち切れると述べた(37)。

六月二日にスターリンへ送った書簡では、次のように書く。チャーチルとの会談で決めた戦略は、軍事力を削ぐために日本へ圧力を加え続けることです。そのために、中国は「事実上の同盟国」とし、対日作戦の基地にもしておきます、と(38)。中国軍への期待は薄い。

大統領が対日攻勢で頼りとするのは、アメリカ軍であり、ソ連だった。五月一二日の会議でも、中国への空輸による援助に「即時の効果」はないが、ソ連が対日戦に参戦するのは「絶大な効果」があるとしている。そして、ドイツ降伏後、四八時間以内に、ソ連が日本へ戦端を開くのではないかと願望を述べた(39)。大統領は同月に開かれた太平洋戦争協議会でも、日本は八月にシベリアを攻撃するようだと語っていたという(40)。

すでにローズヴェルトは手を打っていた。日米開戦から間もなく、ソ連に航空機を提供する代わりに、シベリアやソ連極東での飛行場の提供を求めていた。名目は日本軍の進攻に備えるためだったが、日本本土を直接爆撃するための基地にするのが狙いである。日本を刺激したくないスターリンは、この申し出に消極的だったが、アメリカからは同じ提案が繰り返される。[41]

チャーチルとの暗闘

それでも、一九四三年五月のワシントンでの米英首脳会談では、ビルマ進攻作戦の大枠が決まった。一九四三年の雨季の終わりに、インドのアッサム地方からレド、インパールを経て攻める。それに呼応して中国軍は雲南から攻め入る。ビルマ沿岸への上陸作戦も行うとされた。秋までに中国へ月一万トン空輸できるようにすることも決まる。[42]

この決定を知らされた蔣介石は、「アナキム作戦」を大統領は断行すると考え、五月二九日に謝電を送った。[43]同日には宋子文に、次の点を大統領に念を押すように命じる。

「アナキム作戦」が遅れるのを防ぐためには、大統領がチャーチルへ継続的に影響力を行使する必要があるように思われる。また、「アナキム作戦」の遂行にあたっては、ビルマ南部に対する水陸両用作戦と、ビルマ北部の攻撃を同時に行うことが絶対に不可欠である。両方の作戦にずれが生じれば敗北する、と。[44]

蔣介石は、イギリスが足を引っ張っていると感じていた。一九四三年六月には、もしイギリスがビルマ進攻計画を遂行できないなら、アメリカの有力な海軍の派兵を望み、自主的に作戦を発動すると、アメリカにいる宋美齢や宋子文に書き送っている。[45]

それでも蔣介石は、七月三一日にシーモア駐華英国大使に説く。イタリア降伏後には、イギリスは海軍の大部分を東洋へ投入するべきだ。これは東洋の諸民族を励ますだけではなく、極東でのイギリスの声望を高める絶好の機会だ、と。[46]

折しも、イタリアでは反撃が順調に進んでいた。七月一〇日には連合国軍がシチリア島に上陸し、七月二五日にはムッソリーニが逮捕監禁されて、ピエトロ・バドリオ（Pietro Badoglio）元帥率いる臨時政府が発足した。バドリオ政権は九月八日に連合国へ無条件降伏する。

しかしチャーチルは、蔣介石の提案を容れるつもりはない。シーモアから報告を聞いたチャーチルは、カナダに向かう途上の八月一一日に、蔣介石へ書簡を送る。彼は、イタリアを戦争から脱落させるか、ドイツ軍をイタリア北部に退却させるかして、さらにイタリア海軍も管理下に置いたら、インド洋で海軍を拡充できるとした。そして、日本軍に最大限の圧力をかけ、ビルマ北部経由で中国と連絡がつくようにすると書くものの、その作戦がいつになるかは明言しなかった。(47)

チャーチルの敗北

ビルマ進攻作戦を妨害する獅子身中の虫は、チャーチルである。蔣介石がそう見ていたのは、あながち間違っていなかった。

チャーチルは、一九四三年八月に、ケベックで開かれた米英首脳会談で、ビルマでの上陸作戦を阻止しようとした。彼は八月二三日の米英合同参謀長会議で、一九四四年にビルマのアキャブやラムリー島への上陸作戦を行うのは、同意できないと述べる。アキャブの占領は蔣介石を喜ばせるだけで、不毛でコストのかかる作戦だというのが、チャーチルの主張だ。(48)

チャーチルの反対を押し切り、ケベックで米英合同参謀長会議は以下を決定する。中国への陸路を開くため、一九四四年二月中旬を目標に、ビルマ北部の占領作戦を行う。また同年春に上陸作戦を行うための準備も継続する、と。(49)

米英合同参謀長会議が右の結論を両首脳に答申した八月二四日、ローズヴェルトとチャーチルは連名で蔣介石に書簡を送った。その中で、次の乾季に、インドのアッサム地方から、レドとインパール経由でビルマへ攻め込むと記す。同時に、雲南省からの派兵を求める。そして、ビルマ北部での作戦を成功させるため、上陸作戦を準備中だとし、まずはインド洋での制海権を確保すると目標を明らかにした。[50]

チャーチルからすると、米中の主張に膝を屈した形だ。

ローズヴェルト大統領は、米英中による共同作戦を執拗に妨害するチャーチルに、いささか辟易していたようだ。それは次のエピソードからも分かる。

一九四三年八月三〇日、ケベックでの首脳会談から戻った大統領を捕まえて、宋子文は大いに不平を鳴らした。ローズヴェルトは弁解する。中国を米英ソと同等には扱えない、なぜなら「中国が安定した国家ではないからだ」といっているのは、チャーチルなのだ、と。そして、チャーチルを説得しようと努めたと釈明した。[51]

実際にチャーチルは、中国は同格に扱えないと公言していた。一九四三年三月三一日に、マイスキー駐英ソ連大使へこう語っている。

もちろん、私は中国を愛し、深く尊敬している。中国人は素晴らしい民族だ。しかし本当に中国はソ連、アメリカ、大英帝国と同格だろうか。そんなのは全く話にならない。ほとんど侮辱でさえある。[52] 蔣介石が死ぬか、消えたら、中国はどうなるか考えてみたまえ。中国はカオスになるだろう

四人の警察官

一方、ローズヴェルト大統領は、中国を人国の一員へ迎え入れようと早くから考えていた。ローズヴェルトは、一九四二年五月二九日に、ワシントンを訪れたモロトフ外務人民委員へ、米英中ソが戦後に「世界の警察官」の役割を果たす構想を語った。そして、この四ヶ国以外は、日独だけでなく、欧州各国も武装解除する。平和を脅かす国があれば封鎖し、空爆もする。それによって、差し当たり二五年間の平和を保ちたいという(53)。

スターリンは賛同する。六月一日に、彼はワシントンにいるモロトフへ次のように書き送った。

「戦後の平和を維持するためのローズヴェルトの意見は全く正しい。侵略を防げる英米ソの合同軍を創立することなく、今後の平和は維持できないに違いない。またそこには、中国も入った方が良いだろう」(54)。

一九四三年九月にイタリアが降伏すると、連合国では戦後秩序についての話し合いが加速する。九月三日に宋子文と会談したハル国務長官は、戦後に作る世界的な組織の最高委員会は、世界で武力を行使できる四大国で構成するという、大統領の意向を伝えた(55)。

大統領は、四大国による協定には中国を含めるよう指示した。一九四三年一〇月五日に大統領は、チャーチルは中国を好まないが、英ソの合意を確保するよう、全力を尽くすようにハル国務長官へ語る。その際に大統領は、現在も将来も、中国それ自体と、中国の英領インドに対する影響力を考慮すれば、「遠ざけておくには、中国はあまりにも重要なファクターだ」と語っている(56)。

モスクワ外相会談

だがソ連は、中国を主要な戦勝国に迎えるのに難色を示すようになった。様々な推測が成り立つが、この間に新疆をめぐって中ソ関係が悪化していた点は後述したい。

ソ連の反対が公になったのは、一九四三年一〇月の、モスクワにおける米英ソ外相会談だ(57)。ハル国務長官は、戦後の国際機構の宣言草稿を提案し、必ず「四強宣言」として発表するよう主張した。けれどもモロトフは、中国は会議に参加していないのだから、米英ソによる共同宣言にすべきだと主張した。結局、アメリカの粘り強い説得にモロトフは折れて、中国の傅秉常《ふへいじょう》駐ソ大使も署名した「四国宣言」が一〇月三〇日に出され、戦後に国際機構を設けることで一致した(58)。このようにアメリカに支えられて、中国は世界に号令する地位を得た。

一一月三日、蔣介石は署名を祝う電報をローズヴェルト、チャーチル、スターリンへそれぞれ送る。文面はほぼ同じで、この宣言は歴史的な重要文献であり、世界に反侵略という大義を示せたと寿ぐ(59)。三首脳からの返信からは、各国の態度の違いが浮き彫りだ。スターリンの返信は短く、祝電への「深い感謝」しか書かれていない(60)。

一方、チャーチルは、この宣言が国際平和のための礎石になったとし、中国の署名は宣言の重みを増すものだと返した(61)。

ローズヴェルトは返信で、「より良い世界秩序」を築くのに、中国が参加するのを歓迎する。そして、中国が「この歴史的な宣言」に参加したことは、ハル国務長官と自分に「深い満足」をもたらしたと、格調高い文面で記している。さらに、目下の目標は侵略者を打ち破ることだが、戦後の目標は、永続的な平和を構築することだと説く(62)。

もっとも、その結束も形ばかりだったことは、五百旗頭真が筆鋒鋭く論じている。

「四大国」とはいいながら、中国は会談には招かれず、アメリカの絶大な支援によってようやく声明の原署名国として名を連ねたに過ぎないという事実は、象徴的といわねばならない。この点はポツダムでもくり返されるわけであり、中国が重要な瞬間に、米英ソと同等な世界の大国として遇されたことは、一度もないのである。戦後における真実の世界的強国という意味では米ソのみが大国であり、堅い結びつきを期待できるという意味では米英のみが同盟国であった。中国はどちらの要件に照しても数段劣っていた(63)。

四大国首脳会談の提案

それでも、中国を盛り立ててゆく覚悟のローズヴェルト大統領は、蔣介石も招いた四大国の首脳会談を企画する。一九四三年六月四日に、宋子文が蔣介石へ、大統領は米英中ソの首脳会談を持ちかけてきたと報告している。

だが、蔣介石は乗り気ではない。

「せいぜい、有名無実な四巨頭の一人という虚名を得るだけだ」(「蔣中正日記」一九四三年六月六日条)。

結局、ソ連と日本が正式に決裂する前に、中ソが同時に会談へ参加すれば差し障りがあるからと、婉曲に断った(64)。

しかし大統領は、訪米中の宋美齢に、蔣介石と今秋に会いたいと語る(65)。また大統領は六月三〇日付で、蔣介石に会談を希望する電報を送る。場所は両国の首都の中間を提案した(66)。

帰国した宋美齢から、大統領との会談が上首尾だったと聞いた蔣介石は態度を変え、九月以降なら、予定を合わせると返信した。

しかし、会談場所はアラスカ以外が良いと注文をつけた。アラスカに行くにはソ連領のシベリアを通る。そうするとスターリンに会わなければ中ソ関係に影響するからだという。[67] スターリンを避け、ローズヴェルトとだけ会談したいのが、蔣介石の本音だ。

それならばと、ホプキンス大統領特別補佐官は、ワシントンへ誘ったが、中国の国民感情を刺激するという理由で、蔣介石は断った。[68] おそらく、蔣介石の面子の問題だろう。

中ソの首脳会談拒否

四大国の首脳会談を開催するのに障害となったのは、中ソの両首脳が同席を嫌ったことである。

蔣介石はスターリンへの疑念が消えなかった。スターリンとの会談を躊躇する理由は、ソ連が中国を共産化し、おそらく中国の一部を征服して、ソ連に併合することを望んでいるからだと、大統領特使のパトリック・ハーレー（Patrick Jay Hurley）元陸軍長官に語っている。[69]

一方、ソ連は一九四一年に結んだ日ソ中立条約を維持したまま、日本との関係を続けていた。スターリンとしても、蔣介石と会談すれば日ソ関係の悪化を招き、ドイツと戦う背後を襲われかねない。そのため、蔣介石との会談は避けたい。

両者を仲立ちしたのがローズヴェルト大統領である。大統領はまずスターリンを会談に誘う。スターリンは一九四三年一〇月一九日に、テヘランで一一月二〇日から二五日の間に会談するなら都合が良い、と返事を寄越した。

大統領は、一〇月二七日付で、蔣介石を会談へ招待した。スターリンが参加するかは分からないが、チャーチルや自分と、一一月二〇日から二五日に、中東で会談しないかと誘った。その電信の末尾にはこうある。

「顔と顔を突き合せてしか、満足に解決できない多くの問題があると確信しているので、お会いできるのを楽しみにしています。このことはどうかご内密に」[70]。

思わせぶりな一文からは、大統領の人を魅了する才能を感じる。

大統領が一一月二六日にエジプトの首都カイロで会談しようと誘ったのは、それから三日後である。カイロは、連合国軍の中東総司令部や、戦時経済を維持する中東供給センターが置かれるなど、戦略的な重要拠点だった。

大統領は蔣介石とスターリンを同席させるのを諦め、別々に会うようにした。蔣介石も、大統領と二人で会うのがより好ましいが、チャーチルと三人で会うのでも良いと回答する。

さらに大統領は、ハーレーを重慶に送り、蔣介石がスターリンと会う気がないか確かめさせた。また、ソ連の対日参戦をどう考えるかも尋ねさせる。蔣介石は、スターリンと会う気はないが、ソ連が日本と戦争するなら協力する、と答えている。蔣介石は、太平洋におけるアメリカの島伝いの進撃（「飛び石作戦《アイランド・ホッピング》」）も認めたが、日本に全面攻撃を仕掛ける前に、アメリカ軍の中国上陸を希望した[71]。

カイロ会談の開催決定

一方、ローズヴェルト大統領は一九四三年一一月九日にスターリンに書簡を送り、モロトフ外務人民委員と、英語の話せる軍部の代表者を、一一月二二日にカイロへ寄越して欲しいと要請した。チャーチルも、カイロ会談へのソ連代表の参加を歓迎するとスターリンへ書き送る。スターリンは、いったんはモロトフの派遣を承知したが、カイロに中国の代表団が来るのを理由にキャンセルした。アヴェレル・

ハリマン（William Averell Harriman）駐ソ米国大使は、スターリンが気分を害したからだと報告している[72]。結局、カイロ会談に参加したソ連代表は、副首相格の人民委員会議副議長、アンドレイ・ヴィシンスキー（Андрей Януарьевич Вышинский）だった。結果的に、カイロ会談は米英中の首脳会談となる。

大統領は対日戦を重視していた。戦場が日本に近づくにつれ、中国の役割が問題となるので、カイロ会談で蔣介石の意見を聞き、チャーチルとアジア戦略を決め、その後のテヘラン会談で、スターリンとヨーロッパの問題を話し合うつもりだった。

カイロ会談へ向かう船上、大統領は統合参謀本部やホプキンスら側近と、蔣介石との議題を検討した。大統領は彼らに語った。中国は「外モンゴル」でのロシアとの対等な権利を望み、蔣介石も満洲の返還を望んでいる。間違いなく、この問題を議論することはトラブルの原因になるだろう。しかし、これは「自由区域」という方法で解決できるかもしれない。また中国が日本の占領に参加したいと考えていることは間違いない。中国側が望むのは台湾と小笠原諸島の占領だと、大統領は予想した[73]。

蔣介石も日記に、米英との議題を記す。アメリカとは、日本の無条件降伏の処置について、三〇個師団分の武器の供与、中国空軍の増強、中米参謀会議と、極東政治会議を組織することについてだ。

イギリスとの議題は、チベット問題に再び干渉させないことや、借款の条件である。香港と九龍の問題は、脇に置くことにした。会談の最大の目的は、ビルマ進攻作戦だったため、イギリス側に遠慮したのである（「蔣中正日記」一九四三年一一月二一日条）[74]。

蔣介石の戦後構想

蔣介石は一九四三年一一月二一日の朝にカイロへ着く。ローズヴェルトよりも一日早く、チャーチルより数時間早かった。意気込みの表れだ。

カイロ会談は、アジアの戦後について幅広く議論したことで知られる。蔣介石は、事前にどのような戦後を思い描いていたのか。カイロ会談について論じる前に、その点を整理しておこう。

一九三九年から翌年には、満洲事変の前の状態に戻す程度の、漠然とした考えだった。しかし、国際情勢が中国に有利になるにつれ、蔣介石の夢は膨らむ。太平洋戦争の勃発から間もない時期には、次のように記した。

①イギリスには、チベット、九龍〔香港〕が中国の領土の一部であると認めるよう要求する。
②ソ連には、「外モンゴル」、新疆が中国領土の一部であるのを承認するよう要求する。
③東北四省、旅順と大連、南満洲鉄道が中国の領土の一部であると各国に承認するよう要求する。
④各租借地、治外法権、各種特権および東交民巷《とうこうみんこう》（北京で在外公館が集中する地区）は一律に中国に返還し、一切の不平等条約を廃する（「蔣中正日記」一九四一年一二月二〇日条）[75]。

戦後の仮想敵はソ連

一方、戦後の満洲については、一九四一年九月に孫科がとりまとめた意見書に、次のように記されている。満洲は「某人某派の割拠」（張学良の東北軍系統を指す）を克服し、政治的に中央化する。鉄道などの管理を統一する。「敵の公私財産」は接収する。「敵の移民」は「帰化を望む者以外はすべて撤退させる」[76]。

要するに、満洲事変前に戻すのではなく、日本人や軍閥を一掃して、国民政府がこの地域を直接統治する。もちろん、ソ連をはじめとする外国は、この地域に介入させない。

もっとも、アメリカは例外である。蔣介石は一九四一年一二月五日に、ラティモアに託し、渤海湾を中米の海軍基地にすることを大統領に提案している(77)。

翌年一〇月に会談した大統領特使のウィルキーにも、戦後に旅順、大連、台湾を取り戻す決意を示した上で、アメリカも海軍基地を置いて共同利用するなら歓迎すると述べた(78)。そのことが、「太平洋における永遠の平和を保障する」というのが彼の見解だ。ウィルキーも賛同した。

蔣介石は、戦後にアメリカが台湾と旅順の海軍基地を使用するのを、期限付きで許可するつもりだった。そうすることで、米英ソが戦後に満洲や台湾を共同管理するのを防ごうとした(「蔣中正日記」一九四三年八月二五日条(79))。

しかし、中ソ両国もしくはソ連のみが旅順を管理すると、ソ連は旅順に居座るかもしれない。これが蔣介石の恐れたことだろう。

戦後、ソ連の影響力をいかに排除するかは、満洲だけではなく、中国全体の問題だと蔣介石は捉えていた。一九四三年八月一〇日の日記に、戦後の構想を記している。まず内地の建設を優先させる。そのあとの五年間で、一気に辺境の建設を行う。内地がしっかり固まっていれば、ソ連が辺境で挑発してくることもなくなる。ソ連は内地まで侵略できないからだ、と(80)。

しかし、アメリカはソ連を脅威とは見なさない。ハル国務長官は、一九四三年五月に次のように宋子文へ述べた。米英は中国の権利を尊重し、台湾、沖縄、東三省(満洲)、大連は中国に返還されるべきだと考える。しかしローズヴェルト大統領は、ロシアが建設し、ソ連も経営に携わってきた満洲の中東鉄道と、モンゴル人民共和国については、ソ連と話し合うべきだと考えている、と。暗にソ連への譲歩を迫るのを、宋子文は強く拒んだ(81)。

アジアの脱植民地化

カイロ会談では、戦後の日本についても多くの時間が割かれた。

戦後の日本への駐留については、ローズヴェルト大統領は中国が駐留軍の主体となるように持ちかけてきたが、蔣介石はアメリカが中心となり、必要なら中国も派兵して協力すると語った。また、朝鮮の独立を支持する蔣介石は、ローズヴェルトにも賛同を促した。フランス領だったベトナムは、戦後は米中がその独立を助け、イギリスにも賛成するよう要求すべきと蔣介石は強く主張した（「蔣中正日記」一九四三年一一月二三日条[82]）。

沖縄（琉球《りゅうきゅう》）についてもカイロ会談で話し合った。満洲（東北四省）と台湾、澎湖《ほうこ》諸島はすべて中国に返還を希望するが、「琉球は国際機関に委託し、中国とアメリカで共同管理するのも可能だ」と蔣介石は大統領へ提議した[83]（同前）。

国防最高委員会秘書長としてカイロに随行した王寵恵は、カイロ会談から間もない一二月二五日に記録をまとめたが、一一月二三日の会談録に沖縄への言及はない。ただし、満洲事変後に日本が占領した地域と、旅順や大連を含む租借地、台湾、澎湖諸島は中国に返還することが決まったとある。太平洋方面など、その他の日本の領土の処置については、中米英で構成される専門委員会を設けることを決めた[84]。

日本の領土以外では何が話し合われたのか。一一月二六日に、イーデン外相らイギリス側と会談した王寵恵は、チベット問題を取り上げ、両国関係の「最大の障害」となっていると述べた[85]。そして、チベットは中国の領土であるとして、イギリスは「不合理な政策」を捨てるように迫る。要は、イギリスをチベットから排除しようとした。

ただし、領土について中英が争う場面は他にはない。会談に先立つ一九四三年三月には、宋子文がイ

カイロ会談（1943年11月25日、ローズヴェルト大統領図書館蔵）

ギリスのイーデン外相に、タイ、インドシナ、ビルマ、マラヤに領土的野心はないとも明言した。ビルマからも、作戦が終わればただちに撤兵すると明言している。(86)

蔣介石は、アジアの脱植民地化を理想とする。そのためにも、朝鮮の独立を熱心に取り上げた。しかし、すべての民族、あらゆる地域の「民族自決」を支持したわけではない。中国にとっては勝利が第一で、アジアの脱植民地化は二の次だ。そのため、イギリスを刺激する言動は慎んだ。(87)

一方のイギリスは、アジアにおける植民地支配の復活を前提に動く。日本の植民地ですら簡単に独立を認めようとはせず、「その国〔朝鮮〕を自由かつ独立の国とする」とあった米中の共同声明草案に修正を加える。さらに台湾や澎湖諸島は日本が放棄するべきとしたが、帰属は未定にしようとしたため、中国側の強い反発を招いた。(88)

「カイロ宣言」の成功

それでも蔣介石は、カイロ会談に大いに満足していた。日記には、次のように記す。

「東三省と台湾、澎湖諸島は、失ってからすでに五〇年、あるいは一二年以上の領土だが、米英との共同声明で我が国に返還されることになり、しかも朝鮮の戦後の独立と自由も認められた。〔中略〕内外、古今を見渡しても、未曽有な外交の成功となった」（「蔣中正日記」一九四三年一一月三〇日条）(89)。

この翌日、すなわち一二月一日に公表された共同声明（いわゆる「カイロ宣言」）には、次の一文があった。

「三大連合国〔中米英〕の目的は、一九一四年の第一次世界大戦の開始以来、日本が奪取ないし占領した、太平洋におけるすべての島嶼を日本より剥奪すること、ならびに満洲、台湾、澎湖諸島など、日本が中国人から奪取したすべての地域を中華民国に返還することである」(90)。

これで戦後の中国は、日中戦争前に復すのではなく、日清戦争で失った領土も取り戻せる大義名分を得た。

さらに、「三大連合国は、朝鮮の人民の奴隷状態に留意し、やがて朝鮮を自由と独立のものにする決意を有する」という一文も、共同声明に入れるのに成功した。朝鮮の独立は「やがて」もたらされるものであり、それまでは大国による信託統治下に置かれると示唆していたが、独立への前進ではあった。蔣介石が得意になるのも無理はない。

ビルマ進攻作戦をめぐる確執

しかし、蔣介石の期待通りにならなかったのが、ビルマへの進攻作戦についての話し合いだ。ビルマ進攻を目指す「アナキム作戦」は、どこへ、いつ上陸作戦を敢行するのか、一向に細部が決まらない。それでも米英の上陸作戦と歩調を合わせ、ビルマ北部で総攻撃に出たい蔣介石は、米英の決断を待った。

そこでカイロ会談では、ビルマ進攻作戦が再検討された。

蔣介石は、ビルマでの作戦に当たり、四つの条件を出した。カイロでの米英合同参謀長会議で、マーシャル陸軍参謀総長とスティルウェルが披露している。第一に、ビルマでの陸上の攻撃は、上陸作戦と同時に行わなければならない。上陸地点には、ビルマ南方に浮かぶアンダマン諸島を希望する。第二に、マンダレーを占領する。第三に、中国の雲南軍はラシオまでしか進出しない。第四に、中国空軍に必要な物資を提供することだ(91)。

しかし、連合国東南アジア軍最高司令官のマウントバッテン卿（Lord Louis Mountbatten）をはじめ、イギリス側は大規模な攻勢に否定的だった。チャーチルもスマトラ島の北端に奇襲をかける「カルバリン作戦」に執着したが、アメリカ側は相手にしない。

代わって採用されたのが、アンダマン諸島に米英軍が上陸する「バッカーニア作戦」である。これに加え、チンドウィン河を渡ってイギリス軍がビルマ中央部へ、中国軍が北部へ攻め込む。これは「ターザン作戦」と呼ばれた。ひっくるめて「チャンピョン作戦」と呼ばれたこの計画は、アメリカ軍の主導で立案された(92)。

ローズヴェルトは一九四三年一一月二五日に、これから数ヶ月の間に、ベンガル湾での作戦を始めると蔣介石に約束したという。これは『アメリカ外交文書集』の注記によるが、会談の公式記録は残っていない(93)。蔣介石の日記によると、ビルマでの作戦を繰り上げると、翌日にも大統領は保証したという。その日、蔣介石は記した。

「会談が終わった時、彼［ローズヴェルト］は慨嘆して私にいった。現在最も問題になっているのは、人に苦痛を与えるチャーチルの問題です、と。またイギリスではみな、中国が強国になるのを願っていないと、とても憂鬱そうにいった」（「蔣中正日記」一九四三年一一月二六日条(94)）。

チャーチルを嫌悪した蔣介石

実際、ローズヴェルト大統領は、イギリス人たちには手を焼いていた。ビルマでの共同作戦に支障を来すほど根深い、彼らの中国への不信感である。一方、ローズヴェルトは蔣介石も持て余していた。カイロ会談の開かれていたある夜に、蔣介石がビルマについて譲歩しないと、息子に不満をもらしている[95]。こうした中英対立は、アメリカの戦略にも悪影響を及ぼしかねないと、大統領は頭を抱えていた。

チャーチルの本音は、ヨーロッパでの上陸作戦の優先だ。だがそのための上陸用舟艇が足りず、とてもインド洋にまわす余裕はない。彼は「チャンピョン作戦」を容認したものの、アジアでの攻勢自体に消極的で、蔣介石をいらだたせた。

一九四三年一一月二一日に、蔣介石と初めて会談した際には、来年一月から三月に、極東では反攻が可能になるだろうとチャーチルは述べた[96]。しかし、会談を重ねるごとに、彼の示す期日は後ろ倒しになってゆく。

一一月二三日の中米英の首脳会談では、作戦成功の鍵は陸海軍の共同作戦にあると主張する蔣介石に、艦隊の兵力が十分になるのは来年の晩春か初夏になると、チャーチルは反論した。さらに彼は、「ベンガル湾での海軍の作戦は、必ずしも陸戦と連動して調整される必要はないと述べた[97]」。

翌日の一一月二四日、蔣介石を酒宴に招いたチャーチルは、地図室に彼を通し、ビルマ作戦の見通しを述べる。蔣介石が、いつイギリス海軍が上陸作戦を敢行するのか問うと、五ヶ月は待たなければと述べ、蔣介石を大いに失望させた。蔣介石は日記に記す。

「今日までチャーチルと私は四回も会っている。彼は結局のところアングロ・サクソンの典型的人物であって、その思想、気魄そして人格は、ローズヴェルト大統領と決して同じではない。『狭隘浮滑、自私頑固［心が狭くて軽薄、利己的で頑固］』の八文字に尽きていよう」（「蔣中正日記」一九四三年一一月二五日条）[98]。

さらに蔣介石は日記に記す。

「カイロ会議の経験からすると、軍事は無論、経済と政治でも、イギリスは些細な利益すら犠牲にするのに賛同せず、他人の利益となることも認めない。アメリカがイギリスを救うためにすることも、アメリカの主張に対して決して譲らない。中国の存亡と生死については、さらに一顧だにしないだろう」（「蔣中正日記」一九四三年一一月三〇日条）[99]。

もちろん蔣介石は、そのような負の感情は表に出さない。一二月八日には、チャーチルに太平洋戦争の開戦二周年の祝電を送り、両国の友好を願う[100]。その三日後にも、面識を得たことで、両国の絆がさらに深まると確信していると、チャーチルに書き送った[101]。

一方、イギリス側も、会議後に蔣介石へ苦い思いを抱いていた。一九四三年一一月一三日の閣議で、イーデン外相はこう述べた。

「我々からすると、蔣介石が出席していたがゆえに、カイロ会談が対日戦についての議論から始まったのは不運だった」。

ビルマでの作戦につき、大統領はインド洋での陸海共同の作戦も行うと蔣介石に語った。しかしそれは、地中海での重要な作戦を犠牲にするもので、チャーチルが認めた作戦でもない。蔣介石は満足して帰ったが、ヨーロッパでの来年の作戦について決定に至らないまま終わった。そして、テヘラン会談を経て、ビルマでの作戦は延期されたと、イーデンは語る[102]。

作戦の延期については後述することにして、カイロ会談の直後に開かれたテヘラン会談について見てみよう。

スターリンの対日参戦の口約束

蔣介石はローズヴェルト大統領には好印象をもった。カイロで初めて会った彼を、平凡な人物ではないと見込んでいる（「蔣中正日記」一九四三年一一月二三日条）[103]。より中国に好意的なのも、ローズヴェルトだと感じていた。

ローズヴェルトも、戦後の国際社会を率いる一員に中国を迎える意思は、カイロ会談後も変わりはなかった。

一九四三年一一月二九日のテヘランにおける会談でも、ローズヴェルトは中国を四大国の一角に据えようと、スターリンを相手に熱心に口説く。中国を四大国に含めるのは、戦後の平和のためにもぜひとも必要だと訴えた。そして、日独の復活を防ぎ、世界の平和を守る「警察委員会」を作るなら、中国も含めるべきだとする。「中国が大国になったからではなく、人口四億の中国が不安や侵略の源にならないように」だ[104]。

けれどもスターリンは、そうした組織への「中国の参加にはまだ疑念を抱いている」と述べた[105]。チャーチルと同じく、スターリンも中国と蔣介石を見下していた。この前日の大統領との会談でも、中国人の戦い方は極めてまずいが、それは中国のリーダーたちに責任がある、とスターリンは放言した[106]。眼前の戦争でも、中国の役割をさらに低下させる原因を作ったのはスターリンだ。

アメリカと中国は、対日戦にソ連が参戦するのを熱望していたが、ソ連はドイツとの死闘を理由に、その要請を断り続けてきた。しかしテヘラン会談で、スターリンは対日参戦をほのめかした。

もっとも、スターリンの発言は慎重だった。一一月二八日の会談で、大統領は対日戦の戦略を語り、ビルマへの上陸作戦についても説明する。スターリンは、対日戦における英米の快進撃を祝したあと、赤軍はあまりにも西に深く入り込みすぎているので、対日戦には参戦できないと述べた。ドイツの最終的な敗北後に、シベリアの軍隊を約三倍に増強できたら、「日本を叩く」という共通の目的に参加できるだろう、と優先順位を明確にした(107)。

イギリス側の記録も、おおむね右と一致する。スターリンは太平洋におけるアメリカの成功を祝した。しかし、ソ連は全軍をドイツへ振り向ける必要があるため、残念だがいまは対日戦に参戦できないと述べる。そしてこう続けた。

「極東の赤軍は、防御にはまあ十分だが、攻勢を命じるには少なくとも三倍に増強する必要がある。この戦線に友とともに加わるのは、ドイツが崩壊した時だろう。その時には、ともに進撃できる(108)」。

ソ連側の会談記録でも、スターリンの発言はほぼ同じである。

「極東の戦力は防衛だけならば十分だが、攻撃的な作戦のためには、少なくともその戦力を三倍にする必要がある。ドイツを降伏させればそうなるかもしれない。その時には、日本との共同戦線を張れる(109)」。

この発言が、対日戦における中国の地位を一段と低下させる。ビルマ進攻を優先せずとも、これまで通りドイツ打倒を優先すれば、対独勝利後にソ連が日本を攻撃して、東西で終戦となる可能性が高まったからだ。

一方、ドイツと死闘を繰り広げるソ連からすれば、米英にヨーロッパで第二戦線を開かせるためなら、対日参戦を約束するなど、安い代価だったのではないか。

ソ連参戦の好餌をまくアメリカ

中国を四大国へ押し上げたのはローズヴェルト大統領だが、彼が何よりも重視するのは、対日戦での迅速な勝利である。そのため、ソ連を対日戦に引き込むためなら、中国の利権も餌にする。中国側から見ると矛盾しているが、アメリカの国益に鑑みれば、大統領は問題を感じなかったのだろう。[110]

特に大統領は、スターリンの不凍港への渇望は利用できると考えた。この話題が出たのは、一九四三年一一月三〇日に、ローズヴェルト、スターリン、チャーチルが昼食をともにした時だ。米ソ英、三ヶ国の会談記録を見てみよう。

まずアメリカ側の記録である。昼食時、ローズヴェルトは、ソ連のバルト海へのアクセスをどう確保するかという話題を出す。大統領は、ハンブルクやブレーメンといった、もとはハンザ同盟の諸都市を自由港にするのはどうかと諮った。スターリンは賛成し、では極東の港はどうするのか尋ねた。代わってチャーチルが、スターリンの意見を質す。スターリンは、ソ連には考えがあるが、対日戦に参戦するまでは明らかにしないほうが良いと考えていると述べた。だが、彼はこうも付け加える。

「ウラジオストクは半ば不凍港だが、日本の支配する海峡にふさがれているので、極東で閉じ込められていない港はない」。

これを聞いたローズヴェルトはすかさず、バルト海のような自由港として、大連はどうかと提案した。[111]

ソ連側の会談録はやや異なる。チャーチルは、かつてイギリス人は、ロシア人が海への出口を欲するのに反対したが、いまはそうではないと述べる。そこで、ロシアには黒海で出口がないとぼやくスターリンは、チャーチルと議論になった。

そしてスターリン自身が話題を極東に転じ、港が欲しいと匂わす。これにチャーチルは、カイロ会談の共同声明を知っているかと問い質した。カイロ会談の共同声明には、同盟国は、自国のためには利得も求めず、また領土拡張の念も有しない、という一文があるからだろう。

スターリンは述べた。カイロ会談の共同声明には反対しない。朝鮮の独立、台湾と満洲の中国への返還にも賛成する。しかしソ連は、極東で実際に軍事行動を起こしたら、共同宣言に何か書き加えることができるだろう。極東でソ連は閉じ込められている。

「なぜならソ連の船がどの港から［太平洋へ］出て行こうとしても、日本人が好きな時に封鎖できる下関［関門］海峡か対馬海峡を通らねばならないからだ」。

すると、ローズヴェルトが自由港というアイデアを話し、大連を例にあげた。スターリンは、それには中国は不服に違いないというと、大統領は、中国は必ず賛同すると請け負う。そこでスターリンは、大連も旅順も不凍港だが、旅順は商港よりも軍港にうってつけだ、と欲張った。チャーチルも、「ロシアが温暖な海に出口を持たなければならないのは当然のことだ」と支持した。(112)

ソ連側の会談録では、スターリンは参戦の代償として、露骨に旅順を欲している。恥ずべきことと考えていないから、史料は公表されたのだろう。

イギリス側の記録によると、会話は以下のように進んだ。

スターリン　極東ではソ連のために何をしてくれるのでしょうか。

チャーチル　まずお聞きしたいのだが、中国についての共同声明に同意されていますか。

スターリン　あれは良い共同声明だったが、作成に関わっていません。しかし、ロシア自身が世界の一部として活動するときには、何か付け加えられたらと思う。

チャーチル　ロシアは極東にウラジオストクをお持ちではないですか。
スターリン　あの港は対馬海峡次第であり、閉ざされています。
ローズヴェルト　大連を自由港にするのはどうでしょう。
スターリン　ペトロパブロフスク［・カムチャッキー］は使えるが、鉄道とつながっていない。現時点で、ロシアの唯一の出口はムルマンスクです。
チャーチル　世界の政治は、いま持っているもの以上を望まない、満ち足りた国々に委ねられなければならない。飢えた国々の手に政治があっては、常に危険だ。しかし我々は誰一人、これ以上を望む理由が全く見つからない。［中略］我々は、富める者として振舞うべきです(113)

チャーチルの最後の発言は、貪欲に領土を求めるソ連への牽制だ。ソ連側の記録とは異なり、チャーチルは対日参戦の代償をソ連へ与えるのに慎重だった。以上のように、同じ会談について記していながら、三ヶ国の外交文書の力点は違う所に置かれている。

暗躍するチャーチル

しかし、ソ連の対日参戦の約束が、イギリスにとって歓迎すべきものだったことは確かだ。イギリスはスターリンの対日参戦の口約束で、ヨーロッパでの第二戦線構築を最優先させる良い口実ができた。チャーチルは早速、このソ連の提案を有効に「活用」する。一一月三〇日のスターリンとの会談で、次のように打ち明けた。

スターリンが対日戦に言及してから、インド洋と太平洋にある上陸用舟艇を、ドーバー海峡を渡ってフランスに攻め入る「オーヴァーロード作戦」に回すよう、アメリカ人に提案した。そうすれば、懸案だった上陸用舟艇は十分な数になる。そして、「ヒトラーの敗北後、対日戦はスターリン元帥がいわれたことで促進されるようになるのだから、新しい状況に応じ、『オーヴァーロード作戦』をもっと支援するようにアメリカ人に指摘した」。

西ヨーロッパで第二戦線が開かれるのを待つスターリンも、好意的に答えた。

「もし一九四四年にヨーロッパの戦争で大きな変化がなければ、ロシア人は戦争を続けるのが難しい。戦争に疲れているのだ」。

そして、作戦が行われなければ、赤軍は孤立しているのではないかと疑うとして、「オーヴァーロード作戦」の決行を促した。[114]

こうして、「オーヴァーロード作戦」と南フランスでの作戦は、一九四四年五月の間に決行すると、彼らはスターリンと約束した。ソ連も同時期に東から攻勢をかけるとも決まる。一九四三年一二月一日、三首脳はこの取り決めを文書にして交わした。[115]

米英合同参謀長会議のスタッフも、スターリンの発言を受けて、戦略を組み直す。一九四三年一二月二日の報告書では、来年度の対日作戦は、太平洋の中央部、南西部での作戦が主軸とされている。中国も東南アジアの戦線も、その補助でしかない。中国での作戦は、成都から日本の心臓部への爆撃、米中の空軍の養成などに限られた。ビルマでは、一九四四年春に北部を占領するため攻勢に出るが、中国側が望んでいたベンガル湾での上陸作戦については、言及されていない。[116]

駄目押しになったのが、米英の首脳会談だ。通称、第二次テヘラン会談と呼ばれる。

テヘランからカイロへ戻った米英の両首脳は、一二月四日に、米英合同参謀長会議を開く。そこでチャーチルは、「オーヴァーロード作戦」と、南フランスへ上陸する「アンヴィル作戦」を強化するために、ビルマでの「バッカーニア作戦」から「資源」を引き抜かなければならない、と大統領を説得する。

大統領は反対する。「我々には中国のために何かをしなければならない道義的義務がある」というのが、大統領の主張だ。そのため、「とても重大で極めて明白な理由」がなければ、上陸作戦は見送れないと抵抗した。(117)これに対しチャーチルは、「オーヴァーロード作戦」こそ、その「とても良い理由」になると説得する。

チャーチルは、翌日にも説得を続ける。彼にいわせれば、「バッカーニア作戦」が中国の戦争継続に実質的な影響を与えることはない。(118)さらにチャーチルは、「バッカーニア作戦」は「陽動作戦」なのに、「オーヴァーロード作戦」と「アンヴィル作戦」という極めて重要な作戦が深刻な影響を受けると、苦言を呈した。(119)

ビルマ作戦の延期を通告

ローズヴェルト大統領は、ヨーロッパでの作戦を重視する英ソの圧力に抗しきれず、ビルマでの作戦延期に同意する。

大統領は側近のホプキンスと文案を練り、チャーチルの同意を得て書簡を作成した。蔣介石に送られたのは、一九四三年一二月五日である。

私たちはスターリン元帥と会談し、［来年の］晩春にヨーロッパ大陸で地上戦を行えば、ドイツとの戦争は一九四四年の夏の終わりまでに終結するという、かなり良い見通しを得ました。この作戦には、大型の上陸用舟艇を大量に必要とするので、ベンガル湾で水陸両面作戦を行い、「ターザン作戦」を成功させるのに必要な分まで供給するのは不可能です。「ターザン作戦」は、計画通り実行する準備ができていますか。「ターザン作戦」決行に伴う、海軍輸送艦および特別雷撃隊の陸海空共同作戦、ならびにベンガル湾での制海権の維持、B29による鉄道とバンコク港の爆撃もです。もし無理なら、水陸共同作戦を含む「ターザン作戦」を、［来年の］一一月まで遅らせてはどうでしょう。その間にハンプ越えの空輸で、中国の空軍と陸軍へ物資を集めましょう。私は、ドイツとの戦争の早期終結によって、中国と太平洋が受ける多大な利益を考慮し、この決定を下しました[120]

蔣介石が「ターザン作戦」を単独で準備するのは難しいことを、ローズヴェルトは知っている。大統領はあえて難題を吹っかけて、作戦を延期させようとした。

スティルウェルから書簡を受け取った蔣介石は日記で、このような「無法な変更」はテヘラン会談で決まったもので、スターリンが戦略を決定したに違いなく、その主張は受け入れないに越したことはないと記す。だが翌日には気持ちを切り替え、代償として「大借款」を得るのに全力を注ぐと決めた（「蔣中正日記」一九四三年一二月七日、八日条[121]）。

なぜ蔣介石は、巨額の借款を交換条件としたのか。それはビルマへの反攻が延期と知らされた時の、中国の世論を恐れていたためだ。

チャーチルの特使として重慶を訪れたエイドリアン・ウィアート（Adrian Paul Ghislain Carton de Wiart）将軍によると、会見した蔣介石はそのことを「極度に恐れ」、作戦延期を「自分の部下にすら話していない」と語っていたという。[122]もし多額の借款と引き換えなら、国民や配下へ釈明できると蔣介石は考えたのだろう。

米中関係の亀裂

蔣介石は、一九四三年一二月九日付（中国側では一二月一〇日付）で、大統領へ返信した。そして、米英の作戦延期の申し出を受け入れた。しかし、この方針転換を知った中国国民は落胆し、中国戦線は崩壊しかねないとも脅す。そして、もし中国戦線が崩壊すれば、世界の戦線にも重大な結果になると説いた。

さらに蔣介石は代償を求めた。一〇億ドルの借款である。カイロで大統領に語った通り、中国は軍事面よりも経済面で危機に瀕している。それを救うためにも、ぜひこの借款が必要だと請う。そうすれば、「アメリカの時期を見計らった支援に、大いに励まされた国民や兵士が、士気を維持することも可能でしょう」。

また、中国とアメリカの空軍を増強し、来年二月からは、最低でも毎月二万トンの物資を空輸して欲しいとも頼む。そして日本は、今後一年の間に、後顧の憂いを断とうと中国に全面攻撃を仕掛けてくるので、優先的に中国の問題を解決して欲しい、と付け加えた。[123]

一方で、ビルマ戦線での攻勢は一九四四年一一月まで延期すると、一二月一七日に蔣介石は大統領へ伝えた。連合国がビルマで上陸作戦ができるようになるまで待つという。[124]

作戦延期の代償となる一〇億ドルは、それまでの対華支援の総額を上回る巨額である。大統領が躊躇したのも無理はない。一二月二〇日に大統領は返信するが、空軍の輸送力強化には同意したものの、借款は財務省と検討中だと、即答を避けた(125)。

アメリカでは蔣介石への見方が厳しくなっていた。一〇億ドルの借款要請も不興を買う。中国はそれに見合う努力をしているか疑問だとされた。

一九四三年末には、ガウス駐華米国大使も、国民政府にこれ以上の借款を与えても、彼らの衰退を阻止できないと意見する。中国に顧問として派遣されていたアメリカ陸軍の軍人らも、国民党と国民政府の解体を予測し、内戦が始まれば中国共産党の勝利は不可避と見ていた(126)。

こうした意見を踏まえ、大統領は借款を断った。これまでの多額の融資でインフレを抑制できていないと指摘し、金融政策で対応するように求めた(127)。

一九四四年一月一六日、蔣介石はガウス大使を呼び出し、この決定に抗議して、大統領へのメッセージを託す。ビルマ・ルートの再開を遅らせてまで、ヨーロッパに必要な軍需物資を送っているのだから、甚大な戦争被害を受けている中国を見捨てないで欲しいと説いた(128)。しかしアメリカの方針は覆らず、蔣介石はまたも苦杯をなめた。

チャーチルの中国蔑視

ビルマへの本格的な反攻が遠のいた結果、中国軍の強化を急ぐ必要はなくなる。スティルウェルが立てていた、中国軍の増強計画も縮小された。アメリカによる増強を欠くようになった中国軍の対日作戦は、防衛的にならざるを得ない(129)。

いまや、米英ソのヨーロッパ重視は露骨になっていた。そのような中、チャーチルは何とか蔣介石を元気づけようとしたのだろう。一九四四年一月二三日に、三隻の戦艦がインド洋に向かっていると、意気揚々と蔣介石に書いている。ドイツの戦艦「シャルンホルスト」を撃沈し、海軍がいままでよりも自由に動けるようになったからだと弁明した[130]。これは、一九四三年一二月に、イギリス海軍がノルウェー北方で勝利を収めた北岬沖海戦を指す。

それに対して蔣介石は、上陸舟艇をさらに派遣し、予定されているビルマでの反攻計画を実施して欲しいと、チャーチルに要請している[131]。

しかし、欧州戦線を優先するイギリスは、ビルマでの上陸作戦を急ぐ理由がない。一応チャーチルは、一九四三年一二月九日の書簡で、「カルバリン作戦」を雨季の後に始められるよう、マウントバッテン東南アジア軍最高司令官に準備を要請している。けれども、「バッカーニア作戦」が優先されるのに不満を記し、マウントバッテンが「バッカーニア作戦」のため、五〇〇〇人の日本軍を相手に、五万人もの兵力を要求したのも不愉快だと当たり散らした[132]。ビルマでの作戦は、チャーチルにとって百害あって一利なしだ。

チャーチルの中国への蔑視も相変わらずだった。

一九四四年四月、エドワード・ステティニアス（Edward Reilly Stettinius, Jr.）国務次官がロンドンを訪れた時のことだ。彼の日記によると、チャーチルはこう述べた。中国は大国ではないから、「四大国」などとはいえない。蔣介石は強い男だし、「大元帥夫人」の宋美齢はチャーミングな女性だ。しかし、中国は結束しておらず、共産主義であふれている。この三五年間、私たちは中国で不安定な政権が続くのを見てきた。中国を大国などというのはナンセンスだ。さらに、こう侮蔑した。

「豚の尻尾たち〔中国人への蔑称〕がまとまり、将来、価値ある国になるとは、ほとんど思えない。日本も一時は友好的だったが、そのあとに武器を取り、敵になったではないか」[133]。

「張り子の虎」の英艦隊

なおチャーチルは、イギリス艦隊をアジアで再建したが、艦隊はイギリスの威光を示すためと割り切っていた。そのため、太平洋で繰り広げられる日米の死闘にも、艦隊を投入したがらない。

例えば、一九四四年三月一〇日付で、チャーチルはローズヴェルトにこう書いている。偶然だと思いますが、日本の艦隊がシンガポールに向けて動いているのは、イギリス艦隊がインド洋に現れたからかもしれません。このように、イギリス艦隊は日本の艦隊を牽制して、太平洋でのアメリカ海軍の作戦を円滑にします。イギリス艦隊をインド洋と太平洋に割ってしまうのにも反対です、と。大統領も、イギリス艦隊がなくとも、一九四五年のアメリカ軍の作戦に支障はないと、インド洋にイギリス艦隊がとまるのを認めた[134]。

再建されたイギリス艦隊も、遊んでいたわけではない。一九四四年六月には、日本軍が占領しているアンダマン諸島の中心地、ポートブレアを空襲している。マウントバッテンは、この戦果を蔣介石に得々と知らせた[135]。

しかし、この「ペダル作戦」も戦果は乏しい。その後もポートブレアへの空襲や艦砲射撃が続いたが、イギリス艦隊は、日本軍の脅威が薄れた海域で空威張りするだけだった、といっては厳しすぎるだろうか[136]。

ちなみに、ビルマへのイギリス軍による上陸作戦は、一九四五年一月にラムリー島とその周辺で、べンガル湾では同年四月に敢行された。特に後者の時には、ビルマ全土の日本軍が崩壊しており、軍事的にはさして意味がなかった[137]。

ドイツ打倒を優先し、ビルマへの上陸作戦を待たせたのに、チャーチルにも後ろめたさがあったのだろうか。一九四五年四月にイギリスは、巡洋艦一隻、潜水艦二隻などの艦艇を中国に贈った。蔣介石はチャーチルに謝電を返したが、その内容は極めて儀礼的だった[138]。

第八章　凋落する中国の地位、一九四四年

ソ連の台頭

ドイツと日本の敗北が決定的となった一九四四年には、連合国の結束に綻びが目立つようになっていた。原因は、ドイツを降し、ユーラシア大陸で勢力を拡大するソ連に、他の連合国が危機感を抱いたことにある。

ヨーロッパでは、ポーランド問題で英ソが対立する。一九三九年のドイツによる占領後、ロンドンにポーランド亡命政府が樹立され、イギリスの後援を受ける。一方で赤軍は、一九四四年一月初め、ドイツ軍を追って戦前のポーランド領へ進攻する。そして、ソ連の影響下にある解放委員会に統治を進めさせた。

ポーランドをめぐる英ソ対立は、大戦終了後まで尾を引く。ローズヴェルトとチャーチルが、わざわざイランまで赴いてスターリンと会談したのも、こうした問題の調整が必要だったためである。

カイロとテヘランでの会談を終えた大統領は、一九四四年一月一二日に、ワシントンで開かれた太平洋戦争協議会で、外遊の成果を列席者に披露した。その中には、中国の魏道明《ぎどうめい》駐米大使もいた。

大統領は、蔣介石とスターリンとの話し合いに、とても満足したと述べる。スターリンは、満洲と台湾を中国に返還するのに同意した。しかし彼は、朝鮮は独立の準備ができていないとして、四〇年間は信託統治にするよう提案した。そしてロシアは、シベリアに不凍港を持っていないから、大連を欲している。世界に開かれた自由港の大連と、シベリアは鉄道によって無関税で物資が輸出入できるようにしたいというスターリンの意向も、大統領は披露した。ただし、満洲の鉄道の主権は中国に属す。またサハリンと千島列島も、シベリアへの海峡の出口を管理するため、ロシアへ戻したいという意向をスターリンは示したという。なお大統領によると、スターリンは沖縄の歴史についてもよく知っており、中国に返還すべきだという立場だった。(1)

この史料を収録した『アメリカ合衆国外交文書』が注記するように、右の大統領の発言には、テヘラン会談の議事録には含まれていない点もある。(2) 例えば、満洲の鉄道の主権は中国に属する、というスターリンの発言だ。

五百旗頭真は、テヘランにおいて、不凍港の他にも、ソ連の対日参戦の条件について、記録を取らずに話し合いが持たれたと推測している。(3) おそらくその通りだろう。

いずれにせよ大統領が、太平洋戦争協議会において、ソ連側の要求を問題視していないことがポイントだ。これがヤルタ会談への布石となる。

「新疆王」盛世才とソ連

ローズヴェルト大統領の浮かれた気分に水を差したのが、中ソの紛争だった。舞台は、盛世才の治める新疆だ。

盛世才からスターリンに贈られたポートレイト（1934年、スターリン・デジタルアーカイブ蔵）

盛世才は満洲出身の軍人で、一九三〇年にウルムチの省政府に仕え、新疆省主席の金樹仁《きんじゅじん》の幕僚となった。一九三三年に金樹仁を失脚させると、盛世才は新疆辺防督弁に就任し、実権を握る。南京国民政府と関係を築いたが、やがてソ連に接近し、南京国民政府の統制を離れようとした。ソ連も顧問団を送り、物資を供給するなど、積極的に支援した。

一九四一年一月三一日、盛世才はスターリンとヴォロシーロフへ大胆な書簡を送った。中国の革命を仕上げ、世界の新しい革命に加わりたいという理由で、スターリンに「中華新疆ソヴィエト共和国」の樹立を承認して欲しいと申し出た。

盛世才によると、独立の要件はそろっている。新疆は中国の六分の一を占め、豊かで、モンゴル人民共和国の五倍以上の人口を有する。独立後は、モンゴル人民共和国のようにソ連の衛星国となるか、バルト三国のようにソ連に編入するか、二つの道があるとしたが、盛世才は後者を主張した。前者を取れば、蔣介石が新疆に遠征する。しかし後者ならば、中国人でも共産主義者は認めると盛世才は考えた。[4]そして、国民党が中国共産党の八路軍を攻撃した時に、重慶国民政府に分離を伝えるという計画を記す。この直前に、新四軍事件（第四章参照）が起きていたことを考えると、国民党と中国共産党の本格的な衝突は、絵空事ではなかった。

これに対し、三月三一日にモロトフは返事を書いているが、独立の承認には触れていない[5]。五月八日のモロトフへの返信で、一月三一日の書簡についてスターリンの返事を待っていると盛世才が書いているから、ソ連側は取り合わなかったようだ[6]。

この画策は知らなかったと思われるが、同時期に蔣介石は、新疆について嘆いている。

「ソ連はウルムチに航空機製造工場を造ったが、私の代表が工場に入る事を許さないと知った。新疆はもう東北になってしまったが、当面は忍ぶ」（「蔣中正日記」一九四一年三月二〇日条[7]）。

「東北（満洲）」が日本の支配下に置かれたように、新疆はソ連の植民地になってしまったという意味だ。

ソ連を見限った盛世才

しかし盛世才は、一九四一年六月に勃発した独ソ戦で、ソ連の旗色が悪いとみると、重慶国民政府に接近した。

直接のきっかけは、一九四二年三月一九日に、盛世才の弟が暗殺されたことだ。盛世才は共産主義者が黒幕だと、新疆で活動していたソ連の顧問を送り返し、中国共産党も弾圧する。

スターリンは神経を逆なでにされた。九四二年七月七日には、スターリンの直々の命令で、新疆で起きているソ連人への弾圧は容認できないという抗議文が、パニューシキン駐華大使から蔣介石に渡された[8]。

ソ連を見限った盛世才は、七月三日に中国軍の第八戦区司令長官、朱紹良《しゅしょうりょう》らをウルムチへ招いた。そして、蔣介石への書簡を託す。そこには、盛世才がソ連と結んだ「新錫協定」の詳細が記されていた。

この協定を読んだ蒋介石は、かつて日本が北京政府に要求した対華二一ヶ条の要求を越えていると憤る（「蔣中正日記」一九四二年七月一一日条）[9]。

蒋介石は朱紹良と相談し、盛世才の地位や力量を利用して、時間をかけて新疆を重慶国民政府に従わせることにした。そうしてソ連の干渉を先延ばしにさせ、その間に甘粛、青海《せいかい》、チベットといった新疆の周縁で中国軍を増強すると決める[10]。

さらに盛世才は、新疆で「主権を回収するための」一〇の方法を記した書簡を、八月一七日に蒋介石へ送った。中国軍を新疆に進駐させ、新疆のハミにいるソ連の部隊を牽制し、その間に新疆の中国共産党員を粛清して、ウルムチの航空機製造工場も回収する、などの案が盛り込まれていた[11]。

新疆の帰順を喜ぶ蒋介石

この提案について、蒋介石は自ら新疆へ行き、盛世才と会談することも考えたが、身の安全のため、そしてソ連の疑いを招くのを避けるため断念する。代わりに妻の宋美齢が、盛世才と一九四二年八月三〇日に会談し、新疆への中国軍の進駐などを話し合った。盛世才も蒋介石への絶対服従を誓うなど、重慶の歓心を買おうと努める[12]。

こうした打ち合わせを経て、一九四二年九月一六日に、一〇〇名を越える中国共産党員が新疆で逮捕された。この時に捕まった毛沢東の弟の毛沢民《もうたくみん》らは、翌年九月に処刑される。さらに盛世才は、一〇月五日に、ソ連のすべての顧問や赤軍を新疆から引き揚げるよう、ソ連側に要求した[13]。

蒋介石は日記で、新疆と青海の指導者の帰順がいかに中国の強化につながったか、次のように記した。

蘭州以西からイリまで、直径三〇〇〇キロの領土をすべて回復できた。その面積は東北三省（奉天《ほうてん》、吉林《きつりん》、黒龍江《こくりゅうこう》）の倍になる。これは国民政府成立以来、最大の成功である。これで後方は完全に強固となり、日本が我が政府を消滅させようとしても無理だ。ソ連と中国共産党の態度も大きく変わり、抗戦に害をなすことはあえてしないだろう、と（「蔣中正日記」一九四二年一二月三一日条）[14]。

翌年の日記でもこう記す。ハミにいた赤軍はもう完全に撤兵し、新疆の工場や鉱山、飛行場はすべて回収できた。これは「本当に我が革命最大の勝利」だ、と（「蔣中正日記」一九四三年五月三一日条）[15]。

スターリンの逆襲

しかし、ソ連はこのままでは引き下がらない。スターリンは盛世才の失脚を狙う。

それまでにも新疆では、少数派の漢人の支配に対し、現地の多数を占めるムスリムが絶え間なく反乱を起こしていた。ソ連は、そうした民族的、宗教的な摩擦を利用する。

一九四三年五月四日、政治局は「新疆について」という決定を下す。大まかな内容は以下の通りである。

盛世才はソ連の支援を得て、親日的な軍事勢力を倒し、ウイグル人、カザフ人、キルギス人、モンゴル人などの指導者を省の役職に就けてきた。しかし近年は、ソ連に親近感を抱く新疆の各民族を弾圧している。「ソ連政府は、ソ連と敵対関係にある督弁のこのような挑発的な活動を容認することはできず、新疆の少数民族弾圧を目的とした現在の政策を遂行するために、督弁に援助を与えることはできない」。「新疆の非漢人少数民族（ウイグル人、カザフ人、キルギス人、モンゴル人など）の、督弁と新疆省政府の抑圧的な植民地主義政策との闘いを支援する」。

具体的には、「新疆の非漢人少数民族」と、ソ連領中央アジア出身の「特別な訓練を受けた者」で、

中国の西北部（出典　寺山恭輔『スターリンと新疆 1931-1949 年』（社会評論社、2015 年）

新疆（出典　寺山恭輔『スターリンと新疆 1931-1949 年』（社会評論社、2015 年）に加筆修正

「民族復興グループ」を新疆に結成させる。このグループの幹部には政治教育を施し、武器を与え、宣伝活動を活発化させ、新疆での反乱を促すのが眼目だ。またこの戦いに従事する人々には、ソ連領内への亡命も随時認めた。(16)

この決定に基づき、ラヴレンチー・ベリヤ（Лаврентий Павлович Берия）内務人民委員を中心とした組織がモスクワで作られる。一九四三年五月には、内務人民委員部（НКВД）と国家保安人民委員部（НКГБ）から、新疆へスタッフが派遣された。(17)この時期の新疆への支援は、赤軍ではなく、主に公安機関が担っていたのも、ソ連の秘密工作だったことを示す。

オスマンの反乱勃発

効果はたちまち現れる。モンゴル人民共和国に亡命していたカザフ人のオスマン・バートル（Osman Batur）は、一九四三年六月に決起し、同年一二月には、彼の手でアルタイ・カザフ復興委員会が組織される。盛世才と中国軍は鎮圧に乗り出した。

ソ連だけではなく、モンゴル人民共和国も反乱の裏で糸を引いていた。ホルローギーン・チョイバルサン（Khorloogiin Choibalsan）首相は、国境を接する中国のアルタイ地方には金鉱があると、一九二〇年代から着目していた。チョイバルサンはオスマンと手を組んで、カザフ人の反乱を手助けし、アルタイ地方の独立を目論む。(18)

チョイバルサンはオスマンと一九四三年一〇月五日に会見し、武器だけでなく、オスマンの下に四〇名から五〇名の軍事指導員を送り込んでいる。(19)

スターリンはさらに踏み込むよう求めた。一九四四年一月二二日、クレムリンにチョイバルサンを招いたスターリンは、オスマンを支援するようにけしかける。

「中国人が怖いのか？　なぜ一発浴びせない？　君の国境警備隊は一体何をしているのだ？」、「誰かがオスパン［オスマン］を助けなければならない。なぜ君は助けないのだ。銃と弾を持っていないのか？」[20]。

このように挑発されては、モンゴル側もソ連側も、何もしないわけにはいかない。

一九四四年二月二五日、チョイバルサンはオスマンと会談し、「カザフ人の同志たち」へ改めて支援を約束するとともに、中国人を追い出したらアルタイに独立国家を作ることで合意する[21]。こうした積極政策は、当然ながら新疆の動乱を激化させた。

アルタイ事件

一九四四年三月、オスマンの反乱を鎮圧する中国軍が空襲された[22]。三月一七日付で、蔣介石はこの事件をローズヴェルト大統領に報告した。以下はそれによる事件の概要である。

三月一一日、中国軍は、新疆とモンゴル人民共和国が国境を接する、アルタイ地方の中心である承化と、奇台《きだい》の間で反乱軍を鎮圧していた。そこに、モンゴル側から航空機が襲来し、機銃と爆弾で、二度攻撃をしてきた。その数は、最初は二機、次は一〇機で、いずれもソ連の赤い星のマークをつけていた。翌日も翌々日も攻撃されたとし、蔣介石はこう訴える。

「これは地方の事件とは考えられず、現在と将来のソ連の極東政策を象徴する重要な兆しです」。

さらに蔣介石は、中国共産党の不穏な動きも訴えた。表面上、彼らは国民政府の抗戦を擁護している。しかし、二月から各地のゲリラ部隊を陝西省北部に秘かに集結させている。反乱を起こし、黄河流域の作戦基地である、西安を奪取する機会をうかがっているのだ。このような動きは、日本とソ連の間で、何らかの了解がないとできない。そして、これに合わせるように、日本軍が鄭州《ていしゅう》や洛陽で大規模な攻勢を計画し、満洲から部隊を動かしている、と。(23) 日本とソ連、中国共産党の共謀を匂わせ、大統領の危機感を煽ろうとしたのである。

蔣介石は三月一四日の日記でも、ソ連と中国共産党は、最も好ましい態度をとっている時に陰謀をめぐらすと、不信感を露わにしている。(24) 誇張ではなく、蔣介石は事件の背後により大きな陰謀を見ていた。けれども大統領は、蔣介石の陰謀論には与さない。三月二二日付の返信で、こうした国境での衝突は大変残念だとしても、日ソ間に合意ができているという情報はないと反論した。(25)

新疆をめぐる中ソの対立で、米ソ関係にも溝が生じる。

一九四四年四月に、ハリマン駐ソ米国大使が、ペルシャ湾から中央アジアを通って、新疆へトラック輸送をしたいとモロトフ外務人民委員に直談判する。モロトフは、この件は検討中だとしながらも、「中国人の振る舞いがひどい」ことを理由に、否定的な見解を示した。ハリマンは、中国軍が使う物資ではなく、シェンノートの米軍部隊が使うのだと抗弁したが、徒労に終わった。(26)

インパール作戦と中国

連合国の結束の綻びを突くように、ビルマでは、一九四四年三月六日に牟田口廉也《むたぐちれんや》陸軍中将の指揮する第一五軍がチンドウィン川を渡り、インドを目指して進軍を開始した。いわゆる「インパール作戦」である。

一方、スティルウェルが指揮するビルマ反攻作戦も、すでに前年一〇月二四日から始まっていた。インドのアッサム地方で雨季が終わったので、中国とインドを結ぶ道路の建設を加速させるためだ。この作戦を担ったのは、インドで編成された中国軍である。[27] 一九四四年三月には、「インパール作戦」の隙を突いて、イギリスの空挺挺進部隊もビルマ北部での活動を活発化させ、日本軍を苦しめていた。

蔣介石はローズヴェルト大統領やイギリスのウィアート将軍から、ビルマへの遠征を催促される。[28] ここで連合国を助けなければ、中国の地位はさらに低下する。しかし蔣介石は、アメリカに中ソ問題への介入を迫るのを優先した。

蔣介石は、三月二七日付の書簡で、大統領に揺さぶりをかけた。今月中旬に、ソ連空軍とモンゴル人民共和国軍が新疆に侵入してから、中国戦区の情勢は険悪である。現在の戦線を維持し、日本本土を爆撃する唯一の基地として、連合国の陸海軍が中国の海岸に接近したら、中国陸軍が共同作戦を行うのは中国の責務だ。それなのに、いま無理をして失敗したら、中国の全戦線に悪影響を及ぼす。日本軍は雲南と四川へ進攻し、新疆の反乱と中国共産党も連動して、中国を共産主義化するに違いない。そのため、特に新疆が安定しなければ、ビルマへの中国軍の主力の派遣は不可能である。また、カイロ会談で話し合った通り、イギリスによるビルマへの上陸作戦が行われる時こそ、中国軍がビルマへ出撃する時だ、と主張した。[29]

アメリカは中国を支持せず

返事はなかなか来ない。それどころか、マーシャル陸軍参謀総長は、もし中国がビルマへ遠征軍を出さないのなら、一週間後に軍需物資の提供を停止すると、一九四四年四月七日に中国側へ圧力をかけた。[30]

蔣介石は日記に記す。ローズヴェルトは、ソ連が中国を侵略したタイミングに乗じ、再び圧力を加え

マーシャル陸軍参謀総長（1944年、アメリカ議会図書館蔵）

て屈服させ、ビルマに出撃させようとしている。そうした圧力には決して屈しない、と（「蔣中正日記」一九四四年四月八日条）[31]。

翌日の日記には、中国にいる日本軍がすべて海外へ出し尽くした時が、中国軍が反攻に出るタイミングだろうと記す（「蔣中正日記」一九四四年四月九日条）[32]。

新疆の問題は別としても、虎の子である、雲南で訓練中の米式装備の精鋭部隊を遠征させるのに、蔣介石は慎重だった。

待ち望んでいた大統領の返信が届いたのは、四月一二日だ。

> あなたも了解してくれると思いますが、戦争遂行への一致した協力を損なうような行動や態度は、いかなるものであれ認められません。連合国の間で生じる誤解は、自制と善意を働かせれば晴らせると、私は確信しています。〔中略〕私は、現実的な解決策として、利権や主権を損なわない形で、この事件は終戦まで凍結するよう提案します[33]

蔣介石はその日に返信を送り、アメリカが求める「自制」に理解を示しながらも、戦後まで放置すれば、対日作戦に困難を生じ、世界全体の不幸すら招くと書いた。そこで、アメリカの行動を促す[34]。しかしそうした揺さぶりを以てしても、大統領は中国側に明確な支持を与えなかった。

やむなくビルマへ遠征

大統領を説得できなかった蔣介石は、ついに屈した。一九四四年四月一四日、軍政部長兼参謀総長の何応欽が、ビルマに遠征するとマーシャル陸軍参謀総長へ通知した。(35)

ちなみに、日本軍は一九四四年四月一八日に、「大陸打通作戦」という大規模な攻勢を発動する。この作戦については後述するが、もしその発動がもっと早かったなら、蔣介石はビルマ進攻をなお渋ったかもしれない。

中国軍の進軍にチャーチルは胸をなで下ろし、四月二四日に蔣介石へ激励の電報を送る。

「あなたがサルウィン河の渡河作戦を決行するつもりと知って、大いに喜びました。作戦の成功を心よりお祈り申し上げます。続報を切にお待ちしています(36)」。

さらにイギリスは、五〇〇〇万ポンドの借款と武器を中国へ供与すると決めた。蔣介石は五月六日付で、チャーチルへ礼状を書く(37)。

このあと、中米連合軍は雲南からビルマへ進出し、七月にはフーコンを占領する。翌月にはビルマ北部の要衝ミッチーナーも陥落させた(38)。ミッチーナーにある日本軍の飛行場は、早くも五月に占領し、ビルマ北部の制空権も連合軍の手に落ちた。

スティルウェルは、一九四四年六月五日の日記に記す。

「ピーナッツ［蔣介石の蔑称］はビルマ北部での成功にとても驚いている(39)」。

中米連合軍の勝利は、「インパール作戦」で日本軍が自滅したのと表裏一体であった。インドへ攻め入った日本軍はコヒマを占領し、インパールを包囲したが、食料や装備が足りず撤退する。敗走中に壊滅的な打撃を被った日本軍に、もはやビルマに進攻した連合国軍を食い止める力はなかった。

一九四五年三月にはビルマ中部のマンダレーが陥落し、翌月にはラングーンも連合国軍に占領された。インドのレドと中国の昆明を結ぶスティルウェル公路も、この年の初めに完成し、中国はようやく陸路による輸送を再開できた。

大陸打通作戦

話を一年前に戻そう。一九四四年に、日本軍は最後の大作戦に打って出た。一つは、三月に始まった「インパール作戦」だ。もう一つが、四月に始まった「一号作戦」である。中国大陸の南北の連絡を確保する「打通」も目標としたため、「大陸打通作戦」と呼ばれた。何より、中国内陸部にある空軍基地を攻略して、アメリカ軍の爆撃機による本土空襲を防ぐのが目的だった。投じられた兵力は五一万人にもなる。

蔣介石は、「大陸打通作戦」が開始される一ヶ月前から、その兆候に気づいていた。鉄道が四方に通じる河南省の鄭州近くで、日本軍が黄河に架かる橋の架け替え工事をしていたからだ。先述のように、三月一七日付の書簡で、ローズヴェルト大統領にもその兆候を知らせている。

蔣介石は、日本の攻撃目標は、北平と漢口間を結ぶ平漢鉄道（京漢鉄道）だと正確に予測した。しかし、日本軍の攻勢開始は、黄河の鉄橋の修復を待ち、五月下旬だと判断を誤る（「蔣中正日記」一九四四年三月八日条）[40]。橋の修理には時間がかかると考えたのだ。また作戦が開始されてから数日間も、そこまで大規模な作戦と思わず油断した。その結果、中国軍は総崩れになる[41]。

北支那方面軍は、「一号作戦」の一環である「京漢作戦」を、四月一八日に開始する。まず四月二三日に鄭州を陥落させ、五月二五日には、鄭州と隣り合う古都の洛陽も占領した。

蔣介石は大統領へ、こうした河南平原での作戦と、ビルマのサルウィン河での作戦を同時に進めるのは、七年間の抗戦で疲弊している中国には重荷だと、五月一三日に訴えた(42)。

河南省が脆かったのは、中国軍が二正面作戦を強いられていたのが唯一の理由ではない。この地域を統べる第一戦区副司令長官の湯恩伯《とうおんはく》に、農民たちが愛想を尽かしていたのも一因だ(43)。

しかし蔣介石やその側近は、そうした失政に目を向けない。彼らは、日本軍の成功の裏には、日ソの密約があるに違いないと吹聴した。

日ソ密約を疑う

蔣介石は、ソ連との決定的な対立は回避しようとしていた。例えば一九四四年二月には、中ソ不可侵条約の延長を進言する宋子文の意見を容れた(44)。しかし、先述したアルタイ事件以降、中ソ関係は決定的に悪化した。

ソ連のパニューシキン駐華大使は、一九四四年五月一二日に、自分は療養のため帰国するが、ソ連政府で幹部が欠乏しているので、ソ連の在華軍事顧問も引き揚げると、蔣介石へ通告した。蔣介石はその裏の意図を汲んだものの、パニューシキンにスターリンへの書簡を託した(45)。

その書簡には、ソ連が開戦以来、同情と援助を与え続けてくれたと、謝意が記されている。そして、世界の正義と平和のため、今後も両国の協力を呼びかけた(46)。これに対し、スターリンは六月六日付の短い返信で、好意的に答えた(47)。もっとも、両名は上辺だけの友好関係を取り繕ったに過ぎない。

アルタイ事件後に蔣介石は、ソ連と中国共産党はまず国民政府を打倒し、共産主義の政権を樹立してから、対日問題を解決することに決めたのだと、帰任する魏道明駐米大使へ語った(「蔣中正日記」一九四四年四月一七日)[48]。

その直後に始まった「大陸打通作戦」は、ソ連へのそうした疑惑と関連付けられて、重慶では理解された。蔣介石は戦後も、ソ連は当時、日本や中国共産党と共謀していたという主張を繰り返した[49]。

蔣介石は、日本軍がこの攻勢のため満洲から大軍を南下させられたのは、日ソが軍事秘密協定を結んでいるからに違いない、と考えた。ソ連の軍事顧問団が引き揚げたのも、中国への支援を「断絶」したと日本へ示すためだと疑う(「蔣中正日記」一九四四年五月二七日条)[50]。

軍政部長兼参謀総長の何応欽も、イギリスのウィアート将軍へ、日本軍は満洲から一四個師団を引き抜いて、満洲には六個師団しか残していないと語る。そこからすると、ロシア人と日本人には協定があるに違いないと述べた[51]。

蔣介石も日ソ密約説をウィアート将軍へ語る。そして、このまま厳しい戦況が続けば、ビルマから雲南軍を引き揚げる他ないとも述べた[52]。

しかしチャーチルは全く取り合わない。重慶のウィアート将軍に、こう返信する。

「ロシア人と日本人たちに協定があるなどとは思えない。逆に、来るべき目標は、ロシア人と我々を結束させて、彼らが日本を攻撃するように仕向けることなのだ。これは貴下が考え直すために打ち明ける、厳重な秘密だ[53]」。

大統領の中ソ調停

中国での戦況がやや好転したのは一九四四年六月末だ。蔣介石はウィアート将軍に、状況はまだ深刻だし、これから最悪を迎えるかもしれないが、中国が負ける恐れはないと語る。そして、イギリスがフランスで成功を収めているのに勇気づけられ、これがアジアでも戦況を有利にすると語った(54)。

米英を中心とする連合国軍が、「ノルマンディー上陸作戦」を敢行したのは六月六日で、このころはパリへ向けて進撃していた。他の連合国がナチス打倒を優先する以上、蔣介石も、まずはヨーロッパでの勝利に希望を託すしかなかった。

一方でアメリカは、太平洋ではフィリピン奪還を目指していた。しかし、太平洋の島々での激闘は、アメリカ軍にも出血を強いていた。そのため、戦争を一気に終結に持ってゆくのには、ソ連の参戦が必要と考えられていた。この点は第九章で詳述する。

だが、ともに日本を敵として戦うのに、連合国内の足並みが乱れては作戦に支障を来す。ビルマでの反撃を蔣介石が渋ったのは、その一例だ。そこでアメリカは、中ソの仲介役を買って出た。一九四四年五月一七日、大統領は、モスクワへ戻るハリマン駐ソ米国大使と会見し、中国について指示を与える。

中ソ関係の悪化についてソ連側と話し合い、アメリカの方針を伝え、対華関係の改善を図ること。蔣介石は中国を治められる唯一の人物であり、国民政府を軽視すべきではない。中国が四つに割れるようなことがあったら大惨事だし、内戦がさらに激化するなら、対日戦の効果的な遂行はできなくなる。そこでソ連が、蔣介石と華北の共産主義者たちの間にある問題の解決を図るよう希望する、と。もしアメリカの観戦武官がその衝突の現場へ行くのが許されるのであれば、ソ連側へ情報を提供するとも伝えさせた(55)。

さらに大統領は、五月一八日に、中国を訪れるヘンリー・ウォレス（Henry Agard Wallace）副大統領に語る。大統領は、中国共産党と蔣介石の対立を憂慮し、こう述べた。

「友人たちとは何事であれ決裂すべきではない」という格言を、蔣介石は知っておくべきだ。敵対する者がいたら、二人を部屋に招き、冷たいビールと煙草を用意して、両方を小突けば、万事うまくいくという話もあるではないか、と。ウォレスから見ると、大統領はすべての中国人と友人になれると信じているようだった。

大統領は続ける。カイロで私は、満洲が中国の物になるよう望むと表明した。スターリンからも了解を取り付けた。しかし、蔣介石が中国共産党との関係を修復できなければ、私としてもロシア人たちを制止し続けられない。もしこのままの状況が続くなら、ロシア人たちは事態を変えようとするだろう、と。(56) 要するに大統領は、中国で国共の対立が続けば、ソ連が介入して満洲を失うと、蔣介石に警告させようとした。

しかし蔣介石は、六月二四日にウォレスが重慶を去る際、妻の宋美齢を通訳に、中国共産党の件は国内問題であると、介入を拒む伝言を託した。国共対立は、アメリカにおける労働者と資本家の対立とは訳が違うのだというのが、蔣介石の主張である。(57) 後に蔣介石は、「ワシントンは中国の共産主義者の問題を理解していない」と、ガウス駐華米国大使にも不満をもらした。(58)

アメリカ政府の一部が、中国共産党に期待を寄せていたことは確かだ。一九四四年七月には、初めてアメリカの調査団が延安に入り、中国共産党へ接触した。(59) 当然ながら、蔣介石の対米不信は高まる。

スターリンの弁明

一方で、スターリンはアメリカの仲裁に応じたのか。一九四四年六月一〇日、スターリンはアメリカのハリマン駐ソ大使と会談した。会談録は、『アメリカ合衆国外交文書』にも収録されている。(60) しかし、同書には、二時間近い会談の一部しか掲載されていない。代わってハリマンの残した文書が、会談の全

貌を伝えている。(61)

スターリンはこの晩、対日戦への参戦にからめて、「大陸打通作戦」で打撃を受けている中国の問題を持ち出した。彼は、事態の改善には何かしなければならないと語り、ハリマンの見解を尋ねた。ハリマンは前置きとして、大統領がテヘラン会談で話された通り、蔣介石こそが中国を統治する唯一の人物です、と述べる。スターリンは同意した。

ハリマンはさらに、大統領は以下の二点を蔣介石が努力するべきだと思っています、と述べる。第一に、統一戦線を築くためにも、共産主義者たちを華北に留め、お互いに敵視をやめる。第二に、蔣介石は内政政策をリベラルにしなければならない。

スターリンは、「言うは易し、行うは難しだな」と返す。彼にいわせれば、蔣介石の側近たちは不誠実で、重慶では、日本人と急いで戦うことは何も話していない。五年前と同じく、彼らは戦っていない、と。

スターリンは笑いながら話した。蔣介石は華北の共産主義者らしきものに目を奪われている。だが彼らは「マーガリン共産主義者」で、真の共産主義者ではない。彼らは日本と戦うことを望む愛国者だ。しかし蔣介石は、彼らを日本と戦うために用いるのではなく、彼らとイデオロギー上の諸問題について論争するというミスを犯している、と。

「マーガリン共産主義者」とは、中国の共産主義者がバターのような本物ではないということだろう。ただここからは、むしろ蔣介石への低い評価が読み取れる。

ハリマンは、米ソ共同でできることはあるでしょうか、とスターリンに尋ねる。スターリンは、蔣介石は今後ますますアメリカ人の影響下に入るから、ソ連やイギリスにできることはないと述べた。だが、アメリカのリーダーシップと導きならば効くだろう。例えば、蔣介石に代わる人物が出てくるなら、彼らを支援すべきだと語った。そして、中国の若い将軍たちは、蔣介石の側近たちを恐れて先の見通しが持てないでいる、と世代交代の必要性も示した。

中ソ関係は難しくなっているようですが、とハリマンが水を向けると、スターリンは、蔣介石と彼のグループが、中国を敵とする日ソの秘密同盟が結ばれたという誤ったプロパガンダを広めている、と中国側に責任をかぶせた。彼がいうには、蔣介石の側近たちが反ソの中心にいる。ソ連は、中ソ不可侵条約の精神に基づいて行動している。この条約は期限切れを迎えるが、延長されるだろう。この方針を変えるつもりはない、と語った。

次にハリマンは、新疆とモンゴルでの国境紛争について尋ねる。スターリンは、蔣介石は悪くない、「ウルムチの督弁が大冒険主義者だったのだ」と、盛世才を非難した。盛世才がカザフ人の一部を移そうとしたが、望まない人々もいて、新疆の軍隊と衝突した。カザフ人たちはモンゴルに逃げ込み、追ってきた新疆の軍隊をモンゴルの国境警備隊が追い払ったと説明した。モンゴルは、本当にやっかいな出来事が生じた時のため、ソ連に援助を求めてきた。ソ連は同意した。しかし事態はすでに沈静化した、とスターリンは述べた。

ハリマンは、この紛争にソ連軍機が参加したかと尋ねると、同盟国のモンゴルには航空機を供与したとスターリンは述べる。つまり、ソ連は直接手を出していないという弁明だ。ただ、もし新疆の軍隊がモンゴルへ進軍するなら、赤軍は援軍を出すと明言した。中国共産党については軽口を叩くスターリンだが、モンゴルの防衛には一歩も引かない姿勢を示した。

結局、アメリカの仲介は、双方の言い分を聞くだけのガス抜きに終わった。

スティルウェルとの対立

一方、中国は一九四四年の夏から秋に、アメリカとも対立を深めた。具体的には、蔣介石と参謀長のスティルウェルとの対立が抜き差しならないものとなる。この事件は、米中関係の悪化の象徴となった(62)。スティルウェルは中国戦区の参謀長として赴任したが、間もなくビルマで中国軍を直接指揮した。しかし、連敗を喫し、蔣介石とも衝突する。着任から一ヶ月足らずの一九四二年四月一日には、指揮権の不足を理由に、蔣介石に辞職すら申し出た(63)。

辞職は認められず、権限問題にも決着をつけられず、スティルウェルはその後、蔣介石に面従腹背を貫く。例えば、一九四二年六月一五日のスティルウェルの日記を見てみよう。

「午後に蔣介石と会った。参謀本部や、空輸、インドの中国軍などについてだ。彼の無知で間抜けな独りよがりには、あきれる他ない(64)」。

スティルウェルは、陰で蔣介石を「ピーナッツ（はげ頭、あるいはつまらない人間）」と呼んで憚らなかった。

蔣介石も、ビルマでの敗退から、スティルウェルの軍事的な才能に疑問符をつけた。何より、自らの命令を遵守しないのが不満だ。ビルマでの敗因は、スティルウェルと、ビルマへの遠征軍司令長官の羅《ら》卓英《たくえい》が、ミッチーナーが陥落する前に自分の指示を遂行しなかったからだと、一九四二年七月二六日にカリー大統領特使に語っている(65)。

もっとも、蔣介石とスティルウェルの戦略目標に、大きな違いは見いだせない。両名とも、最終的に目指すのは中国大陸における勝利で、そのためにビルマ・ルートの再開を熱望していた(66)。

問題は、その目標を達成するための作戦だ。蔣介石の考えでは、ビルマ進攻にはビルマ南部での上陸作戦と、ビルマ北部での攻勢を同時に行う必要がある。しかしスティルウェルは、ビルマ北部での陸戦による限定的な攻勢を主張した。そのため、ビルマでの作戦について意見が一度も一致しなかった。そして蔣介石の反対を押し切って、スティルウェルはビルマ北部での攻勢を始め、予備軍を使い果たした。その結果、日本軍の「大陸打通作戦」を防ぐことができなくなってしまった。(67)これが、蔣介石がアメリカ側に説明した不仲の原因である。

蔣介石の「指揮権剝奪」

米中対立の決定打は、中国軍が「大陸打通作戦」を止められなかったことだ。

一九四四年六月一八日、湖南省の省都の長沙《ちょうさ》が陥落する。六月二六日には、湖南省衡陽《こうよう》にあった米軍の飛行場も占領された。

苦戦中に重慶を訪れたウォレス副大統領に、中国軍を指導するアメリカ軍のマルコム・リンジー(Malcolm Lindsay)准将は述べた。中国の将軍たちは武器を欲しがっているが、武器を与えたところで、日本軍の手に落ちるだけだから渡すべきではない、と。(68)アメリカの軍人たちは、蔣介石は軍事的に無能だと見限り、中国軍への支援に限界を感じていた。

大統領も、中国軍への失望を隠さない。訪米していた孔祥熙へ、六月末に不満をぶつけた。

「私が知りたいのは、いま中国軍はどこにいて、なぜ彼らは戦わないのかだ。日本軍は望むがまま、どこへでも攻勢をかけられるというのに(69)」。

中国の視察を終えたウォレス副大統領も、中国軍の士気が低く、崩壊しつつあると大統領に報告した。そして、中国において、政治と軍事の権限を束ねるアメリカ人の将軍が必要だと提案する。(70)

そこでローズヴェルト大統領は、中国における日本軍の快進撃を理由に、「大胆な手を打つ必要がある」ので、中国における全軍の指揮権を誰かに集中させなければならないと、七月六日に蔣介石へ提起した。

大統領が指名したのはスティルウェルだ。彼の「先見の明のある判断力と組織力、教練、中国軍を戦わす能力」を評価していた。彼をビルマから呼び返し、蔣介石の監督下で、中国軍とアメリカ軍を指揮させて欲しいというのが、大統領の要望だ。スティルウェルの後釜としてビルマで指揮する軍人には、彼の部下のダニエル・スルタン（Daniel Isom Sultan）陸軍中将を推薦した。(71)

アメリカの圧力増大

蔣介石は内心、激しく反発した。中国軍の統帥権を権力の源泉にしてきた彼からすれば、絶対に認められない内政干渉だった。盧溝橋事件の記念式典を開催した七月七日に知らされたのも、火に油を注ぐ。この日の午後には大統領への返信を認めるが、悲愴の極みだと日記に記した（『蔣中正日記』一九四四年七月七日条）(72)。

けれども返信では、そうした怒りは押し殺す。大統領の提言には、原則として賛成だと書いた。ただ、中国軍とそれを取り巻く政治状況は他国のように簡単ではない。また全中国軍の指揮は、ビルマにいる限られた数の中国軍を指揮するのとは訳が違う。急げば米中関係の崩壊を早めるとも警告した。

そこで、中国軍がスティルウェルの「絶対的な指揮」を受けるまでに、準備期間を設けるよう求めた。さらに、スティルウェルと蔣介石の間を取り持つ「一私人」を派遣してくれるよう要請する。(73)いずれも時間稼ぎだろう。

この時期、アメリカからの圧力は、別の形でも蔣介石を苦しめた。ガウス駐華米国大使が、国民党と中国共産党の党派を越えた、戦争指導会議の設立を提唱したのである。蔣介石は申し出に丁重に礼を述べたが、内心は穏やかではない。中国共産党との協力と、指揮権移譲を強要されて、アメリカの心理的圧力を強く感じると日記に書く（『蔣中正日記』一九四四年八月六日条）[74]。

ローズヴェルトは、中国共産党の華北における地位を国民政府に認めさせ、中国を南北に分断するつもりではないか。蔣介石はそこまで疑った。ソ連との関係に気を遣うアメリカは、国共両党に妥協を強制し、中国共産党を生き延びさせるつもりだ。しかし彼の政策は、いずれアメリカを窮地に陥らせると日記に記す（『蔣中正日記』一九四四年七月一八日条）[75]。

気分を害した蔣介石は、大統領から五万人の中国人労働者の派遣を要請されても、国内の人手不足を理由に断った[76]。

大統領の飴と鞭

大統領は、ハーレー将軍を特使として送り、スティルウェルの件を調整させると伝えた。蔣介石は特使を受け入れ、スティルウェルについても大統領の要望に沿うよう準備していると伝えたが、影響が大きいだけに、「十分な準備と徹底した審議」が必要だと返信する[77]。

しびれを切らした大統領は、一九四四年八月二一日付の書簡で、審議が長引けば「致命的な結果をもたらしかねない」と、スティルウェルへの指揮権移譲を急かした。さらに、孔祥熙が大統領に申し込んでいた、スティルウェルが指揮する部隊を制限するという申し出も、大統領はきっぱりと拒絶した。その代わり、指揮権を移譲すれば新規の武器貸与にも応じることを匂わせる[78]。

大統領は督促の書簡を九月一六日にも送った。スティルウェルを司令官にしなければ、「破滅的な結果」になるという脅し文句もあった。特に大統領は、日本軍が広西省の桂林《けいりん》を占領するのではないかと気にしていた。日本軍の航空部隊が桂林から昆明へ来襲する。そうすれば、せっかく昆明へ空輸した連合国の物資が目減りし、空輸のルート自体も切断されるのでは、と懸念した。(79) 実際、桂林は一九四四年一一月一〇日に、日本陸軍の第一一軍によって攻略される。

もっとも、大統領は飴と鞭の使い分けも心得ている。九月一八日付のチャーチルと連名の書簡では、いよいよ日本へ全力を振り向ける時は近いと示唆し、蔣介石の歓心を買おうとした。

ドイツをできる限り早く打倒し、日本を倒すのに全力を注ぐための方法と手順について話し合った、ケベックでの会談を終えました。相互の協力に資すると思い、特に東南アジアを中心とする我々の計画についてお知らせします。

第一に、日本本土への進攻に全力をあげ、できる限り早く行うと決めました。ドイツが敗北したら、どのように軍を再配置するかなど、我々は作戦をすでに立案済みです。

第二に、マウントバッテン提督はビルマ北部での現在の作戦を続行し、ミッチーナー周辺への空輸のため、基地のさらなる安全性を確保するために、作戦を拡大します。雨季が終わったら、彼はインドから中国へと抜けるルートを再開させるため、猛攻を開始するでしょう。これらの作戦には、今年の作戦で輝かしい戦績を収めた、サルウィン河西岸で展開する中国軍や、ビルマ北部にいる在インド中国軍の協力が不可欠です。兵力でも輸送力でも圧倒的に優勢な空軍によって、これらの作戦を支援します。

〔中略〕第三に、我々はベンガル湾での大規模な上陸作戦を準備するよう、直接指示しました。ヨーロッパでの物資の状況が許すようになったならば、ただちに実行します(80)

この書簡は、ビルマでの攻勢には中国軍の協力が必要なのだと、蔣介石に対し、あくまで下手に出ている。

窮鼠猫を噛む

一九四四年九月七日、蔣介石は中国の戦場における全軍の指揮権を委ねる用意があると、スティルウェルとハーレー特使に述べた。しかし、スティルウェルの指揮権を国民政府の軍事委員会の下に置こうとしていると、ハーレーは大統領とマーシャル陸軍参謀総長に報告している(81)。形だけの指揮権移譲で乗り切ろうとしたのだろう。

追い詰められた蔣介石は、苦し紛れの反撃に出た。九月二五日に、ハーレーに備忘録を渡し、大統領に以下を伝えるよう要請した。アメリカ人が中国戦区参謀長となり、全中国軍と在華米軍を指揮するのを認める。しかし、スティルウェルを辞職させ、他の将校を派遣して欲しい。スティルウェルが自分の指揮を受ける気がない上、彼には全軍を指揮するのは荷が重すぎる、という理由だ(82)。

ローズヴェルト大統領は一〇月五日付で書簡を送り、蔣介石の変心に「驚きと遺憾の意」を表明した。けれども、指揮権移譲の提案をしてから、中国における戦況は悪化しているので、アメリカ人将校を指揮官にするわけにはいかないと思う、と書く。そこで、中国戦区の参謀長からスティルウェルを解任することに同意した。武器貸与の責任者からも彼を外す。

ただし大統領は、ビルマで展開する中国軍と、雲南省の中国軍の全地上部隊は、スティルウェルの指揮下に置くよう求めた。そして、こう結ぶ。

「私は、ビルマ作戦からスティルウェルを外せば、結果はあなたが思っている以上に深刻なものになると思っているので、上記の提案の受け入れを電報で知らせてくれるよう望みます[83]」。

これに対し、一〇月九日付の返信で、蔣介石は次のように伝えた。ビルマと雲南の中国軍をアメリカ人将校の指揮下に置くのは同意する。しかしその将校は、自分が信頼できる者なのが最低条件で、スティルウェルは不適格である。ゆえに、他の将校との交代を望む、と[84]。他は譲っても、スティルウェルだけは受け入れられないという、強い意思表示だ。

スティルウェル（中央）とハーレー（右）（1944年9月、トルーマン大統領図書館蔵）

蔣介石は日記に記す。

「アメリカとの交渉はすでに最後の関頭に至り、真剣に準備せざるをえない。なおもローズヴェルトがその態度を改めず、共匪［中国共産党］を擁護するのなら、決裂の準備をしないわけにはいかない」（「蔣中正日記」一九四四年一〇月一一日条[85]）。

スティルウェル事件の決着

結局、この件はアメリカの譲歩で幕が引かれた。大統領は蔣介石の顔を立て、スティルウェルを切り捨ててでも、ビルマで中国軍に作戦を継続させることを選んだ。

一九四四年一〇月一九日、ハーレーが蔣介石に、スティルウェルの解任を伝える大統領の電報を持参した。この電報では、まずビルマの作戦計画について述べられている。ビルマの南部（沿岸部）ではなく北部で攻勢に出るのは、スティルウェルの考えではなく、チャーチルと相談して決めたという。そして、中国軍がビルマ中央部を縦断するサルウィン河まで進出する、という蔣介石の作戦に大統領は賛同する。ビルマと中国の国境に位置するミッチーナーを攻略するための物資も、中国へ空輸するとも約束した。(86)

一方、スティルウェルの後任について、蔣介石はハーレーを通じて要望を出したが、大統領は、他の候補者たちがヨーロッパ戦線などで従軍しているのを理由に、アルバート・ウェデマイヤー（Albert Coady Wedemeyer）陸軍少将の派遣を伝えた。彼は一九四三年から、マウントバッテン連合国東南アジア軍最高司令官の参謀次長を務めていたアメリカ人だ。あくまでも参謀長としての派遣であって、中国大陸における中国軍の指揮権はアメリカ人に委ねるつもりはない、とも大統領は記している。

そして大統領は、戦区を分割するとも伝えた。米軍の中国・ビルマ・インド戦区は、スルタン中将の指揮するインド・ビルマ戦線と、ウェデマイヤー少将の指揮する中国戦線の空軍に分けられた。(87)これは、スティルウェルが要求していたような、アメリカの軍人に全軍の指揮権を一元化するのとは真逆だ。

蔣介石は、この電報に満足した。一九四四年一〇月二〇日には大統領へ、ウェデマイヤーを中国戦区の参謀長とし、在華米軍の指揮権も委ねるのに同意すると返信した。さらに、ローズヴェルトが提案したように、インドとビルマに駐留する中国軍の指揮権を、スルタン中将に引き渡すことも了承した(88)。

同じく一〇月二〇日には、スティルウェルが辞職の挨拶に来た。スティルウェルの件が撤回されたので、中米両国は、軍事面で以前よりも容易に協力できるだろうと、蔣介石は期待している（「蔣中正日記」一九四四年一〇月二〇日条(89)）。

一〇月二五日に大統領は、ハーレーを通じて蔣介石へ、スティルウェルの解任を一〇月二八日に公表すると知らせた(90)。駐華米国大使も、蔣介石と不仲だったガウスに代わって、一一月三〇日にハーレーが任命された。

進攻経路から外された中国

新任のウェデマイヤー参謀長は、その軍事的才能に加え、蔣介石と有力軍人の陳誠の信頼も勝ち取った。米中の軍事協力は著しく改善された。そう語ったのは、蔣介石と親しかったアメリカ人宣教師だ。彼の派遣は、アメリカの「神技」だったとも賞賛する(91)。

ウェデマイヤーの回想録から推し量るに、彼が中国側と良好な関係を築けたのは、中国側を尊重したことに一因がある。ウェデマイヤーは蔣介石へ敬意を払い、中国軍の「威信を傷つけるようなこと」をいうのを、アメリカ人将校たちに禁じた(92)。何よりウェデマイヤーは熱心な反共産主義者だったので、蔣介石も信頼できた。

もっとも、ウェデマイヤーが着任しても、すぐに戦線が持ち直したわけではない。蔣介石は、一九四四年一二月三日に、雲南省の貴陽へ日本軍が迫っているので、ビルマに遠征している中国軍の三個師団を引き揚げたい、と弱音を吐く。しかしイギリスのウィアート将軍は、そのようなことをすれば昆明が危機に陥り、中国に物資が入らなくなると、強く反対した(93)。

ともあれ、スティルウェル事件で、蔣介石はアメリカのいいなりにはならない気概を示した。しかし裏を返せば、アメリカ軍が中国大陸に直接介入する可能性も消滅した。一九四四年半ばには、フィリピンのルソン島と台湾、中国沿岸部を結ぶ三角地帯で攻勢に出るのが、アメリカの戦略立案者たちの合意事項だったが、スティルウェル事件はそれを白紙に戻す一因となる(94)。

スティルウェルをめぐって米中が険悪となっていた一九四四年九月一三日にも、チャーチル首相との会談で大統領はこう語っていた。

「アメリカの計画は、フィリピンを奪還し、フィリピンまたは台湾、そして中国で占領した橋頭堡から、日本本土を支配することだ。もし中国本土に軍を置けるなら、中国は救われるだろう(95)」。

しかし、一九四四年一〇月にアメリカ軍がフィリピンに上陸しても、中国本土と台湾への上陸作戦は行われない。その理由は次に詳述する。

B29の登場と中国

中国への上陸作戦が消滅したのは、スティルウェル事件のせいだけではない。中国自体の戦略的価値の下落も関係している。

「大陸打通作戦」は確かに米中へ打撃を与えたが、中国から日本への爆撃は止められなかった。一九四四年六月一六日、四川省の成都から飛び立ったB29が九州まで飛来し、八幡《やはた》製鉄所を爆撃する。

それまでの爆撃機に比べ、高い高度を飛び、航続距離も長いB29は、アメリカ軍の切り札だった。B29による中国から日本への爆撃は「マッターホルン作戦」と呼ばれ、ローズヴェルト大統領も期待を寄せていた。

大統領は一九四三年一一月一二日に、成都周辺に五つ、日本本土を爆撃するための基地となる飛行場を建設するよう、蔣介石へ要請した。[96] その二日前には、チャーチルへ書簡を送り、新型爆撃機のための飛行場を、インドに四つ建設するように求めた。同書簡で大統領は、日本の陸海軍の軍事力と輸送力は、鉄鋼業に依存していると指摘している。[97] 八幡製鉄所が爆撃目標となったのも、そのような判断からだろう。


しかし、太平洋の新たな航空基地に比べると、成都の利便性は劣った。

一九四四年七月、マリアナ諸島の中心地、サイパン島をアメリカ軍が占領する。サイパン島から日本本土への往復距離五〇〇〇キロは、爆弾を搭載したB29が戻ってくるにはきわどい距離だ。だが一一月一四日に、サイパン島を飛び立ったB29は東京の空襲に成功する。成都からの出撃も続いたが、以後、マリアナ諸島を中心とする太平洋の島々が主力基地となって、日本各地を焼き尽くしてゆく。

結果的に、中国の戦略的価値はさらに低下した。そのため、中国で積極的な攻勢に出る理由も薄まる。アメリカ海軍の首脳部は、サイパンの次に台湾攻略を考えていたが、統合参謀本部は、日本への進攻ルートから台湾と中国を外した。日米の決戦場は、硫黄島や沖縄など、中国より日本本土に近く、飛行場がある島々となる。

しかし、こうした戦略が中国側に知らされた形跡は見当たらない。暗号の弱い中国から、日本へ作戦が漏洩するのを恐れたともいわれる。だが何といっても、対日戦において中国軍が頼りにされず、脇役へ追いやられていたのが原因だろう。

中国共産党とアメリカの接近

それでも、中国軍が弱体なままでは、アジアにおいて連合国の危機が続く。そこでアメリカは、中国共産党の軍隊に目を向けた。

ハーレー駐華米国大使は、日本を倒すために国共両党の軍を統一すべきと考え、合意案を用意する。中国全軍の統帥を蔣介石のもとに一元化する代わりに、中国共産党を合法な政党として重慶国民政府が認めるという内容だ[98]。ハーレーによると、スティルウェル解任の条件として蔣介石に提示したのが、中国共産党と国民党の合意だったという[99]。

中国共産党も、アメリカ側の接触を歓迎した。毛沢東はコミンテルンのディミトロフに、アメリカ、イギリス、カナダ、オーストラリアの記者団が四月初めにもやって来るだろうと、一九四四年四月一日に知らせている。蔣介石は訪問を渋ったが、中国共産党は歓迎するとも記した。そして、国民党の軍隊が日に日に堕落してゆくのにアメリカ人たちは不満なので、日本軍に一撃を浴びせるためにも、中国共産党の軍事力を使いたいのだろうと推測している[100]。

モスクワとの埋めがたい齟齬がある中で、アメリカの登場は中国共産党にとって渡りに船であった。延安とモスクワの間には隙間風が吹いていた。一九四三年二月には、コミンテルンに近い王明が、毛沢東たちがコミンテルンの方針に従わず、対日統一戦線に注力していないと、ディミトロフとスターリンに密告する[101]。当時は毛沢東の発動した「整風運動」で、党内の再編が進んでいた時期である。

コミンテルンは一九四三年五月に解散するが、ディミトロフは同年一二月二二日に、毛沢東が党内に不和を引き起こしているのではないかと、責める電報を送る。そして、「外国の占領者たち」との戦いを休んでいるのではないかとも疑いをかけた[102]。毛沢東は強く反発し、一九四四年一月に、二度にわたって反論をディミトロフに送った(103)。

ディミトロフに限らず、この時期にモスクワでは、中国共産党への評価が低かった。一九四四年六月一〇日、スターリンがアメリカのハリマン駐ソ米国大使と会談し、彼らを「マーガリン共産主義者」と評したことは前述した。

モロトフ外務人民委員も、同年八月三一日のハリマンらとの会談で、次のように述べた。中国の一部では、人びとが極めて貧しく、半分飢えていて、悲惨な状態にある。これらの人々の中には、自分たちを「共産主義者」と名乗っている者もいるが、彼らは共産主義とは何の関係もない。彼らは共産主義者を名乗ることで、自分たちの経済状況に不満を表明しているに過ぎない。しかし、経済状況が改善されれば、「このような政治的傾倒」すなわち共産主義は忘れてしまうだろう、と(104)。

以上は外交の場での発言であるから、額面通りには受け取れない。しかし、モスクワが中国共産党を蔑視していたことは否定できないだろう。

ハーレーの奔走

モスクワと延安の対立を背景に、アメリカの延安接近は順調に進んだ。

一九四四年五月の記者団の訪問に続いて、七月にはアメリカの軍事視察団が延安を訪問する。デーヴィッド・バレット（David Dean Barrett）陸軍大佐率いる軍事視察団も歓迎され、彼らは好印象の報告書を本国に送付した(105)。

一九四四年九月一一日、ハーレー特使は、朱徳から延安への招待を受けた。蔣介石は延期を求めたが、延安へ行くことには反対しなかった(106)。

国民党側でも、中国共産党との協力を説く人物がいた。孫科は一〇月一日に、駐華米国大使館の一員へこう述べている。

「ヨーロッパでの戦争が終われば、ソ連は極東で戦争に突入し、満洲や朝鮮、もしかしたら華北も侵略する。ロシア人たちは、作戦地域で活動する中国軍を武装させたいと願うだろう。それらの軍は中国共産党員である可能性が高い。そのような展開は、国民党にとって悲惨なことになる[107]」。

こう予測する孫科は、ソ連が対日参戦する前に、中国共産党と合意すべきだと述べた。

延安に乗り込んだハーレー特使は、一九四四年一一月に毛沢東と会談した。毛沢東はローズヴェルト大統領への書簡を託し、蔣介石と協定を結んで協力する意思を示す[108]。

さらにハーレーと毛沢東は、中国共産党と国民党が「一致合作」し、軍を統一するための「五項目の条件」を作成した。まず、国民党と中国共産党、他の「抗日政党」の代表も包括した「連合国民政府」を組織する。全軍も「連合軍事委員会」の指揮下に置き、外国からの支援物資は、「抗日軍隊」で平等に分配する。さらに、言論や出版、信仰、集会、結社などの自由を保障することも一項が設けられている。

この協定案に毛沢東が本気だったことは、その英文版に彼の署名が残されていることからも明らかだ。ただ、その左にあるべき蔣介石の署名がない[109]。

ハーレーが持ち帰った協定案を、蔣介石は拒否した。この協定は自身と国民党にとって「完全な敗北を意味する」。その上、孫文の遺嘱《いしょく》とも矛盾すると説明した[110]。ハーレーが延安から帰ってきた翌日に、宋子文もこう彼を責めた。

「あなたは共産主義者たちにまがい物を売られたのだ。国民政府は、共産主義者たちの要求を断じて

かれた。

「……認めない」。[111]

しかし、ハーレーは引き続き調停に努力し、一九四五年一月には、周恩来と宋子文の会談が重慶で開かれた。

大統領の最後の国共調停

このように国共調停に熱心だったアメリカ側には、秘めた思惑もあった。一九四四年一一月一七日、大統領と昼食をともにしたハリマン駐ソ米国大使は、次のように述べた。

スターリンは国共が和解するかを心配している。なぜなら、ソ連は対日戦を行う時に、右翼を中国共産党に守ってもらうつもりだからだ。もし国共が合意に達しなければ、ユーゴスラビアのチトー（Josip Broz Tito）のようになるかもしれと、ハリマンは大統領に述べた。つまり、ソ連とは必ずしも同調しない共産主義勢力の台頭である。

これに対し大統領は、ハーレーが調停に奔走していることを明かし、スターリンとこの件について連絡を取り続けるように述べた。ハリマンは、スターリンが中国軍の統一を望んでいると伝える。そうすれば中国軍はもっと果敢になると考えていると、大統領に述べる。ローズヴェルトもそれに同意し、「目標は同じだ」と述べた。[112]

ここからは、ソ連の対日参戦のための地ならしとして、国共調停が必要とされたことが分かる。ローズヴェルトが国共調停に熱心だったのは、ソ連の対日参戦を促す面もあった。

ローズヴェルト自身も、国共の対立を和らげようと骨を折る。

一九四五年三月一〇日付の返信で、大統領は毛沢東へ次のように書く。

「私は、日本の敗北と中国の復興のために、中国のすべての国民と軍隊の団結に特別な関心を持ち、留意してきました。あなたと蔣介石主席が心を一つにして一致団結するよう、切に願っています。中国国民は団結することで、日本との戦争遂行に多大な貢献をすることができる」[113]。

一九四五年三月一五日付で、大統領は蔣介石へも書簡を送る。そして、開催予定のサンフランシスコでの国連創設の準備会議（正式名称は「国際機構に関する連合国会議」）には、中国代表団に共産党員も加えては、と提案した[114]。

蔣介石は[115]、サンフランシスコ会議は政府間協議の場であるべきという理由で、中国共産党員の参加に否定的だった。会議に参加した中国共産党員が、反国民党の宣伝をするのではというのが彼の懸念だ[116]。しかし大統領の要求を無下にはできず、三月二六日には、中国共産党の代表が会議に参加すると、大統領に伝えた[117]。中国共産党からは董必武《とうひつぶ》が参加することになる。

ローズヴェルト大統領の死後も、アメリカによる国共の調停は続く。アメリカ国務省は、一九四六年三月一二日（孫文の命日）までに、連立政権を樹立するのを目標とした[118]。

このように、中国共産党に寛大なアメリカの姿勢を蔣介石は快く思わず、米中の亀裂は深まったまま、戦争は最終局面を迎える。

第九章

新たなる敵はソ連、一九四五年

新疆の「回収」

一九四五年になると、ドイツと日本の敗北は時間の問題となる。「大東亜共栄圏」を解体した後のアジアの国際秩序を再構築する上で、主導的な役割を担ったのは米英中ソの四ヶ国だった。しかし、戦争終結が近づくにつれ、その四ヶ国の思惑の違いもまた表面化してくる。

蔣介石を特に悩ませたのは、ユーラシア大陸の覇者となったソ連への対応だった。ソ連への不信感は、中国共産党の問題が大きく関わっている。それに加え、新疆と満洲をめぐる対立が拍車をかけた。

新疆を統治していた盛世才は、一九四四年八月一一日に、突如として国民党の関係者を一網打尽にした。独ソ戦でソ連が優勢になったので、重慶からソ連に寝返ろうとしたとされる。蔣介石には、彼らはソ連や中国共産党に買収されており、暴動を起こそうとしたのを未然に防いだと、盛世才は弁明した。

一方の蔣介石は、「ソ連は必ず、盛世才を追い出すという名目で新疆に侵入する」と考えており、この事件を奇貨として、第八戦区司令長官の朱紹良をウルムチに派遣し、新疆を平定するよう命じた(1)。

朱紹良は軍事的な威圧のもと、ムスリムの反乱などの責任をとらせて、盛世才を辞職に追い込む。盛世才は奥の手として、八月二一日にスターリンへ新疆への赤軍派兵を要請したが、拒絶されたともいう(2)。

盛世才は、重慶国民政府の農林部長に任命され、新疆から引き離された。代わって蒋介石は、新疆省政府委員兼主席に、古参の国民党員で、個人的にも親しかった呉忠信《ごちゅうしん》を八月二八日に任命する(3)。事態は彼の思惑通りに進んでいるように見えた。

東トルキスタン共和国の建国

しかし、ムスリムの反乱は収まらない。

オスマン率いるアルタイ地方のカザフ人遊牧民は、ソ連とモンゴル人民共和国の支援を受け、ゲリラ活動を展開した。一九四四年一〇月には、他のカザフ族も合流して、臨時政府を樹立した。

ソ連との国境に近いイリ地方のクルジャでも武装蜂起が起きる。呉忠信の『主新日記』によると、すでに騒乱は一九四四年九月からクルジャ近郊で始まっていた。一〇月には反乱鎮圧のため中国軍が増派され、一一月三日、反乱軍との大きな衝突が起きている(4)。

一一月七日、クルジャにあるソ連の領事館の前に四〇〇名余りが集まり、領事館で武器や弾薬を受け取ると、市内の警察署を襲撃し始めた。一一月一二日、市内の中国軍は支えきれずに後退する(5)。同日にクルジャでは、東トルキスタン共和国の独立が宣言された。これがイリ事変、あるいは三区革命と呼ばれている政変の経緯である。

呉忠信は、一一月七日に、ウルムチにあるソ連の総領事館でロシア革命の記念日を祝い、中ソの友好関係について祝辞を述べたばかりだった。しかし彼は、反乱の発生当初から、背後にはソ連がいると朱紹良に説く[6]。ソ連の支援は、近年の研究もそろって指摘している[7]。

蔣介石は次のように分析した。ソ連に帰化していた民族とカザフ人を傀儡に、実際は赤軍が反乱軍に加わる形で侵略してきた。赤軍が中国を侵略したといわれるのを嫌ったからで、こちらからソ連への抗議を封じるためだ、と（「蔣中正日記」一九四四年一一月二四日条[8]）。

実際、ソ連が新疆で尖兵として利用したのは、モンゴル人やカザフ人だった。

一九四五年一月、ソ連のイヴァン・イヴァノフ（Иван Алексеевич Иванов）駐蒙大使と、国家保安人民委員部の打ち合わせが行われた。議題は、モンゴル人民共和国とアルタイ地方の間の国境にいる、中国人部隊の殲滅《せんめつ》である。そのために、モンゴル人民共和国の予備役兵やカザフ人を三〇〇〇人まで反乱軍に加わらせ、武器はソ連側から供給すると、外務人民委員部に報告されている[9]。

ソ連の新疆へのてこ入れ

一方、蔣介石は、日本軍による「大陸打通作戦」の傷が癒えず、新疆へ大規模な動員はできない。蔣介石の苦境を逆手にとり、ソ連は東トルキスタン共和国への支援を拡大してゆく。

一九四五年四月二九日に、ベリヤ内務人民委員とヴィシンスキーが、スターリンへ新疆についての報告書を提出した。それによると、スターリンの同意を得て、反乱軍を助けるために、内務人民委員部は前年一二月から、ウラジーミル・エグナロフ（Владимир Степанович Егнаров）少将らを送り込んでいた。その結果、ソ連との国境近くにあるイリ地方とその中心都市クルジャから、中国軍は一掃された。

反乱軍は九三〇〇人を擁するが、中国軍は反撃を企図しており、ソ連が追加支援をしなければ、「新疆のムスリムの民族解放運動は粉砕されるかもしれない」と警告する。

そこで、中央アジア出身の五〇〇名の将校、二〇〇〇名の赤軍兵士を、新疆の住民に偽装して反乱軍に加える。さらに、一万五〇〇〇人分の小銃や迫撃砲、航空機を支給することだ。地主や富農の土地を「ムスリムの下層階級」に分配して、味方につけることも提案している。(10)

時を同じくして、四月二二日には、東トルキスタン政府主席のアリハーン・トラ（Elihan Tore イリハン・トレとも表記される）からスターリンへ支援の要請があった。東トルキスタンの独立にはソ連の支援が欠かせない。援助をしてくれれば、「抑圧者」を追い出すことができる、という内容だ。(11)

一九四五年五月八日（五月九日）、ドイツが降伏し、ヨーロッパでの戦争が終結する。そのため多忙を極めたのか、スターリンが新疆について最終的な方針を示すまで、およそ二ヶ月を要した。

六月二二日、スターリンの承認のもと、政治局はベリヤらの提案を採用し、東トルキスタン共和国への全面支援を決めた。

東トルキスタン政府が、新疆のタルバガタイ（塔城《とうじょう》）、アルタイ、アクス、カシュガルでムスリムの民族解放運動を広め、イリ地方の防衛を組織するのを助ける。そして、ウルムチ、カシュガル、チュグチャックなどで、暗殺や中国軍の通信の妨害など、後方での破壊工作も行う。それによって、新疆の中国軍に不利な状況を作り出す。さらに、赤軍から中央アジア出身の五〇〇人の将校と、二〇〇〇人の兵士を選び、新疆の住民を装って反乱軍を支援させる。

また、漢人の地主と商人が持っていた土地を、貧しいムスリムへ分配する。東トルキスタン共和国が必要とするソ連の消費財を、原材料との交換で供給することも決めた。(12)

対日参戦の戦略

ソ連は新疆だけでなく、満洲へも触手を伸ばす。しかもそれを、米英が後押しした。中国を犠牲にしてでも、アメリカがソ連の対日参戦を必要としたためだ。

米英ソの間で、具体的な対日作戦計画が検討されたのは、スティルウェルが解任されたのと同じ、一九四四年一〇月である。チャーチル首相、イーデン外相、そして米英の軍人たちがクレムリンに招かれ、ヨーロッパの問題の処理とともに、日本を屈服させる戦略を練った。日本軍に止めを刺すこの作戦の立案に、中国は全く関与できなかった(13)。

一〇月一七日にスターリンは、ハリマン駐ソ大使に、作戦地域を華北へも広げるよう提案した。「真の戦果を得たいなら、側面包囲のために、カルガン［察哈爾《チャハル》省の張家口《ちょうかこう》］と北京を叩くのも必要だ。満洲への奇襲だけでは、真の戦果は得られない(14)」。

ソ連が対日戦を行うなら、アメリカ側も異論はない。結果的に、日ソ戦争は、華北全土を巻き込むものへ拡大する。蔣介石が事前に知っていたなら、強く反発しただろう。対日作戦の詳細が中国側に伝えられなかったのは、そうした反発を米英ソが予想していたためではないか。

こうして、中国抜きで対日作戦は具体化してゆく。にもかかわらず、中国はソ連参戦の代償を要求される。中国は、大国間が取引する酒宴には招かれなかったのに、勘定書だけ回されてきたようなものだ。これが、戦争末期に蔣介石が連合国へ抱く不信感の源にある。

参戦条件の提示

一九四四年一二月一四日、スターリンはハリマン駐ソ米国大使と、対日参戦条件について会談中、隣室から地図を持参し、遼東半島、旅順、大連を円で囲み、これらの地域を租借し、ソ連内陸部とつなぐ中東鉄道と南満洲鉄道も支配下に治めたい、といった。ハリマンは、一二月一五日に、大統領へ詳細に知らせている。

「彼は私の質問に答える中で、中国人の満洲における主権を犯すつもりは毛頭ない、といった」[15]。

一方、前日のメモによれば、スターリンはこの鉄道を欲する理由として、「奉天〔現在の瀋陽〕を出口とする中東鉄道は、かつてロシア人によって正式に租借されていたものだ。この形式に戻されなければならない」と述べた。その上で、「中東鉄道の管理体制は以前とほぼ同じものになるべきだろうが、少し修正を加える必要もあるだろう」とも述べた[16]。スターリンは、一九三五年に中東鉄道をソ連が満洲国に売却した過去は語らず、あたかもソ連が中東鉄道を放棄したことがないように説明している。そして、それを再度手に入れるのも、なんら不自然はないかのように振舞った。

ロシア側の会談記録でも、この部分はほぼ同じだ。スターリンは「ポーツマス条約によって日本に引き渡された南サハリン」の返還と、千島列島の獲得を望んだ。さらに、テヘラン会談でローズヴェルトが極東における不凍港について言及したのを根拠に、スターリンは大連と旅順を要求した。大統領の示唆が言質に取られた格好である。さらに「外モンゴル」すなわちモンゴル人民共和国の現状維持を望むとも、スターリンは付け加えた。

これに対しハリマンは、テヘランで大統領は、大連と旅順は国際港にすることを意図していたと思うと述べたが、よく覚えていないと、強くは反対しなかった[17]。

新刊一覧

セクシュアリティの性売買

キャスリン・バリー 著
井上太一 訳

搾取と暴力にまみれた性売買の実態を国際規模の調査で明らかにし、その背後にあるメカニズムを父権的権力の問題として理論的に抉り出した、ラディカル・フェミニズムの名著。 ¥5500

人種の母胎

性と植民地問題からみるフランスにおけるナシオンの系譜

エルザ・ドルラン 著
ファヨル入江容子 訳

性的差異の概念化が、いかにして植民地における人種化の理論的な鋳型となり、支配を継続させる根本原理へと変貌をしたのか、その歴史を鋭く抉り出す。 ¥5500

戦後期渡米芸能人のメディア史

ナンシー梅木とその時代

大場吾郎 著

日本とアメリカにおいて音楽、映画、舞台、テレビなど活躍し、日本人女優で初のアカデミー受賞者となったナンシー梅木の知られざる生涯を初めて丹念に描き出す労作。 ¥5280

翻訳とパラテクスト

ユングマン、アイスネル、クンデラ

阿部賢一 著

文化資本が異なる言語間の翻訳をめぐる葛藤とは？　ボヘミアにおける文芸翻訳の様相を翻訳研究の観点から明らかにする。 ¥4950

マリア＝テレジア 上・下

「国母」の素顔

B・シュトルベルク＝リーリンガー著 山下泰生／伊藤惟／根本峻瑠訳

「ハプスブルクの女帝」として、フェミニズム研究の範疇からも除外されていたマリア＝テレジア、その知られざる実像を解き明かす、第一人者による圧巻の評伝。 各¥8250

戦後期渡米芸能人のメディア史

ナンシー梅木とその時代

大場吾郎 著

日本とアメリカにおいて音楽、映画、舞台、テレビなど活躍し、日本人女優で初のアカデミー受賞者となったナンシー梅木の知られざる生涯を初めて丹念に描き出す労作。 ¥5280

読書装置と知のメディア史

近代の書物をめぐる実践

新藤雄介 著

書物をめぐる様々な行為と、これまで周縁化されてきた読書装置との関係を分析し、書物と人々の歴史に新たな視座を与える力作。 ¥4950

ゾンビの美学

植民地主義・ジェンダー・ポストヒューマン

福田安佐子 著

ゾンビの歴史を通覧し、おもに植民地主義、ジェンダー、ポストヒューマニズムの視点から重要作に映るものを仔細に分析する力作。

新刊一覧

イスラーム・デジタル人文学

須永恵美子 編著
熊倉和歌子 編著

デジタル化により、新たな局面を迎えるイスラーム社会。イスラーム研究をデジタル人文学で捉え直す、気鋭研究者らによる最新の成果。

¥3520

ディスレクシア

マーガレット・J・スノウリング 著
関あゆみ 監訳
屋代通子 訳

ディスレクシア（発達性読み書き障害）に関わる生物学的、認知的、環境的要因とは何か？ ディスレクシアを正しく理解し、改善するための効果的な支援への出発点を示す。

¥2860

シェリング以後の自然哲学

イアン・ハミルトン・グラント 著
浅沼光樹 訳

シェリングを現代哲学の最前線に呼び込み、時に大胆に時に繊細に対決させ、革新的な読解へと導く。カント主義批判により思弁的実在論の始原ともなった重要作。

¥6600

一つの惑星、多数の世界

ドイツ観念論についての試論

ディペシュ・チャクラバルティ 著
篠原雅武 訳

人文科学研究の立場から人新世の議論を牽引する著者が、ラトゥール、ハラウェイ、デ・カストロなどとの対話的関係のなかで示す、新たな思想の結晶。

¥2970

近代日本の身体統制

宝塚歌劇・東宝レヴュー・ヌード

垣沼絢子 著

戦前から戦後にかけて西洋近代社会、民主主義国家の象徴とみなされた宝塚・東宝レヴューを概観し、西洋近代化する日本社会の身体感覚の変貌に迫る。

¥4950

福澤諭吉

幻の国・日本の創生

池田浩士 著

福澤諭吉の思想と実践――それは、社会と人間をどこへ導いたか？ 福澤諭吉のじかの言葉に向き合うことで、その思想と実践をあらたに問い直し、功罪を問う。

¥5060

反ユダヤ主義と「過去の克服」

戦後ドイツ国民はユダヤ人とどう向き合ったのか

高橋秀寿 著

反ユダヤ主義とホロコーストの歴史的変遷を辿りながら、戦後、ドイツ人が「ユダヤ人」の存在を通してどのように「国民」を形成したのかを叙述する画期作。

¥4950

宇宙の途上で出会う

量子物理学からみる物質と意味のもつれ

カレン・バラッド 著
水田博子／南菜緒子／南晃 訳

哲学、科学論にとどまらず社会理論にも重要な示唆をもたらす21世紀の思想にその名を刻むニュー・マテリアリズムの金字塔的大著。

¥9900

今回のイチオシ本

思想としてのミュージアム

増補新装版

博物館や美術館は、社会に対してメッセージを発信し、同時に社会から読み解かれる、動的なメディアである。日本における新しいミュゼオロジーの展開を告げた画期作。旧版から十年、植民地主義の批判にさらされる現代のミュージアムについて、論じる新章を追加。

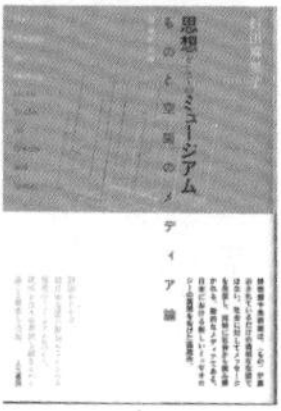

村田麻里子著
¥4180

呪われたナターシャ

復刊

現代ロシアにおける呪術の民族誌

三代にわたる「呪い」に苦しむナターシャというひとりの女性の語りを出発点とし、呪術など信じていなかった人びと―研究者をふくむ―が呪術を信じるようになるプロセス、およびそれに関わる社会的背景を描いた話題作、待望の復刊！

藤原潤子 著
¥3300

超越論的存在論

ドイツ観念論についての試論

存在者へとアクセスする存在論的条件の探究。「世界は存在しない」「複数の意味の場」など、その後に展開されるテーマをはらみ、ハイデガーの仔細な読解も目を引く、哲学者マルクス・ガブリエルの本格的出発点。

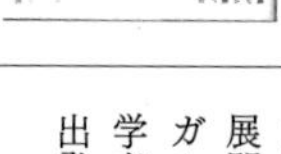

マルクス・ガブリエル著
中島新／中村徳仁訳
¥4950

はじまりのテレビ

戦後マスメディアの創造と知

1950～60年代、放送草創期のテレビは無限の可能性に満ちた映像表現の実験場だった。番組、産業、制度、放送学などあらゆる側面から、初期テレビが生んだ創造と知を、膨大な資料をもとに検証する。気鋭のメディア研究者が挑んだ意欲的大作。

松山秀明 著
¥5500

ヤルタ会談

ソ連の参戦の代償は、米英ソの首脳会談に持ち越された。クリミア半島のヤルタでの会談は、一九四五年二月四日から一一日まで開催される。

二月四日、アメリカ代表団は内々の会議を開いた。この時、ハリマンはソ連が対日参戦の代償に持ち出す条件として、南サハリン、千島列島のすべて、モンゴルの現状維持、大連までの鉄道管理権を求めてくると予想した。大統領はハリマンへ語った。

「モンゴルの地位については、現状維持とするか［スターリンと］話し合う前に蔣介石の見解を知りたいが、その他の問題は進める用意はある」[18]。

大統領は、スターリンとの直接会談で、代償問題を解決する決意を固めていた。

米ソ首脳会談で極東問題が触れられたのは、二月八日である。この会談で、スターリンは蔣介石への不満を語っている。以下では、アメリカ側の記録を対話風に整理して紹介する。

ローズヴェルト　もう何度も、私たちは中国を生かそうとしてきました。

スターリン　中国は生き残るでしょう。中国には、蔣介石の周りに新しい指導者が必要だし、コミンテルンにも何人か良い人材がいるのに、採用しないのは合点がゆきません。

ローズヴェルト　華北の共産主義者たちを重慶政府と協力させる点については、ウェデマイヤー将軍と新しい［駐華］大使のハーレー将軍は、前任者たちよりも、さらにうまくやっています。いわゆる共産主義者たちよりも、コミンテルンと重慶政府により問題があるようです。

スターリン　日本と対決するのに統一戦線を組むべきなのに、なぜ彼らがうまくやれていないのか

ヤルタ会談（1945年2月9日、ローズヴェルト大統領図書館蔵）

理解できません。この目的のために、蔣介石はリーダーシップを取るべきだと思う。数年前には統一戦線があったのを彼は思い出すべきだし、それがなぜ維持できなかったのか理解できません[19]。

ローズヴェルトは、暗にソ連が与える影響力を問題視し、すでに一九四三年に解散されていたコミンテルンに言及しているが、スターリンは素知らぬ顔で、蔣介石に全責任を被せた。

同じ日の会談で、ハリマンやモロトフの立ち会いの下、スターリンはローズヴェルト大統領と対日参戦条件を話し合う。スターリンが特にこだわったのは不凍港と鉄道だ。

ローズヴェルト　終戦時にサハリン島南部と千島列島がロシアに渡ることは、何の問題もないと思う。

スターリン　ソ連のための極東の暖かい港に関しても、テヘランで話し合いました。南満洲鉄道の終点にある暖かい港、おそらく関東半島［遼東半島］にある大連の使用をソ連に与えることを提案されました。

ローズヴェルト　蔣介石元帥［実際は大元帥］とこの問題についてまだ話し合う機会がなかったので、中国人のために話すことはできません。ロシア人がこの港の使用権を得るには、二つの方法があります。

（一）中国人から租借する。

（二）大連を自由港とし、国際員会の管理下に置く。

香港問題との関係から、後者が好ましい。イギリスが香港の主権を中国に返還し、国際化された自由港になるよう望んでいます。この提案にチャーチル氏が強く反対することも知っているが。

スターリン　満洲における鉄道をロシア人が使用するという問題もあります。帝政期の者らは、満洲里からハルビン、そこから大連と旅順、さらにウラジオストクとハバロフスクを結ぶ路線と接続する、ハルビンからニコリスク・ウスリースクへと東に延びる路線を使用していました。

ローズヴェルト　この点も蔣介石元帥と未だ話し合っていませんが、二つの方法があると思う。

（一）ソ連の直接的な管理下に置くため借り受ける。

（二）中国人一名、ロシア人一名よりなる委員会の管理下に置く。

スターリン　こうした条件が叶えられないとなると、私やモロトフが、ソ連国民になぜロシアは対日戦に参加するのか、説明するのは困難になるのは明白です。ソ連国民は、ソ連の存立を脅かしたドイツとの戦争はよく理解していたが、何ら大きな問題を抱えている訳でもない国を相手に、なぜロシアが開戦しなければならないのか理解できない。けれども、もし政治的諸条件が整えば、国民は国益を理解し、かかる決定を［ソ連］最高会議に説明することも格段に容易になる。

ローズヴェルト　蔣介石元帥とこの問題について話す機会がありませんでしたし、中国人に語ったすべては、二四時間以内に全世界に知られてしまうことが、彼らと話すことの難しさの一つです。
スターリン　まだ中国人に話す必要はないと思いますし、ソ連指導部はこれを内密にするのを請け合います。こうした条件を三大国による書面に残しておくのが良いと思う。
ローズヴェルト　そうしましょう。
スターリン　中国に関しては宋子文が四月末にモスクワにやって来ると思いますし、西にいる赤軍の任務を解き、二五個師団を極東に転用できる時には、蔣介石と以上の三点について話すこともできるでしょう[20]

次に後半のみ、ソ連側の記録で見ておきたい。


ソ連がどんな条件で対日戦に突入するのか、もしソ連が知っていれば、ソ連の民衆は日本との戦争に参加するだろう、というのが私［スターリン］とモロトフの考えだ。それゆえ、ローズヴェルト大統領とチャーチル、スターリン同志が署名した、ソ連が日本との戦争に際し、どのような目的があるのかを書いた書面をスターリン同志とモロトフ同志に与えるのが重要なのだ、といった。もしそのような書面があるならば、説明は簡単になるし、ソ連の対日参戦の問題を、秘密を保持できる人々が集う最高会議の検討に回すことができる。

ヤルタでの秘密を守るのにはどんな難しいこともないでしょう。中国人についてだけは疑いがあるが、とローズヴェルトはいった。

同志スターリンは、二〇から二五個師団を［ドイツと戦う］西部戦線から引き抜いて、極東に派遣できるようになった時に限り、中国人には知らせるようにしよう。四月末までにはモスクワに宋子文がやって来る。同志スターリンは、彼と会談したいと非常に強く望んでいる、といった。また二〇から二五個師団を西部戦線から引き抜き、極東に派遣し終わったら、日本に通告しよう、といった。

ローズヴェルトは賛同し、これを知って同慶の至りです、といった。またローズヴェルトは、スターリン元帥が宋子文を受け入れてくれるとは誠に喜ばしい、といった(21)

スターリンがこだわっていたのは、対日参戦の条件について、ローズヴェルトとチャーチルから一筆得ることであったのが、ソ連側の記録から分かる。

一方、ローズヴェルト大統領は、サハリン島南部と千島列島をソ連に引き渡すのは、「何ら困難はない」とした。ただし大統領は、日本の領土はともかく、中国関連は蔣介石からは合意を取り付けねばならないと、スターリンに示唆したのである。

モロトフ対ハリマン

一九四五年二月一〇日午後二時に、モロトフ外務人民委員はハリマン大使と会談し、八日の首脳会談を踏まえたものだという、英訳されたスターリンの対日参戦要求を手交した。その中で、鉄道については次のような条項が立てられている。

「中国が満洲で完全なる主権を有するという合意の下で、日露戦争前にロシアが中東鉄道の経営において保持していた権利と、大連を終点とする南満洲鉄道は、再び回復されなければならない」。

ハリマン駐ソ米国大使（1944 年、トルーマン大統領図書館蔵）

ハリマンは、大統領が望むであろう修正として、大連は租借ではなく、国際港にするよう求めた。また鉄道の条項も、原案では中東鉄道と満鉄における「ロシアの権利」が回復するとされていたが、ハリマンは、この二つの鉄道が中ソの共同管理の下に置かれるよう提案した。その上で、大連港と鉄道については、蔣介石とも相談しなければ大統領は受け入れられないと思う、と再考を促す。モロトフは、他の点はともかく、鉄道についてはスターリンへ説明をお願いしたい、と喰い下がった。ハリマンは、大統領からの修正要求を後ほど送付すると約束した。[22]

二月一〇日午後四時半からのローズヴェルト大統領との会談で、スターリンはハリマンの要求した修正を受け入れ、鉄道を中ソの共同管理下に置くのに同意したが、蔣介石が「外モンゴル」の現状維持を認めること、という条件をつけた。また、この点についてアメリカが蔣介石に伝えるよう依頼している。[23]

スターリンはさらに、鉄道に関して、ソ連の「優先的利益が保護される」という文章を挿入した。ハリマンは「優先的利益」という表現が気に入らず、ローズヴェルトにも進言したが、大統領は「些細な言葉を大げさに問題にする意思はない」と却下した。[24]

ヤルタ秘密協定

こうして、ソ連側の原案を修正する形で、一九四五年二月一一日にヤルタ秘密協定が三首脳によって署名された（巻末史料②）。

この協定では、ソ連が連合国の側に立って対日戦に参加する条件として、中東鉄道と満鉄は中ソ両国によって共同運営されるが、ソ連の「優先的利益」を保障する条項が入れられた。

また、この協定で保障されたモンゴル人民共和国の現状維持と鉄道、港については、別に蔣介石の同意を必要とすると書かれている。これらをソ連が手中にできるかは、中ソの直接交渉に委ねられた。

だが、二月八日の会談におけるスターリンの主張が通り、ヤルタ秘密協定は、最も利害関係がある中国に一言の相談もなしに決定された。

ヤルタ会談は、二月一二日に三首脳の声明文が公表されて閉幕した。公表された声明文を読んだ蔣介石は、「ソ連のみが実利を得て、アメリカは虚名を得たに過ぎず、イギリスに至っては何も得るところがなかった」とくさしている。また、勘の鋭い彼は、中国を売り渡す密約はもう結ばれたのではないかと疑った（「蔣中正日記」一九四五年二月一四日条[25]）。

秘密協定のわずかな開示

そこで、ヤルタでの会談内容を探るよう、蔣介石は中国の外交官らに指示を出す。モスクワでは傅秉常駐ソ大使が探ったものの、米英ソの外交官たちは一様に口をつぐんだ。ようやく一九四五年三月一二日に、ローズヴェルト大統領が魏道明駐米大使にヤルタ秘密協定の概略を明かした[26]。魏道明が蔣介石に知らせた内容は次の通りである。

①モンゴル人民共和国は現状のままとする。
②「南満鉄路」の所有権は中国に属すが、業務管理は一種の委託制度を設ける。
③ソ連は旅順かその近郊に不凍港の軍港を得たい。
ローズヴェルト大統領は、①は問題がないとして、②は米中ソの代表で運営する組織を作るよう提案した。③については、大統領はソ連に旅順を長期租借させることを考えているのではないか、と魏道明は推測している。(27) これは明察だった。ヤルタ秘密協定には、ソ連の「海軍基地としての旅順口の租借権が回復されること」という一文があった。

衝撃を受けた蔣介石は日記に記す。

一、スターリンは、満洲の鉄道は国際管理とするものの、主権は中国に残すと提案した（北満鉄道［中東鉄道］については話さなかったが、それはソ連がもう北満は自分の物だと思っているからだろう）。
二、不凍港の出口とするため、［スターリンは］旅順か大連を欲しがっている。ローズヴェルトは、この件は急ぐ必要はないとスターリンにいい、こちらには、旅順はソ連に長期で租借させ、その主権は中国に属すのではどうかといってきている。そのようなことになれば、今回の抗戦の理想はまた夢か幻になってしまう。［電報を］読んで、ただ痛憤と反省をするばかりだ。ただし、今回の黒海会議［ヤルタ会談］でソ連の対日参戦の約束はもう結ばれたと断定できよう（「蔣中正日記」一九四五年三月一五日条）(28)

実は、ローズヴェルトはヤルタ秘密協定の詳細までは正確に教えていない。それでも、蔣介石を落胆させるには十分だった。

特に旅順の租借は、全中国人が「最大の恥辱と汚点」と考えると日記に記す。もしソ連が東アジアで不凍港が必要なら、朝鮮の港を一つソ連専用とするのに、中国は反対しないとも書く（「蔣中正日記」一九四五年四月三日条）。

条約によって旅順の租借を正式に認めさせられてしまうよりは、むしろソ連に強引に占領される方が良いとすら蔣介石は考えた（「蔣中正日記」一九四五年四月五日条）(29)。

中ソ会談の困難

ヤルタ秘密協定の結果として必要となった中ソ首脳の直接交渉は、実は以前から両国間の懸案だった。早くも一九四三年五月一七日には、中国側からソ連側に、外交部長の宋子文がスターリンと会談を希望していると申し出があった。ただスターリンが前線に視察に行くので、冬が望ましいとソ連側が回答し、話は立ち消えとなる(30)。

一九四四年九月一五日にも、蔣介石の代理として、宋子文はスターリンやモロトフらと「重要な問題」を話し合うためにモスクワ訪問を計画していると、傅秉常駐ソ大使はロゾフスキー外務人民委員代理へ打診する（「傅秉常日記」一九四四年九月一五日条）(31)。

同年一〇月五日に蔣経国と接触したソ連の駐華大使館員は、スターリンが蔣介石との直接会談を希望していると伝えた。アメリカ側も、直接会談を仲介する。しかし蔣介石は、アメリカとの関係が悪化している時を狙って、ソ連は米中の離間を図っているのだと、相手にしなかった(32)。

当時は、スティルウェル事件で米中関係は暗礁に乗り上げていた。蔣介石は、スティルウェル事件は、ソ連が米中の離間を図るために仕掛けた「陰謀」だと思い込んでいた。ソ連はこの事件を利用して中国を孤立させ、自陣に再び引き入れ、アメリカを東アジアの外へ駆逐しようとしたという（「蔣中正日記」一九四四年一一月四日条）[33]。

それでも、ソ連との直接交渉を中国側は模索する。同年一一月二五日、傅秉常大使は、蔣介石が中ソ間の難問を解決するため、宋子文の派遣を希望していると再度伝える。モロトフは要請を受け入れ、翌年の二月末か三月初めを指定した[34]。

宋子文も、一二月一三日に、ソ連の駐華代理大使と新疆について話し合っていた際、ソ連との関係改善に、翌年の二月末にソ連を極秘で訪問したいと述べた。後日、蔣経国も通訳として交渉への参加を希望した[35]。蔣介石の息子の彼は、長くソ連で暮らし、妻もロシア人というソ連通である。

なぜ中国側は会談を強く希望したのか。新疆や対日戦が議題であったことは間違いないだろう。そして、ソ連側にも中国側と議論しなければならない問題が山積していた。

一九四五年二月二日、ハーレー駐華米国大使との会談で、蔣介石と宋子文は、ソ連が二月末か三月初めに、宋子文の特使受け入れの準備があると表明していると伝えた。ソ連側が持ちかけてきた議題は、「ヨーロッパでの戦勝直後」のソ連の対日参戦と、中ソの友好関係の樹立、戦後の経済協力、朝鮮の処遇、ソ連による満洲の港の使用などだと明かした[36]。

宋子文の派遣は実現しなかったが、四月一〇日に蔣介石は、蔣経国のソ連派遣を決定する[37]。しかし、この後には、ソ連との交渉を避けるようになる。その原因は、アメリカからの訃報だった。

ローズヴェルト死去

一九四五年四月一二日、ジョージア州ウォーム・スプリングズで保養していたローズヴェルト大統領が、脳溢血で死去した。知らせを受けた蒋介石は日記に記す。

今朝六時過ぎ、ローズヴェルト大統領が脳溢血のため四時半に亡くなった、という知らせを受け取った。世界と今後の国際情勢がとても心配だ。けれども去年から、ローズヴェルトの外交政策はイギリスに親しみ、ロシアを恐れ、中国を侮るようになっていた。とりわけ旅順の件でロシアに譲歩し、さらに心が傷ついた。しかし彼が死去してから、アメリカの対華政策はいまよりさらにひどくなるだろう。ローズヴェルトの対ロ政策は姑息で、中国共産党も擁護したが、しかしそこには限度と一定の主張もあって、彼なりの理想、抱負、道理もあったといえるし、むやみに強権に頼る覇者でもなかった。これからアメリカの世界政策は必ず変わるだろうから、ローズヴェルトの時のような自主性は保てないだろう（「蒋中正日記」一九四五年四月一三日条）(38)

愛憎半ばする見方だ。彼の死後、ソ連の対華政策に変化はあるのか慎重に研究しなければ、とも日記には書かれている。無名の新大統領の外交方針は予測できず、中国はソ連との交渉で、アメリカの援護を受けられるかも不透明になった。

ローズヴェルトの死去を受けて大統領に昇格したのは、副大統領のハリー・トルーマン（Harry S. Truman）である。

トルーマンはそれまで、ヤルタ秘密協定を知らされていなかった。四月二二日、ホワイトハウスを訪れたモロトフ外務人民委員は、ヤルタでの極東に関する協定を知っているか、そして支持するかどうか、トルーマンに確認する。トルーマンは、この決定を完全に支持すると答え、モロトフを満足させた[39]。

トルーマンは、原爆についても就任後に知らされた。それでも、日本を降伏に導く鍵はソ連参戦だと、彼は信じていた。一九四五年五月一八日、商務長官に転じていたウォレスに、トルーマンは語る。ロシア人は無作法な連中だ。けれども、ロシア人たちを日本との戦争に巻き込む最大の目的は、アメリカの若者一〇万人の命を救うことにあるのだ、と[40]。

五月一五日に開かれた国務長官、陸軍長官、海軍長官による三人委員会でも、戦争を短縮し、アメリカ人兵士の犠牲を減ずるために、ソ連参戦を必要とするスティムソン陸軍長官の意見が通る[41]。

折しも、沖縄では四月から激戦が繰り広げられ、アメリカ側も多くの犠牲者を出していた。ならば、日本本土の占領作戦では、さらに犠牲者は増える。それを避けるためにも、ソ連の参戦は不可欠だと考えられた。

さらなる密約の開示

けれども、ヤルタ秘密協定の詳細が伏せられたままでは、中国側はヤルタで決められた中ソ交渉に乗ってこない。

例えば、一九四五年四月二五日からサンフランシスコで開催された、国際連合設立の準備会議中、宋子文はとある夕食の席でモロトフからモスクワへの招待を非公式に受けたが、態度を明確にしなかった。

中ソを仲立ちするアメリカ側としては、傍観できない事態だ。そこで、薄皮をはぐように、中国側へ秘密協定の内容を明かしてゆく。前任者と同じく、トルーマン大統領もヤルタ秘密協定を中国側へ全面開示するのには慎重だった。戦争の成り行きに悪い影響を及ぼすのを恐れたのである。[42]蔣介石の同意が必要な部分を打ち明ける。

しかし、開示に積極的なハーレー駐華米国大使は、ヤルタ会談の合意事項で、蔣介石の同意が必要な部分を打ち明ける。スターリンが要求しているのは、一九〇四年の日露戦争前にロシアが有した特権の回復で、すなわち旅順と満鉄、中東鉄道である。スターリンは朝鮮の独立は承認しており、モンゴル人民共和国は現状を変えない、という三点だ（「蔣中正日記」一九四五年四月二九日条[43]）。

満洲の鉄道をソ連に使わせる用意があるとは、宋子文もハーレーに語っていた[44]。しかし、満洲の主権と領土の保持は、中国側は絶対に譲れない。大統領と五月一四日にホワイトハウスで会見した際、宋子文は中国の地図を持ち出して、「満洲と台湾は中国に返還されるべきです」と力説する。トルーマンも同意した[45]。

それでもアメリカは、中国にヤルタ秘密協定を容れてもらわなければならない。トルーマンは五月一二日に、ヤルタ秘密協定の全文をいま明かすことは不適切だとしながらも、ハーレーの判断で、協定の一部を中国側へ開示することを認めた[46]。

五月二二日、ハーレーは、より正確なヤルタ秘密協定の概要を、国民党中央宣伝部部長の王世杰に伝えた。それによると、旅順はソ連が租借し、大連は自由港とする。中東鉄道と満鉄の権利は中ソが折半するなど、中国側にとってさらに衝撃的な内容だった。また、対日戦に参戦する前に、中ソが協定を結ぶ必要があるとも知らされた[47]。

米ソの下交渉

アメリカは中ソ交渉の斡旋を積極的に買って出る。ローズヴェルトの側近だったホプキンスが、トルーマンに乞われ、大統領特使としてモスクワに派遣された。スターリンは対日参戦の秘密協定を守るのか確かめるのと、米ソ首脳会談をお膳立てするのが目的である。

ホプキンスが、日本と中国についてスターリンに問い質したのは、一九四五年五月二八日である。ホプキンスは、あなたの口からヤルタでの合意について確認しない限り、中国側に中ソ交渉を持ちかけられないとした。そして、対日戦に参戦する気があるのかと核心を突く。

スターリンは、赤軍の主力は八月八日までに配置につくものの、正確な参戦の期日は、ソ連の希望したヤルタでの合意が履行されるかにかかっている、もし中国側と合意ができたら、八月に作戦を開始すると答えた。しかし、中国側との会談は、極東へ赤軍を移動させている間は延期したいと、時期は七月上旬を指定した。

一方、モロトフは、サンフランシスコでの会議後、宋子文がすぐに来るのが望ましいと述べる。この会議は四月二五日から開かれていた、国際連合設立のための準備会議を指しており、宋子文も出席していた。ちなみに、会議は六月二六日に閉幕している。

この会談の際にスターリンは、中国が統一され、安定した国家になるのは当然として、そのリーダーには蔣介石しかいないと述べている。ソ連が後援する中国共産党の指導者たちには、その力量はないともいった。また満洲は赤軍が占領しても、中国政府の行政権が及ぶとも保証した。アメリカの宿願である、中国における門戸開放にも賛成する。ホプキンスの提案した、朝鮮半島の米英中ソの四ヶ国信託統治にも同意した(48)。

スターリンはホプキンスに、アメリカ側が喜ぶことをすべて約束した。これを、トルーマンは真に受ける。以下はスティムソン陸軍長官の、一九四五年六月六日の日記の一節だ。

ハリー・ホプキンスがモスクワで成し遂げた成果を聞いたか、と彼〔トルーマン〕は尋ねたので、私が聞いていないというと、旅順を〔ソ連が〕九九年租借し、大連は我々が手に入れるのを除いて、中国に満洲をそっくり残すとスターリンが書面で約束した、と話してくれた。私は、ロシア人は満洲を横断する鉄道を五分五分で管理して、中国人に勝る本当の力をこの地域で得るでしょう、と警告した。そのようなことは分かっているけれど、この約束は全く明瞭で確かだ、と彼はいった(49)

さかのぼると、五月一八日の時点では、ソ連はヤルタ秘密協定を守っていないと、トルーマンはウォレス商務長官に語っていた(50)。大統領を怒らせていたのは、ポーランドなど東欧の問題である。しかし、ホプキンスがスターリンとの会談内容を伝えてから、トルーマンは軟化した。ソ連は満洲で中国の主権を犯さない。こうトルーマンは過信し、中国をソ連との交渉に追い立てた。

アメリカによる会談の強要

蔣介石は米ソの密約に巻き込まれるのを避けようと、ソ連側に独自の案を持ちかける。六月三日に、中国が満洲の領土を回復するのをソ連が助けるのなら、鉄道と商港はソ連に便宜を図り、軍港が欲しいのなら、ソ連と共同利用しても良いと、アポロン・ペトロフ（Аполлон Александрович Петров）駐華ソ連大使に語る(51)。けれどもソ連は、ヤルタ秘密協定よりも条件の劣るこの提案に釣られない。

秘密協定の内容を察して、中ソ交渉を嫌がる中国を、交渉の席に着かせたのはアメリカだ。ステティニアス国務長官は、六月六日にサンフランシスコで宋子文と会談する。そして、スターリンが宋子文と、七月一日までに会談したいと希望していることを伝えた。宋子文は、ローズヴェルトがスターリンに、旅順について何を約束したのか教えて欲しい、とステティニアスに頼む。しかしステティニアスは、サンフランシスコではそれを話し合うのは不可能だと断った。[52]

ヤルタ秘密協定を正確に知らず、ソ連との交渉に臨むのに、中国側は躊躇する。そこで、六月九日にトルーマン大統領は、ハーレー駐華米国大使に電報を送り、蔣介石にヤルタ秘密協定の全文を紹介するよう、グルー国務長官代理へ求めた。その上で、アメリカは中国における門戸開放政策を追求してゆくし、行政機構を確立するため、蔣介石が軍を率いて満洲に進軍するのも歓迎する、と伝えさせた。[53]

こうして、中国側の逃げ道は塞がれた。六月一四日、大統領は宋子文とワシントンで会見した。大統領は、「スターリンは、中国の意に反するような、いかなる領土の野心もないといっている。［中略］ソ連は中国の統一にも手を貸すといっている」と宋子文を説得する。

宋子文は、一九二四年に中華民国と結んだ北京条約、張作霖と結んだ奉ソ協定もソ連は踏みにじってきた、と警戒を解かなかった。だが大統領は、「私の主たる関心は、ソ連が極東の戦争に参戦し、戦争を短縮して、アメリカ人と中国人の命を救う助けとなることにあるのだ」と、宋子文の抗議に耳をかさなかった。[54]

ソ連に頼るトルーマン大統領

このころになると、連合国が戦略上重視する地域には乖離が生じていた。アメリカが日本本土、イギリスが東南アジア、中国が華南へと目標を定める中で、日本本土に直接進攻できるソ連の重みは、アメリカの政策立案者の間で増してゆく。

一九四五年六月一八日、トルーマン大統領、陸海軍長官、統合参謀本部が出席した作戦会議は、九州上陸作戦の開始を、半年後の一一月一日と決めた。

ここで読み上げられた統合参謀本部の報告書は、軍部がソ連の軍事力に加え、参戦の事実を重視していたことを物語る。

「ロシアの参戦で重要な点は、すでに希望なき日本人たちに与える参戦のインパクトで、我々が日本に上陸してすぐか、あるいは上陸直後に降伏させる決め手となるだろう」。

アメリカ政府内でソ連の対日参戦を強く要求したのは、マーシャルを中心とする統合参謀本部だった。アメリカ陸軍は本土決戦に備えた大量の兵力の動員に頭を痛めていた。さらに、関東軍の弱体化を十分に評価できておらず、ソ連の力を頼みにしていたからだ[55]。

トルーマン大統領（1945 年、トルーマン大統領図書館蔵）

一方、この会議でマーシャルは、中国軍について次のように分析した。中国軍は兵士も物資も十分にある。しかし、中国の将軍たちの軍事的能力は「とても良いとはいえない」。そこでマーシャルは、フランスから凱旋するアメリカの将軍たちに、中国軍の指揮を取らせる案を検討中だと述べた。蔣介石のもとにいるウェデマイヤーも賛同したという。もし蔣介石が受け入れてくれれば最高だと、マーシャルはいった。

マーシャルは、蔣介石から指揮権を取り上げるのには反対だが、中国軍はいまのままでは使い物にならないと考えていた。おまけに、ウェデマイヤーが立案しているのは広東省の奪還作戦で、中国軍が日本を降伏に導くとは到底思

われない、と。(56)

事実、アメリカが日本本土への作戦を本格化させるのに対し、蔣介石の関心は華南に向けられていた。一九四五年三月八日に、彼はマウントバッテン東南アジア軍最高司令官と会談するが、彼からビルマでの攻勢計画について聞いても、蔣介石はどこか上の空である。

その代わり、蔣介石が力説したのが、湖南省と広西省を、これ以上、日本のものにしておくことはできないということだ。そして、一九四五年秋までに、全力を投じて取り戻すと、マウントバッテンに表明した。(57)

しかし、華南を攻略したところで、日本は降伏しない。ならば、中国にはソ連参戦に協力させるしかない。こう考えるアメリカの圧力が、中国に重くのしかかる。

「旅順港の国際港化」で対抗

ヤルタ秘密協定は、ハーレー駐華米国大使より、一九四五年六月一五日に蔣介石へ全文が伝えられた。蔣介石は、宋子文がアメリカから帰国するまで正式な返答はしないとしながらも、ハーレーと意見を交わす。彼が尋ねたのは、アメリカも旅順を海軍基地として使用するのか、という点だった。そして、アメリカにその気があるならば、イギリスも加えて、四大国すべてが共同利用できるようにしよう、と語った。(58)

蔣介石は、戦後、ソ連がアジアで勢力を拡大するのを望まない。そのため、ヤルタ秘密協定で決められたソ連による旅順の租借を阻止するため、「旅順港の国際港化」を提唱したのだ。

蔣介石は、南サハリンと千島列島のソ連への領土変更も、国際連合か、せめて米英中ソによる話し合いを求めた。朝鮮半島も、米英中ソの共同管理を提案する。さらに、中ソの条約交渉に米英の代表も加わってくれないだろうか、調印される条約にも米英の署名が欲しい、と求めた(59)。

しかし蔣介石の提案は、ソ連参戦を急ぐため、スターリンの意向を尊重するアメリカの方針とは合致しない。結局、宋子文はソ連出張を承諾せざるを得なかった。

六月一五日、トルーマンはスターリンに書簡を送り、六月末までに宋子文がモスクワに到着すると知らせた。またハーレーを通じて蔣介石に、アメリカはソ連側に、ヤルタ秘密協定を遵守することを伝えたと報告している(60)。

大統領のメッセージをロゾフスキー外務人民委員代理に託した際、ハリマン駐ソ大使は、秘密協定を順守して、中国と合意に至るまではいかなる行動も起こさないよう、念を押した。ロゾフスキーは承知した(61)。かつては、ソ連から対日参戦の約束を取り付けるべく奔走したハリマン大使も、ソ連へ不信感を抱くようになっていた。

モスクワでの中ソ交渉

一九四五年六月二六日、蔣介石はスターリンへ、宋子文を派遣すると知らせた(62)。折しも、沖縄では日本軍による組織的抵抗が終わり、日本本土への米軍上陸も時間の問題となった。ドイツ降伏からも一ヶ月半が過ぎ、ソ連の参戦期限も近づいたことで、これ以上、会談を引き延ばすのは難しくなっていた。

アメリカの特別機に乗り、重慶とテヘランを経由して、宋子文がモスクワに降り立ったのは六月三〇日である。宋子文は到着当日に、蔣介石の親書を携え、クレムリンを訪ねた。そこでスターリンは宋子文に語る。

「以前は、中国を崩壊させるためにロシアは日本との同盟を望んだ。いまは日本を抑えつけるため、中国との同盟を望んでいる。〔中略〕我々は合意できると考えている。私には確信がある」(63)。

中ソ会談の議事録は複数ある。第一に、史料集『露中関係』に収められているソ連側の記録。第二に、会議に出席した、外交部常務次長の胡世澤《こせいたく》による英語の記録(64)。これはハリマン駐ソ米国大使など、アメリカ側と協議する際に使われた。そして、『中華民国重要史料初編』の第三篇「戦時外交」に収められている中国語の記録である(65)。細部は異なるそれらを参照しつつ、交渉の経過を追う。

本格的な交渉は、七月二日の会談で幕を開けた。ソ連側からはスターリン、モロトフ、ロゾフスキーらが出席し、中国側からは宋子文、胡世澤、傅秉常駐ソ大使、蔣経国が出席した。

会議の冒頭、スターリンは、ヤルタ秘密協定についてすでに聞いているかと切り出した。宋子文は、すでに連合国から知らされている、と答えた。スターリンは、ソ連がヤルタ秘密協定に調印した理由は二つある、と述べた。一つは、ソ連国民に対日参戦を納得させるためである。もう一点は、ソ連が日本に対する戦略上の地位を強化するためである。それゆえ、中国と同盟して力を合わせて日本を壊滅させたいと語り、こう続けた。

「旅順も、中東鉄道も、南サハリンも、外モンゴルの件も、ソ連にとっては一つの目標があってのことだ。それは日本との戦争に臨み、これからの同盟国の中国と同様に、ソ連も戦略的立場を強化するためである。〔中略〕すべては、対日戦略上の立場の強化のためだ(66)」。

宋子文は納得しない。特に、旅順の租借には強い抵抗を示し、中ソ両国で軍港として共同利用してはどうかとスターリンに持ちかけた。スターリンは、租借とは異なる、蔣介石の意に沿う形式にすると譲歩した。ただ、旅順の使用期間は、スターリンが四〇年から四五年を提示したが、宋子文は二〇年から二五年を主張し、大きな隔たりがあった[67]。

譲れないモンゴルの独立

一方で、スターリンが強く主張したのが、モンゴル人民共和国の独立承認である。中国では、北京政府も南京国民政府も、一九一一年の辛亥革命後にモンゴルが独立を宣言したのを認めず、自国の領土だと主張していた。

蔣介石も、一九二〇年代には中国の統治を離れたモンゴル人民共和国でさえ、中国の「宗主権」を確立しなければならないと、日中戦争前は考えていた（「蔣中正日記」一九三七年四月二三日条）[68]。

一九四五年になると、封建王朝を思わせるそのような考えは、さすがに表明しない。しかし、独立を認めないのには変わりがない。六月二六日に会談したペトロフ駐華ソ連大使には、国民政府は「外モンゴル」に高度な自治なら与えることができると、蔣介石は述べた[69]。

さらに蔣介石は、いまこの問題は話し合うべきではなく、時間が解決すると宋子文に指示した。そこで、一九四五年七月二日に宋子文は、モンゴルは中国領だと主張してきたのに、ここで領土を放棄すれば国民に説明できないと、問題の先送りを主張した。宋子文はいう。「眠っている犬は寝かしておきましょう[70]」。

スターリンは承知しない。彼にいわせれば、モンゴルはソ連極東を日本から守るための要だ。ドイツが第一次世界大戦後に、みなの予想を裏切って復活したように、日本も一五年から二〇年で復活するだろう。その時に備え、モンゴルをソ連が守れるようにしておかなければならない、と主張した。彼は、シベリア鉄道が「外モンゴル」から切断されれば、全シベリアを失うし、現に日本はそうしようとしたとして、「外モンゴルは国防問題なのだ」と力説した。

おまけにスターリンにいわせれば、モンゴルは中国やソ連の領土となるのも望んでいない。かといって、「内外モンゴル」と、ソ連領のモンゴル人が統一したら、中ソ両国はお互い困るだろうと説得する。モンゴルの領土は現状のままにして、「内モンゴル」とは統一させないから、代わりに「外モンゴル」、すなわちモンゴル人民共和国の独立を認めよということだ。またソ連も、ロシア帝国領だったフィンランドやポーランド（ワルシャワ）を放棄したと述べ、暗に中国もモンゴルを諦めるように説く(71)。

スターリンは、モンゴルの独立承認を、民族問題から安全保障の問題へすり替えた。未だ降伏していなかった日本の存在は、中国を脅すのに説得力を持っただろう。

会談の翌朝に訪ねてきたハリマン駐ソ米国大使へ、宋子文は「外モンゴル問題が解決するまで交渉は行き詰まっている」と語った(72)。中ソ交渉は出だしからつまずいた。

モンゴル独立承認の交換条件

スターリンは、一九四五年七月五日にモンゴル人民共和国の指導者、チョイバルサンをクレムリンに招き、交渉に自信を見せる。

中国はここに至ってもなお、あなたのモンゴル国を承認しない。今回、我が方は、中国がモンゴルの独立と主権を認めるよう話し合っているが、彼らは嫌がる。私の見るところ、中国代表は最後には認めると思う。もし交渉が妥結したら、中国はモンゴルの独立を認める声明を出すだろう。あなたの御意見を聞きたい(73)

スターリンの強気は図に当たることになる。

クレムリンでソ蒙の指導者が会談していたのと時を同じくして、蔣介石はモンゴルについて譲歩すると決めた。スターリンは「外モンゴル」独立の要求を堅持している。要求を受け入れなければ、満洲と新疆での行政について議論できず、中国共産党の問題を解決するのがさらに困難となる。「外モンゴル」も事実上、ソ連が独占したままだ。そう考えた蔣介石は、ソ連と取引すると決めた。


外モンゴルという不毛の土地さえ犠牲にする苦痛を忍べば、代わりに東北〔満洲〕と新疆を得て全国を統一できるし、統一計画はどうしても実行しなければならない。そこで、外モンゴルには戦後、その独立問題を投票で解決するのを許し、ソ連とは東北、新疆、中国共産党の問題を交換条件とするべく協議する（「蔣中正日記」一九四五年七月五日条）(74)

七月八日に宋子文は、スターリンから渡された、モンゴル人民共和国の独立承認宣言案を蔣介石に送った。モンゴルの政府と国民の独立の願い、そして中ソの友好関係樹立のため、中ソ両国がその独立を承認するという内容だ(75)。

しかし、七月九日のスターリンとの会談で、宋子文は蔣介石からの書簡をソ連側に提出する。そこでは、戦後にモンゴルで独立の賛否を問う国民投票を行い、結果が独立となったら中国は反対しない、と譲歩していた。スターリンは、日本の敗北後すぐにモンゴルの独立を承認するように迫った。しかし国民投票があれば、単なる形式とはいえ、国民政府は中国国民に対して格好がつくと宋子文は押し切った(76)。

さらに宋子文は、モンゴルの独立承認と引き換えに、三つの条件も出す。

第一に、満洲における領土と行政について、ソ連が中国の主権を承認する。その上で、旅順は共同で利用し、大連は二〇年、開放する。両港の行政は中国の管轄下に置く。中東鉄道と満鉄は共同で二〇年間運行し、利益は折半するが、鉄道の主権は中国に属する。

第二に、一九四四年の蜂起で生じた新疆における混乱を排除し、通商を再開するためソ連が中国に協力する。また、モンゴルと新疆の国境にあるアルタイ山脈は、新疆に属すことを確認する。

第三に、ソ連から中国への政治的、経済的、道義的な援助は、すべて中国の中央政府に対して行う。[77]要するにソ連は中国共産党を支持せず、国民党を支援せよということだ。

停滞する交渉

最大の争点が、第一の条件だった。特に満洲の鉄道利権をどう分配するかは、三条件が提示される前から激しい論戦が戦わされていた。

そもそもソ連は、中東鉄道を一九三五年に満洲国へ売却したはずだが、そのことには触れずに権利回復を主張した。中国側も、満洲国を否認し、この売買を認めていなかったせいか、その点を突かなかった。

一九四五年七月二日に宋子文は、満洲を横断する中東鉄道と、縦断する満鉄を管理するために、ソ連は共同経営の新会社を立ち上げる意志があるかを尋ねた。するとスターリンは、その会社が中東鉄道を経営する、と答えたものの、「誰が中東鉄道の所有者なのか」、「誰が中東鉄道を敷設したというのか」と述べた。[78]ロシア帝国が敷設した鉄道だと暗に示唆し、スターリンは不満を表明した。

宋子文は一九二四年の北京条約を持ち出し、中国が主権を有し、敷設から六〇年後に返還され、中国が買い取れる約束もあったではないか、と反論した。スターリンは、共同経営の期間や、鉄道の経営体制については討議すると応じる。また、中ソ共同経営の会社を立ち上げる必要も認め、鉄道の収入は折半すると提案し、発言を後退させた(79)。

さらにこの日、スターリンは失言を重ねている。彼は満洲における中国の主権は認めるものの、かつての張作霖政権のような、地方政府が必要ではないだろうか、といったため、宋子文は「中国政府は中国の統一を求めているのです。満洲で自治政府が作られることはない」と色をなして反論した(80)。

宋子文から会談内容を知らされたアメリカ側も反発した。新任のジェームズ・バーンズ(James Francis Byrnes)国務長官は、鉄道を中ソ共同経営とするのはヤルタ会談で決めた事で、ソ連は単独で所有できないと、ハリマン駐ソ米国大使に釘を刺した(81)。

ハリマン大使も宋子文に、鉄道と港の件でスターリンの要求を容れ、蔣介石が認められる以上の結果になるなら、一度交渉を打ち切るべきだとさえ助言する(82)。ハリマンは、ソ連はヤルタでの取り決めを越えて勢力を拡大するつもりでは、と危機感を抱いていた。

スターリンの恫喝

交渉を通して見ると、始めにスターリンは最大限の要求を出し、徐々に条件を引き下げて落としどころを探った。当初ソ連は鉄道路線のみならず、鉄道事業に付随する諸権利も取り戻そうとした。鉄道の燃料となる炭鉱や森林の譲渡、駅長の人事権といった問題である。

しかし、鉄道の共同経営にすら中国側は反対だった。一九四五年七月二日に宋子文は、鉄道を中国の管理下に置くのをなぜ不可能だと考えるのか、ソ連のすべての権益を守るよう請けあう、と述べたが、それは信じられない、とスターリンは拒んだ(83)。

共同経営の期間でも対立した。七月九日、宋子文は蔣介石からの親書、それに一三ヶ条からなる鉄道についての合意案をスターリンに手渡した。その書簡で蔣介石は、両国で鉄道を二〇年間経営するよう提案した(84)。しかしソ連側は、その倍の四〇年で譲らない。

この共同経営の期間に絡んで、七月七日にはスターリンが、「他には誰にも語ったことがない」という、ソ連の極東戦略を開陳している。日本は殲滅されたあと、二〇年かそれくらいで、以前と同じように復活するだろう。そのためにはソ連極東にいくつか新たな港を築き、港までの鉄道を敷かねばならない。そして、こう述べた。

これら〔ソ連極東の新港〕に築港し、整備し、鉄道も通すには、およそ四〇年は必要だ。それゆえ中国と四〇年の同盟を結ぶのが、我が海軍基地を創立するために必要とされるのだ。それが成し遂げられた後には、遼東半島と中東鉄道は不必要なものとなるから、我々は撤退する。だからこそ、我々はいま中東鉄道、満鉄、旅順、大連について協定を結ぶよう望む。我々は四〇ヶ月ではなく、四〇年先を考えているのだ(85)

合意に至らず時間切れ

他にも、鉄道沿線を警備する部隊をソ連から派遣するか否かも議題に上った。一九一七年のロシア革命前、中東鉄道には警備隊と呼ばれる組織が置かれ、事実上、満洲にロシア軍が駐留していた。警備隊はロシア革命後に中国軍によって解体された。しかし、一九〇五年のポーツマス講和条約で、ロシアから鉄道だけでなく、鉄道警備の権利も譲り受けたと主張する日本は、満鉄にも守備隊、のちの関東軍を置いた。満洲事変を引き起こしたのはその関東軍である。これが、中国側には苦い教訓となっていた。

そのため宋子文は、鉄道警備は中国側が単独で担う、と譲らなかった。スターリンは、最初の一、二年だけでも少数のソ連の精鋭部隊が警備し、配置するのは通常の軍隊ではなく、憲兵ではどうかと提案した。しかし宋子文は、「中国政府は自国の領土に外国の軍隊が駐留することを望まない」と拒否した。[86]

強気の宋子文には、バーンズ国務長官の後ろ盾があった。赤軍が満洲に駐留する権利はないことはスターリンも合意していたはずだと、バーンズはハリマン駐ソ米国大使を通じて宋子文に伝えさせていた。[87]

一九四五年七月一一日の会談では、赤軍の輸送も、旅順や沿海州に派遣されたり、引き揚げたりするのを考えれば認めるべきだ、とスターリンは主張したが、宋子文は軍需品の輸送だけ認める、という意見を変えなかった。そのためスターリンは譲歩し、軍需物資のみの輸送となる。[88]

ソ連側の不満は大きく、七月一二日にはロゾフスキー外務人民委員代理が、スターリンとモロトフに宛てて、中国軍は鉄道で輸送できるのに、ソ連側が同じことができないのは納得できないから、中国軍も禁ずべきだと提言した。[89]しかし、ロゾフスキーの抗議は抑え込まれた。

鉄道の燃料となる石炭も問題になった。モロトフは、石炭供給地とその支線も、合同で経営する鉄道会社に委ねるよう主張した。しかし、石炭は中国側で供給すると、宋子文は反対する。[90]

蔣介石は、七月一一日に宋子文に指示を送る。同盟を結んでいる間は、旅順の軍港の共同使用を認める、大連は自由港とする、中東鉄道と満鉄は共同経営とするが、鉄道の警察権は中国側に属する、両鉄道をめぐる権益は車両や工場、建築物、土地はすべて中国に帰属する、といった内容だ。また、ソ連が中国共産党を支援しないよう約束することも求めた。[91]

しかし、スターリンがポツダム会談に向けて出発する時が来ても、交渉はまとまらなかった。結局、ポツダム会談後の交渉再開で合意し、七月一二日に会談は打ち切られた。スターリンはポツダム会談に「遅刻」することになる。

翌日にスターリンは、重慶に戻る宋子文を夕食へ招く。その席で、中国は蔣介石の下で統一されるべきだし、満洲と新疆は中国のものだと語ったが、満洲における鉄道と港については語らず、譲る気配を見せなかった。(92)

蔣介石の基本方針

スターリンのこだわりもさることながら、蔣介石も譲らない。

モスクワでの交渉が中断していた一九四五年七月一九日、蔣介石はペトロフ駐華ソ連大使に、条約を結ぶ前提条件を伝える。満洲の領土の主権を完全なものとし、中国共産党と、新疆の反乱の問題を解決するという三点だ。

ペトロフは、中東鉄道、満鉄、旅順、大連の利用は、日本の侵略に備えるためだと、スターリンと同じ主張を繰り広げた。そのためにも、ソ連が旅順にいれば中国に有利ではないかと反論した。恩着せがましい主張に蔣介石は反論する。中国は外交を自主的に行う国家であり、中国のことは中国で決定するから、よそ者が我々の主張を左右できないと述べる。(93)

会談は物別れに終わったが、蔣介石は大使に、スターリンへのメッセージを託した。そこでも、蔣介石の三条件が示されている。その代わり、モンゴル人民共和国の独立を認めるという。

「中国は外モンゴルの独立を認めよという、あなたの主張には本当に驚かされる。それは我が国民の伝統的な信念に反する上、我が政府の人員の多くが最も歓迎しないでしょう。それでも、もし他の全問題が満足に解決されるのなら、我ら両国の友好関係の永続のため、目立つ障害物だとあなたが考えるものを取り除くのに、私は犠牲を厭いません」。

蔣介石が出した交換条件は三つある。

第一に、中国共産主党にいかなる道徳的、物質的援助もソ連はせず、中国に与える援助は国民政府のみに限定する。

第二に、満洲の鉄道の管理形態だ、

ヤルタ秘密協定に基づき、満洲の全鉄道を管理する中ソ合弁企業を作る。しかし、その会社のトップには中国人を据える。その上で、鉄道を一分し、中東鉄道の管理局長（鉄道会社のナンバーツー）にソ連人がつくのを認める。しかし、満鉄の管理局長は中国人とする。

第三は満洲の港だ。

「中国の行政の一体化という原則に則れば、大連は満洲の主要な港なので、中国側によって運営されなければならない。しかし、大連の需要に合わせるため、何人かのロシア人の技術専門家を雇う用意はある」。

そして、ソ連の通貨貨物のために、倉庫なら長期で貸し出しても良く、課税しないと提案した。

旅順港については、この地域の防衛をソ連政府に委ねる用意はあるが、港は共同利用する。民政のトップも中国人でなければならず、赤軍司令官の同意のもとに民政長官が選ばれるのは拒否した。また赤軍の管轄権が及ぶのを大連より南の旅順地区に限るとした(94)。

これが蔣介石の交換条件だが、もちろんスターリンの要求とはかけ離れていた。

トルーマンからの「侮辱」

モスクワでの中ソ交渉は、どちらがアメリカを味方にできるかの駆け引きでもあった。そのため蔣介石は、トルーマン大統領に対しても書簡外交を繰り広げる。

一九四五年七月八日に蔣介石は大統領へ電信を送り、交渉は中ソだけでなく、世界の平和と安全につながるから、引き続き注視して、折につけ善導して欲しいと頼んでいる(95)。

七月二〇日にも蔣介石は、ポツダム会談に臨んでいる大統領に、「例えば外モンゴルについても、我々は中国国民が支援してくれるであろう限界をはるかに越えてしまっている」と、ソ連との交渉ですでに大きく譲歩したとアピールした(96)。

しかし、七月二三日付のトルーマン大統領の返信は素っ気なかった。

あなたにはヤルタ秘密協定の履行をお願いしますが、ヤルタ秘密協定を越えるような合意には至らないようにお願いしたい。もし、あなたとスターリン大元帥の間で、ヤルタ秘密協定の適切な解釈について溝が埋まらないのなら、宋［子文］をモスクワに戻し、完全な了解に至るよう努力し続けるよう希望します(97)

この返信は「侮辱」だと、蔣介石は日記につづった。

「私はヤルタ会議を承認してもいなければ、参加もしていないから、責任は全くないのに、なぜ執行の義務があるのか。彼［トルーマン］は本当に中国を属国と見ているのではないか」（「蔣中正日記」一九四五年七月二八日条(98)）。

中ソ対立が厳しいのは、アメリカ側にも容易に想像できたはずだが、トルーマン大統領は交渉の細部に関心を示さない。トルーマンがこうも冷淡だったのは、ポツダムでのスターリンとの会談が影響していると思われる。

大統領を操るスターリン

一九四五年七月一七日、トルーマンとスターリンは初めて顔を合わせた。二人は中国について、どんな会話をかわしたのか。アメリカ側の史料は断片的である。

スターリンは中国側に非があると鳴らした。スターリンはいう。ソ連の要望は、ヤルタ秘密協定よりもよほど緩やかだ。鉄道は平等に共同経営する。鉄道はロシアの金で作ったのに、ロシアは日本のように鉄道の警備兵の常駐は要求していない。八〇年間にわたって鉄道を使用する権利はあるけれども、そのようなことも要求しない。鉄道の理事会で、ロシア人を中国人よりも一名多くするよう要求しているだけだ。重慶をだましたりするつもりはないのに、中国人は取引というものを理解していない、と。(99)

一方、ソ連側の史料によると、スターリンはこう発言した。ソ連側はヤルタ秘密協定を拡大するような意図は毛頭ない。それどころかソ連政府は、中国に対し、協定に定められた条件に比べ、多くの譲歩をしてきた。しかし中国は、満洲の鉄道と港におけるソ連の優越性を理解していない。ただ宋子文は、重慶の指導者たちよりはソ連の国益をよく理解している、と。(100)

米ソいずれの史料でも、ソ連の要求は慎ましいと、スターリンは大統領に印象付けようとしている。スターリンは、対日参戦の言質を与える限り、アメリカを操れると見越していたのだろう。トルーマンの日記を見る限り、その策略は図に当たった。

スターリンは中国との交渉について話してくれた。何が合意に達し、何が保留中であるかについて。重要な問題のほとんどは解決済みだ。彼は日本《ジャップ》との戦争に八月一五日に参戦するつもりでいる。その時には日本人《ジャップス》たちも一巻の終わりだ。私たちは昼食をともにし、なごやかに歓談し、仲良さげにふるまい、乾杯し合った。裏庭で写真も撮った。スターリンとは取引できる。正直な男だが、飛び切り頭もいい(101)

こうなることを予想して、ポツダムへ警告しに来たのがハリマン駐ソ米国大使である。七月一五日、彼はスティムソン陸軍長官へ、ソ連の満洲政策への懸念を表明し、助けを求めた。スティムソンは、ソ連が満洲の貿易を独占するのはアメリカの門戸開放政策を損なうと、大統領に報告すると約束する(102)。

しかし、スティムソンやハリマンと同程度の警戒心を、大統領が共有することはなかった。会議に同席したアメリカの通訳、チャールズ・ボーレン（Charles Eustis Bohlen）によると、七月一七日の会合では、「大統領もバーンズ長官も、アメリカの主な関心は自由港にあると示した(103)」。すなわち、ヤルタ秘密協定で定められた、大連港の自由港化について念を押しただけだ。

七月一七日の夜に大統領は、満洲における門戸開放には決着をつけたと、スティムソンに語る。その翌日に、妻へこう書いた。

「スターリンが中国の問題の解決を望んでおり、それは自分が期待していた以上の現実的な解決となった。宋子文は私が頼んだ以上によくやってくれた(104)」。

トルーマンは、門戸開放の約束という「木」にこだわり、戦後の満洲、そして中国という「森」を見ていなかった。

外相理事会からの中国排除案

なおポツダム会談では、中国を軽んじる場面が度々見られた。二つ例をあげる。

一九四五年七月一七日、トルーマン大統領は、主要国で講和条約について話し合う外相理事会（Council of Foreign Ministers）の設置草案を提出する。草案によると、第一次世界大戦後のヴェルサイユ講和会議で、主要国側の事前準備なしに公式の講和会議が開かれたことへの反省を踏まえたものだ。参加するのは、国際連合の安全保障理事国である米英仏中ソである。[105]

しかし、理事会に中国を加えるのに、スターリンがまず疑問を呈する。チャーチルも反対する。両名とも、ヨーロッパの問題を扱うのに、中国を加えるのは筋違いだと表明した。

特にチャーチルは強く反対する。「ヨーロッパでの敵の打倒に、ほとんど貢献していない国を世界の他の地域から呼び寄せる」のは賢明ではないとし、「ドイツの将来は中国なしでは決まらないのだろうか」と皮肉を浴びせた。[106] 両名の反対を受けてトルーマンは、「中国が理事

ポツダム会談（1945年7月、トルーマン大統領図書館蔵）

会から除外されることに異論はないと述べた」[107]。

翌日にバーンズ国務長官が妥協案を出す。理事会は五ヶ国で構成するが、中国の参加は、極東問題か、世界的に重要な問題に限定することを提案した。ヨーロッパについては、米英仏ソの四ヶ国もしくは米英ソの三ヶ国で話し合うことを、モロトフ外務人民委員とイーデン外相が口頭で確認し、決着を見る[108]。

こうして、八月一日のポツダム協定で、中国は外相理事会に加えられた。世界を指導する大国として中国を遇するのに、アメリカ以外は積極的でなかった証左である。

ポツダム宣言の不手際

そのアメリカも、中国を尊重していたとはいい難い。中国軽視の第二の事例が、ポツダム宣言の作成過程である。

日本に無条件降伏を促す声明を出すことになったが、草案はアメリカ側が単独で作成した。一九四五年七月二四日、イギリス側に声明草案が渡され、翌日にチャーチルの出した三つの修正をすべて受け入れる形で、内容が確定した[109]。

これに対し、蔣介石は署名だけを求められた。バーンズ国務長官が用意した宣言草案では、中国は署名すら求められず、米英二ヶ国だけで宣言が発せられる予定だったが、土壇場になってトルーマン大統領が中国を加えた[110]。

トルーマンはハーレー駐華米国大使へ、宣言文の草案を七月二三日に送る[111]。ハーレーが蔣介石からの返事を大統領に送ったのが、七月二六日だ。蔣介石は、草案の第一条に、「我々、アメリカ合衆国大統領とイギリス首相は」とあるのを、大統領の次に、「中華民国政府主席」と入れるよう要求した。この修正を容れて、同日にトルーマンは蔣介石の署名を代筆し、米中英の首脳の名で宣言は出された(112)。

やり取りに三日もかかった理由は二つある。

第一に、アメリカ側のミスである。ポツダム宣言の草案はホワイトハウス、海軍を経由する間に、重要性を知らない職員の手で止まったり、普通の電信にまぎれてしまった。そのため、重慶時間の七月二五日午後九時半に、ようやく外交部長の宋子文に渡せた(113)。

第二の原因は、蔣介石だ。彼は七月二五日夜に、宋子文から電話で宣言の内容を知らされ、同意を求められた。しかし、明日、全文を見てからでないと署名しないとごねる。

翌朝、ハーレーは重慶郊外の黄山《こうざん》にある蔣介石の官邸に、訳文を持って駆けつけた。蔣介石にいわせれば、中国は対日戦の主要国である。それなのに、二四時間以内に返答がなければ、米英だけで宣言を発出しようとしたと知って怒る。そして、自分に考える時間を与えなかったと抗議した。さらに、イギリス首相の下に名前が置かれたのに不満を表明する。機嫌を損ねた彼は、アメリカ国務省の中国蔑視が分かると、日記に不満を記した(「蔣中正日記」一九四五年七月二六日条)(114)。

一方、ソ連側は、署名すらできなかったと抗議した。トルーマンとバーンズが、ソ連を出し抜いて宣言を公表したためだ(115)。

しかし、スターリンの署名のないポツダム宣言は、意外な効果を発揮した。日本側は、スターリンが署名していないのは、ソ連が日本と連合国の仲介をする意思がまだあるからだと期待した。そして、特使として近衛元首相のモスクワ派遣と、和平の斡旋をソ連に申し入れていた日本は、その回答を待つことにした(116)。

この悲劇的な勘違いもあって、七月二八日に、鈴木貫太郎《かんたろう》首相はポツダム宣言を「黙殺」すると記者団に表明した。日本の降伏前に、是が非でも参戦したいソ連の思惑通りとなった。

原爆とソ連参戦の競合

ポツダム宣言の発表後、バーンズ国務長官は中国側へ、モスクワで交渉を再開するよう圧力をかける。一九四五年七月二八日、バーンズはハーレー駐華米国大使に、以下を宋子文へ「できる限り早く」伝えるように命じた。

「あなたは七月三〇日か七月三一日までに、スターリン元帥〔実際は一九四五年六月二七日から大元帥〕と連絡を取ることになっていたそうですね。その日までに、モスクワ経由で彼と当地〔ポツダム〕で連絡を取り、モスクワに戻って、合意に達するよう議論を続ける機会を要請するのが重要だと思います」(117)。

この電報を見た蔣介石は、その文言は傲慢で、あたかも命令のようだと怒る(「蔣中正日記」一九四五年七月二九日条)(118)。

なぜバーンズは中国側を急がせたのか。その一因は、原爆投下による日本降伏を急ぎ、ソ連に歯止めをかけたいという願望が、アメリカ側にあったからだろう。

一九四五年七月一六日、ニューメキシコ州の実験場で、史上初めての原爆実験が成功する。アメリカは唯一の核兵器保有国となった。

実験成功を聞いたトルーマンは、七月一八日の日記で期待を記した。

「ロシアが来る前に日本人が音を上げるだろうと確信する。マンハッタン〔原爆〕が彼らの本土の上に現れたら、そうするのは間違いない」(119)。

さらに、バーンズの特別補佐官、ウォルター・ブラウン（Walter Brown）の七月二〇日の日記は参考になる。

「JFB［バーンズ］は、中国の問題でスターリンの裏をかくと決意した。宋［子文］が毅然とした態度をとって、ソ連が参戦しないよう願っている。そうすれば、ソ連が参戦する前に日本は降伏し、中国は救われるだろう。もしソ連が参戦すれば、スターリンが支配して中国は苦しむと、彼は知っているからだ(120)」。

つまりバーンズは、ソ連の対日参戦を望まないがゆえに、宋子文がモスクワへ行き、交渉で厳しい態度を取るよう望んだという。そして、ソ連が中ソ交渉で手間取る間に原爆を投下する予定だった。同じくブラウンの七月二四日の日記にはこうある。

「JFBはまだ時間を望んでいる。なぜなら原爆のあと日本は降伏し、ソ連はそのように多くは［日本人を］殺せないので、中国に強く要求するほどの地位を得ることないと信じているからだ(121)」。

原爆という切り札を手にして、トルーマンとバーンズは強気だった。七月二四日に、トルーマン大統領がスターリンへ、原爆について耳打ちした有名なエピソードも、戦略的優位に立つためであったと考えられる。

ポツダム宣言が出される前日の七月二五日、アメリカは日本への原爆投下命令を発した。しかし、八月六日に広島を原爆で壊滅させても、すぐには日本は降伏しない。アメリカの読みは外れた。

この直後、スターリンは参戦を命じる。スターリンとアレクセイ・アントーノフ（Алексей Иннокентьевич Антонов）参謀総長は、八月七日午後四時三〇分（モスクワ時間）に、総攻撃を八月九日朝（ザバイカル時間）に行うよう命じた(122)。

ポツダムでは八月一五日に参戦するといっていたスターリンが、一週間も参戦を繰り上げたのは、広島への原爆投下に刺激されたというのが通説だ。さらに、宋子文が八月七日にモスクワを再訪するのも影響したのではないか。対日参戦を既成事実として米中側に突き付け、こじれる中ソ交渉を有利に進めるのが、スターリンの狙いだったと推測される。

宋子文の辞任

日ソ戦争の開戦過程は別稿を期している。以下では中ソ交渉のその後を中心に記そう。

重慶では、モスクワから戻った宋子文が、中ソ交渉で汚名を残すのでは、と気に病んでいた。「ソ連との協定案は、その責任者にとって政治的な破滅になる」とハーレー駐華米国大使に語り、過労と心労で自分は「壊れてしまった」と打ち明ける。[123] 宋子文は蔣介石に、中国側の要求に基づいて妥協できないのなら、ソ連に行きたくないとごねた。[124]

結局、一九四五年七月三〇日に外交部長を辞した宋子文を、蔣介石は日記で罵倒する。宋子文は対ソ外交でアメリカに頼ったが、結果はさらに不利となった。国際情勢を分かっていない。ソ連に戻って交渉を続けるというが、責任を負うのは望まず、ただ名声を求めている、と（「蔣中正日記」一九四五年七月二九日条）。[125]

連日の厳しい交渉のせいか、蔣介石も心身の不調に襲われていた。日記によると、背骨の下の方を痛め、起きるのも座るのも、体の向きを変えるのも激しく痛んだ（「蔣中正日記」一九四五年七月一一日条）。[126] 交渉の矢面に立つ二人は、心身をすり減らしていた。

それでも、交渉でアメリカの援護を望む以上、バーンズ国務長官の要請は無下にはできない。結局、宋子文はモスクワへ戻る。宋子文に代わって、外交部長となった王世杰もモスクワへ同行した。

蔣介石は疲弊しながらも、七月二八日に長文の対ソ政策を記した。ソ連はすでにアメリカを仮想敵として考えている。そうした中で中国が中立路線をとれば、ソ連は中国の中立を尊重する。しかし、アメリカ寄りの姿勢を見せれば、ソ連は手段を選ばず、中国共産党を承認して、中国を分裂させるかもしれないと予想した。

もし中国共産党に対して武力を行使すれば、ソ連は必ず満蒙などで中国共産党に傀儡政権を作らせる。しかし、八年間の戦争で疲弊している中国は、ソ連と戦えない。従って、政治と外交で了解と解決を得るしかない。ソ連は二〇年間の安定を求めている。ならば、その間に中国国内を統一し、防衛力を高めようというのが、蔣介石の立てた基本戦略だ[127]。

そのためにも、いまは新疆の反乱と中国共産党について、ソ連が支援をしないという確約を得なければならない。こうした考えから、蔣介石は条約交渉を再開させる。

中ソ交渉の再開

宋子文らが一九四五年八月七日の夕方にモスクワに戻って、中ソ交渉は再開された。中国の代表団は、同日午後一〇時一〇分から一時間半、クレムリンでスターリンと会談した[128]。

宋子文は、鉄道が中国領にあるという理由で、中東鉄道と満鉄のトップは中国人とし、中東鉄道の管理局長はソ連人に、副管理局長は中国人、満鉄の管理局長は中国人、副管理局長はソ連人にしてはどうか、と提案した。スターリンは、検討すると結論を先延ばしにした[129]。

この日の会談後、宋子文と王世杰は蔣介石に打電し、「中東鉄道の理事長と両局長の問題では、我々の提案が受入れられるかもしれない」と楽観的な見通しを述べる[130]。事態を甘く見ていたとしかいいようがない。

宋子文の再訪に先立ち、八月六日、バーンズはハリマン駐ソ米国大使に電報を送る。そして、スターリンと会談し、満洲におけるアメリカの門戸開放政策を尊重するよう、要請することをハリマンへ求めた。具体的には、大連港を国際的な自由港とすることだ[131]。

そこでハリマンは、八月八日にスターリンと会見し、大統領は、宋子文の提案はヤルタ秘密協定に合致しているので、これ以上、彼に圧力を加えないよう望んでいる、と伝えた。また故ローズヴェルト大統領は、不凍港とそれに接続する満洲の鉄道を獲得する保証を与える以上は考えていなかったと、過大な要求に釘を差した。

スターリンは、「中国人には十分に寛大に接している」と反論した。彼がいうには、「鉄道も港も、ロシア人とロシアの資本で作られたものだ」。帝政期には鉄道の警備隊がいて、いま中国側はこの特権の要求を拒絶しているが、我々は中国人の警備能力に強い疑念を抱いている。往時は管理局に中国人は一人もいなかったが、中国側の要求を容れて、半分は中国人にしようとしている。

「しかし中国人はロシア人を招かれざる、望ましくない客と考えるがゆえに、ロシア人を経営から外した地位に押し込めようとしているのだ」。

スターリンは、自分たちこそ被害者であると訴えた[132]。

ソ連の対日参戦

中ソ交渉がまだ紛糾していた一九四五年八月八日一七時（日本時間同日午後一一時）、モロトフは佐藤尚《なお》武《たけ》駐ソ大使を呼び出し、日本への宣戦布告を通告した。

ソ連の対日参戦は、中国側にも「奇襲」となった。

モロトフは、同日一九時半に、外交部長の王世杰と駐ソ大使の傅秉常を招いて、ソ連は明日より日本と戦争状態に入ると決定したと伝えた。ヤルタ秘密協定は、ドイツ降伏後から三ヶ月後の参戦を定めており、明日がその期日である。それゆえソ連は宣戦する。こう述べたモロトフは、王世杰と傅秉常と力強い握手をし、勝利を誓いあった。[133]宋子文は、ソ連の対日参戦は中ソ交渉に影響を与えないだろうと蔣介石に書き送った。これは甘い見通しだった。

蔣介石はスターリンへ、八月九日に祝電を打つ。中国国民はソ連の対日宣戦布告に大いに鼓舞された。思えば、戦争の初期にソ連は精神的にも物質的にも助けてくれた。いま我が軍は、赤軍と肩と肩を組んで戦えることを誇りに思う、など謝意が並ぶ。[134]

だが、八月九日にソ連参戦の一報を聞いた蔣介石は、「憂いと喜びは半分ずつ」だった。中国の存亡やモンゴルとの関係、さらには東方の諸民族の浮沈は自分の肩にかかっていると、重圧を感じていたのだ（「蔣中正日記」一九四五年八月九日条[135]）。

すべてはソ連との交渉次第だが、妥協は望まず、かといって妥結しないのもリスクを背負う。蔣介石のジレンマは大きい。

こじれる鉄道利権

一方、参戦したからには、一刻も早く利権を確定させてしまいたいソ連側は、中国側の主張に耳を傾けなくなってゆく。

一九四五年八月一〇日の会談は、スターリンが中国側の提案にことごとく反論して始まった。鉄道については、「我々は一つの管理組織のもとに置いて統一し、同等の支配権を持つ管理組織の創立を希望する」と述べて、鉄道分割の提案を蹴った。[136]

スターリンはその理由として、「鉄道の管理を分けてしまったら衝突は避けられない」と述べ、理事長は中国人、ナンバーツーの管理局長はソ連人を提案した。[137]ただし、支線の問題は、「ソ連は、日本人によって敷設された満鉄の支線や事業は要求しない」と譲歩した。[138]さらに、「ロシア人によって作られたものは、すべて鉄道の財産としなければならないが、鉄道の経営に直接関係があるものだけに限る」とした。[139]ただしモロトフは、石炭については別に協議を持つようにして、鉄道経営の費用と収入は折半することを提案した。宋子文は、その場でモロトフの提案は飲んでいる。

しかし、宋子文は鉄道幹部の人事は承服できない。この日の交渉で、「なぜスターリン（同志）は、中東鉄道の管理局長を中国人とする提案を受け入れられないのか」と尋ねる。スターリンは、「中東鉄道と満鉄の接続が遮断されてしまえば、旅順と大連との恒常的な連絡はできないだろう」と答え、本音をのぞかせた。[140]

蔣介石もスターリンに劣らず鉄道に執着していたから、その経営幹部の人事を譲らない。

八月一二日、蔣介石は宋子文に返信する。満鉄の管理局長は中国人を据えなければならない。中東鉄道も満鉄も、重要な資源はその東部にあり、管理局長を我が方が任命できなければ、将来はその東側の路線が「廃物」となってしまう。少なくとも、奉天と長春の二駅の駅長は、必ず中国人でなければならない、と指示している。ただ、大連港の管理長にはソ連人を任命すると、ポストの取引も指示している。[141]

中ソ友好同盟条約

蔣介石は、まだ条約締結に迷う。もし条約が結ばれなかった場合、ソ連にとっては長期的には不利だが、中国は一時的な心理的打撃を受けるにすぎないと考えたからだ（「蔣中正日記」一九四五年八月一一日条）[142]。

しかしこのあと、モスクワから矢継ぎ早に電報が打たれてきたのが、彼の決心を促した。例えば、モンゴル人民共和国との境界が決まらなければ、その独立も認められないというのが、蔣介石の示した方針だった。特に彼は、アルタイ山脈はすべて新疆に属していたのに、ソ連の地図ではモンゴル領になっているのを問題視し、必ず中国側の地図に則り妥結するよう、宋子文に命じていた[143]。

しかし、宋子文と蔣経国は、境界問題は未解決のままでも、全権を委任して欲しいと一九四五年八月一三日に電報を寄越す。特に蔣経国は、条約調印を父親に迫る。折れた蔣介石は、同日、宋子文と王世杰に未解決の問題の処理を委ねた[144]。

八月一三日、宋子文は蔣介石の意向をスターリンに伝え、交渉を始めた。そして、戦時に限り、満鉄の管理局長をソ連人にする譲歩案を出した。

しかし、スターリンは中東鉄道と満鉄の分割経営に重ねて反対した。さらに、統合した会社の管理局長は、ソ連人にすべきだと譲らない。

そこで宋子文は、管理局長の上位にある理事会の構成を、中国人六人、ソ連人五人とするよう提案したが、スターリンは五対五を主張した。その代わり、中国人理事長に拒否権を付与し、管理局長はソ連人とする交換条件を出す。宋子文は同意した[145]。こうして、経営幹部の問題で合意し、スターリンとの直接交渉は幕を閉じた。

中国側はモロトフと詳細を詰める交渉に入った。最後に議題となったのは、新しい鉄道会社の名称である。八月一四日の会談でモロトフは、「中国側はこの鉄道を中国東北鉄道と名付けるのを妥当だと思うか」と質問した。宋子文は、中国側としては中国長春鉄道にしたい、と返答した。[146] ソ連側は争わなかった。

ソ連は鉄道、中国は港で譲らず

一九四五年八月一四日、中ソ友好同盟条約が調印される運びとなった。実際は訳文のすり合わせに手間取るなどして、翌日早朝に調印されたが、前日が調印日とされた。

中国長春鉄道協定にも、モロトフと王世杰が調印した。この協定で、それまでの争点は以下のように決まる。

まず、中東鉄道と満鉄の経営は統一化され、中国長春鉄道の管理下に置かれる（第一条）。会社には理事会と管理局が置かれ、理事長は中国人、管理局長はソ連人が両国政府によって任命される（第四条）。この点はスターリンの主張がそのまま通っている。

共同経営の期間は三〇年である。その後は国民政府に無償譲渡される（第一七条）。二〇年を主張する中国側と、四〇年を主張したソ連側の、間を取る形での妥結だ。

赤軍の輸送は対日戦に限って許されたが、平時は軍需物資の輸送のみとされ、たとえ護衛であろうとも、武装した者の輸送は認められない（第一〇条）。

このように、最も肝心な人事は、ソ連側が要求を貫徹した。

一方、中国側が粘り勝ちした点もある。中でも重要なのは、ヤルタ秘密協定ではソ連が租借するはず

中ソ友好同盟条約の調印（1945年8月14日、エリツィン大統領図書館蔵）

だった旅順を、中ソ両国の共同管理に改めさせた点だ。

また大連港でも、中国側が次の譲歩を勝ち取った。

①大連を自由港とし、その行政権は中国側が持つ。

②大連港の施設や設備の半分は無償でソ連側に貸与するが、その所有権は中国側が持つ。

③ソ連海軍が大連港を軍港にするのを認めない。対日作戦時以外は、大連市内に赤軍は駐屯できない[147]。

大連湾の行政権は中国に属さねばならず、中国による大連の行政権の回収をソ連が譲ってくれないなら、中国がイギリス領だった九龍や香港を回収するのも不可能になる。王世杰はそういって、渋るスターリンを会談の終盤に説得した（「王世杰日記」一九四五年八月一〇日条）[148]。こうして、ヤルタ秘密協定で定められた「大連の自由港化」は、満洲の主権にこだわる中国側によって、一定の制約が課せられた。

モンゴルと新疆

一方、モンゴルについては、中ソ友好同盟条約の交換公文に次のように記された。

「外モンゴル人民が何度も独立の願望を示しているので、ここに中国政府は、日本の敗戦後、外モンゴル市民が投票によってこの願望が真実であることを表明した場合、外モンゴルの独立を承認すべきことを表明する。その際の国境には、現行のものを用いる」(149)。

条約締結後、蔣介石はモンゴルの独立の承認は孫文の民族主義に基づくと説明して、国内の不満を抑えようとした。それでも、独立の承認を与えることには慎重な姿勢を崩さなかった(150)。

紆余曲折を経て、モンゴルの独立の意思を問う選挙は、一九四五年一〇月二〇日に実施された。圧倒的な独立支持の結果を受けて、中国が独立を承認したのは翌年一月五日である。

独立を固めた一方で、スターリンはモンゴル人民共和国が内モンゴルを吸収するのには否定的だった。一九四五年七月二日の会談では、こう述べた。

「内モンゴルと北モンゴルのモンゴル人が統一することは、中国と我々の不利益になる」(151)。

しかし、八月九日午前三時に、赤軍とモンゴル人民革命軍の連合軍が越境し、内モンゴルへの進撃を開始する。八月一〇日午前一時四〇分（モスクワ時間の八月九日午後八時四〇分）に、モンゴル人共和国政府は、対日宣戦布告文を批准した。問題は、同日午前八時半に放送された、チョイバルサン首相の演説の一節だった。

「我々が日本帝国主義を撲滅した後には、全モンゴル人が解放され完全独立国家としてひとつの兄弟国となり統一することができるのである」。

この内容をキャッチしたハリマン駐ソ米国大使は、モンゴル人民共和国、内モンゴル、満洲のモンゴル人たちが統合することになるのではないかと、ワシントンへ伝えた(152)。

スターリンはそうした懸念を見透かしたように、八月一〇日の宋子文との会談でこう述べた。

「モンゴル人は内モンゴルを統合することを夢見ている。［中略］モンゴル人に夢を見させないようにするには、［外モンゴルの独立の］承認が与えられるべきで、もし彼らが内モンゴルを望むのなら、戦争で脅してやる」[153]。

この点については、スターリンは約束を守った。一九四六年二月二二日、スターリンはチョイバルサンと会談する。チョイバルサンは、中国内のモンゴル人に、分離を促す宣伝活動をしていると打ち明ける。スターリンは、「興安や内モンゴルで独立国家を樹立するには、中国との新たな戦争が必要になる。いま戦争は必要なのか！」と叱りつけた。スターリンは、「静かに」プロパガンダを続ける許可だけは与えた[154]。

一方、中ソ交渉でスターリンは新疆に執着しなかった。

蔣介石は新疆に強いこだわりがあった。七月七日の宋子文への電報でも、ソ連が中国共産党と新疆の反乱を今後支持しないことを、妥結の「交換条件」としている。この点について、ソ連側が抽象的な返答を寄越すなら、中国側の最大の失敗だと記す[155]。

そこで宋子文は、新疆で反乱軍が跋扈《ばっこ》しているのを問題視し、ソ連側に明確な態度を示すよう迫った。スターリンは、「新疆は中国人のものだ。我々が自国の領土でそうするように、中国人もあそこで好きなようにできる」と述べる[156]。

交換公文にも、次の一項が加えられた。

「新疆の最近の事態に関して、ソ連政府は、［中略］内政干渉の意図をもっていないことを改めて表明する[157]」。

スターリンが新疆について鷹揚だったのは、モンゴルについて中国側の譲歩を引き出すためだったと思われる。さらに、東トルキスタン共和国を樹立し、ある程度の目的も達成していたからだろう。

アメリカの軍事介入未遂

蔣介石は、一九四五年八月一五日に会談したハーレー駐華米国大使に、ソ連が旅順について譲歩したと知らせている。また、モンゴル人民共和国との国境については、「満足のゆく合意が得られた」とも述べる。そして「この条約におおむね満足していると語り」、ハーレーの奔走に謝意を示した。(158)

しかし、これは表向きの顔だ。実際には彼は条約に不満で、特に旅順の行政官の任免には、ソ連の軍事当局の同意が必要とされたことに「国体を喪った」と日記で記す。ただ「いまさら改められない」と、諦めたような感想を残している（「蔣中正日記」一九四五年八月二一日条）(159)。

中ソの妥結を苦々しく見ていた者がもう一人いる。ハリマン駐ソ米国大使である。彼は八月一〇日に、大統領と国務長官へ提案した。ソ連は宋子文への要求を釣り上げている。ただポツダムで、マーシャル陸軍参謀総長から、大連と朝鮮の港を占領する計画を聞いた。いまこそこの計画を実行し、少なくとも遼東半島と朝鮮の日本軍の降伏をアメリカ軍が受け入れるべきではないか、と。(160)

アメリカ軍が上陸すれば、これらの地域はソ連の手が及ばず、遼東半島は中国に引き渡すこともできる。しかし、ホワイトハウスには迷いがあった。対日戦を遂行するソ連に厳しい顔ができなかったのである。満洲には日本軍に捕らわれたアメリカ人の捕虜もおり、彼らの解放は赤軍の肩にかかっていた。

アメリカは、中ソ友好同盟条約が結ばれてから、ようやく行動に移る。八月一五日に、統合参謀本部は、連合国軍最高司令官のダグラス・マッカーサー（Douglas MacArthur）元帥とウェデマイヤー、チェスター・ニミッツ（Chester William Nimitz）太平洋艦隊司令長官の三人へ電報を打つ。トルーマン大統領は、大連と、どこか朝鮮の港を一つ占領するよう望んでいる。ただし赤軍が占領していなければ、という条件付きだ。(161)

これは遅すぎた。八月二二日に、赤軍が先んじて占領した大連では、中国共産党が台頭する。大連は、中国共産党が支配地域を満洲全土へ広げてゆく足がかりになった。

なおハリマンは、八月一四日にモロトフから中ソ友好同盟条約の締結を聞かされた時、要望を出す。トルーマン大統領は、中ソ両政府に、条約締結に関連して、中国の門戸開放、貿易の機会均等などに合意した旨の声明を出してもらいたいと望んでいる。そうすればアメリカの世論もこの条約を支持する、と伝えた。しかしモロトフは、「条約には、中国の他国への政策を制限する内容は含まれていない」と答えた[162]。不用意な言質を与えないモロトフの前に、ハリマンは敗北を喫した。

しかしスターリンは、八月二七日になって、満洲を含め、中国における門戸開放と機会均等を支持する声明を出すと、ハリマンに約束した[163]。未だ日ソ戦争が続いている中で、アメリカの機嫌を損ねるのは愚かだと考えたのだろう。

日本降伏

時間を少しさかのぼり、日本の降伏について記そう。

日記によると、日本のポツダム宣言受諾について蔣介石が耳にしたのは、一九四五年八月一〇日の午後八時ころだった。重慶のアメリカ軍総司令部から歓声が上がり、続いて爆竹を鳴らす音がした。副官に何事かと尋ねたら、敵が降伏したという。蔣介石はただちに調べに走らせた。すると、日本政府は「天皇の尊厳の保持」を条件に、降伏を受け入れたと分かったという(「蔣中正日記」一九四五年八月一〇日条)[164]。

このエピソードは、中国が終戦のプロセスでも、連合国から疎外されていたことを物語る。国体護持を条件に、日本がスイスを通じてアメリカと中国へ、スウェーデンを通じてイギリスとソ連へポツダム宣言受諾を通告するよう、東郷外相から各国駐箚の公使に緊急電報が打たれたのは、日本時間の八月一〇日午前九時だった[165]。蔣介石の耳に届くまで、半日近い時間差があったことになる。さらに正式な外交ルートでもなく、街角の騒ぎで知った。

この日本政府の申し出に対し、連合国では回答文が練られた。いわゆるバーンズ回答である。アメリカ側からその草案を見せられた蔣介石は、八月一一日午前に、その回答文を承諾した。

中国で降伏する日本軍（1945年、トルーマン大統領図書館蔵）

トルーマン大統領

私は各条件に同意し、ポツダム宣言の受諾に関する日本政府への回答に、閣下と名を連ねます。特に、天皇と日本の高級将領が必ず降伏条件に署名し、命令を発布するのを、降伏を有効にするための条件とするのに同意します。また、日本の最終的な政府方式が、日本人民の自由に表明される意志により決定すべきだとする条件にも同意します。後者は、私が数年来にわたり主張してきた条件です[166]

バーンズ回答を受けて、八月一四日に日本はポツダム宣言受諾を最終決定し、中立国を通じて連合国へ申し入れた。八月一五日、蔣介石はラジオを通じて勝利を宣言した。その中で、「我々は決して報復をしてはならない。まして無辜の人民に屈辱を加えたりすべきではない」と呼びかける。(167) 有名な「以徳《いとく》報怨《ほうえん》」の演説である。

この他にも、蔣介石は敗れた日本への配慮を怠らなかった。ポツダム宣言の受諾後、支那派遣軍総司令官の岡村寧次《やすじ》陸軍大将へ、蔣介石は使者を送る。心中はお察しすると挨拶し、治安維持は南京政府(旧汪兆銘政権)に日本軍と協力するよう指示した、と伝えたという。(168)

九月九日には、南京で、支那派遣軍の「受降調印式」が行われた。岡村が降伏文書へ署名し、中国戦区陸軍総司令官として、何応欽一級上将が受け取って署名した。

蔣介石がこの場に出席しなかったのは、出先の軍の司令官に過ぎない岡村とでは、地位が釣り合わないためだとされてきた。しかし、岡村の心理的負担を軽くするためだったと見る研究者もいる。何応欽は日本の陸軍士官学校の第一一期の卒業生で、日本語も堪能だ。一方、岡村は第一六期生だったから、二人は先輩後輩の間柄になる。否応なしに降伏の式典へ出席させられた岡村への配慮である。(169)

ただし、日本人戦犯のリストアップと訴追の手続きも、この時期に同時並行で進められていた。特に高官のリストには蔣介石が目を通し、誰を訴追するか最終的に決定している。(170)

苦い勝利

こうして、八年にわたる日中戦争は終結した。

しかし、蔣介石の心は晴れなかった。日本政府と軍の代表が降伏文書に調印した日に、日記にこう記している。

一五年間も「雪恥《せっち》」の日と記せなかった。今日、我が国の最大の敵国である日本が、横浜港［実際は東京湾上］で我ら連合国に対し、無条件で降伏した。五〇年来の最大の国恥と、私が長年にわたって受けて来た圧迫と屈辱を、ここに至って綺麗に雪《そそ》げた。ただ、古い恥は雪がれたものの、新たな屈辱にまた染まっている。いつになれば本当にこの恥を雪げるのか分からず、努力せねばならない。今後の「雪恥」は、新たな恥を雪ぐことだ。特にこの事を記す（「蔣中正日記」一九四五年九月二日条）(171)

「新たな恥」の詳細は記されていないが、彼が「屈辱」と感じていたのは、香港、新疆、満洲という三つの地域が、ともに大戦を戦ったはずの連合国に蚕食《さんしょく》されていたことではないか。

香港をめぐる英中対立

香港は、一九四一年末に日本軍に占領された。大戦中から、戦後に植民地統治の復活を目論むイギリスと、回収しようとする中国側が対立していた。

ここでも、調停役に立ったのはアメリカだった。

ローズヴェルト大統領は、香港は中国に返還されるべきだと考えていた。一九四五年二月八日のヤルタにおけるスターリンとの会談でも、香港が国際化された自由港になるよう望んでいたのは前述した。(172)

ハーレー駐華米国大使も、以下のエピソードをトルーマン大統領に披露した。

死の直前の一九四五年三月、ハーレーらに、ローズヴェルト大統領はこう語った。イギリス人は香港を中国に返還すべきだ。もしチャーチルが拒むのなら、彼の頭越しに、英国国王やイギリス議会に訴える。もし香港が返還されれば、中国は自由港にするだろう。この点、蔣介石は了解している。しかしチャーチルは、香港が中国に返還されるのなら、自分の屍《しかばね》を越えてゆく時だけだと私（ローズヴェルト）に語った、と。[173] ローズヴェルトは、断固反対のチャーチルを説得できなかった。

問題を再燃させたのは、トルーマン大統領が各国の首脳に発送した「一般命令第一号」の草案だった。この「一般命令第一号」では、対日占領の前提となる日本軍の戦闘停止と武装解除の手続きや、外地日本軍の降伏相手先など、軍事事項の細目が規定されていた。満洲を除く中国、台湾、北緯一六度以北の仏印の日本軍は、蔣介石に降伏するよう命じてあった。では、香港は「中国」に含まれるのか。

ロンドンでは、一九四五年八月一〇日の閣議で、ブルック英国陸軍参謀総長が以下を提案した。香港はイギリスの担当する戦区には入っていないが、アメリカ軍が香港付近で作戦を行う際、イギリス軍も随行し、香港に海兵隊を上陸させる。[174] アメリカ軍を隠れ蓑に、香港を占領しようという奇策だ。

イギリスのクレメント・アトリー（Clement Richard Attlee）首相もトルーマンへ、香港の日本軍は中国側へ降伏するよう蔣介石は主張しているが、「一般命令第一号」が「イギリス領の香港」にも適用されるのは許容できないと、強く訴える。[175]

奪われた香港

蔣介石も、一九四五年八月二一日に、イギリスによる香港の回復が、アメリカのお墨付きを得ているという噂を聞いて、トルーマンに書簡で抗議した。そして、香港の日本軍は自分に降伏するべきだと申し入れた。[176]

トルーマンはどう裁いたか。アトリー首相に宛てた書簡では、「アメリカの立場からすると、香港の降伏がイギリスの将校によって受け入れられることに異論はありません」と記す。蔣介石へは、アトリーに宛てた書簡を転送した上で、「この地域の主権はイギリスにあるのは間違いない」とし、英中間で「軍事的な調整」を行うように提言する。[177] トルーマンはイギリスに軍配を上げた。

そこで蔣介石は、イギリス軍の将校が、彼の名代として、香港で降伏を受け入れる案を出す。しかし、八月二七日にイギリス側は提案を拒否する。あくまで香港はイギリス領だとして譲らず、降伏式典に中国代表が出席するのを許しただけだ。蔣介石は同日にこの件をトルーマン大統領へ直訴し、善処を要求した。[178]

結局、中国はアメリカの後ろ盾を得られず、イギリス軍の香港進出を許してしまう。八月三〇日、香港はイギリス軍に占領された。蔣介石は、中国軍が香港を「接収」するのを許さず、イギリスが「強欲にも香港を再び占領した」のは、「痛憤已《や》む無し」だと日記に記す（「蔣中正日記」一九四五年八月三一日条[179]）。

イギリスが香港を返還するのは、一九九七年まで待たなくてはならない。

新疆の動乱は続く

しかし、蔣介石の受けた「新たな屈辱」でも、ソ連の新疆への介入や、赤軍の満洲占領は別格だろう。新疆の動乱は続いていた。一九四五年九月初めには、オスマンによってアルタイ地方の承化が攻め落とされた。ほぼ同時に、イリの東トルキスタン共和国の軍も烏蘇《ウス》を攻略して、新疆の中心都市であるウルムチに迫った。[180]

蔣介石は、赤軍の航空機が新疆を爆撃していると日記に記し、中ソ友好同盟条約はすでに破綻したという認識を示す。ソ連の中国侵略は常と変わらず、世界革命を目指そうとしているとも書く（『蔣中正日記』一九四五年九月六日、七日、八日条）。

もっとも、ソ連も新疆には手を焼いていた。

一九四五年九月一五日、政治局は、中華民国と新疆の反乱軍の間で調停役に立つと決定した。新疆の反乱軍には、交渉のための時間を確保するまで、軍事活動を停止するよう勧告する。中国側には、反乱軍は「イリやタルバガタイ、アルタイ、カシュガル」などの自治を目指していたのであって、独立を求めていたのではないと、ペトロフ駐華ソ連大使が伝えることを決めた(181)。政治局が自ら記す通り、反乱幇助から転換したこの決定には、中ソ友好同盟条約の締結が大きく影響していた。

ペトロフ大使からの調停申し入れを、中国側は受け入れる。そこで、張治中《ちょうじちゅう》がウルムチに派遣された。東トルキスタン共和国との協議は一九四五年一〇月から始まり、翌年一月に一一ヶ条の協定が結ばれた(182)。

しかしオスマンは、チョイバルサンの指示しか受けないとし、東トルキスタン共和国の権威も認めず、アルタイ地方で盤踞した。それまで新疆の反乱を支援してきたベリヤ内務人民委員も、中国との戦闘を停止させるのに苦労していることを、モロトフへ報告している(183)。

新疆の独立という「パンドラの箱」を開けたために、ソ連も新疆を統制するのは容易ではない。そこで、ソ連は強引な手段に出る。東トルキスタン政府主席のアリハーン・トラが中国との和平を拒むと、ソ連は一九四六年に彼をソ連へ拉致し、軟禁した。

なお新疆は一九五〇年に中華人民共和国に吸収され、東トルキスタン共和国も「解散」する。最後まで抵抗したオスマンも人民解放軍に捕えられ、一九五一年に処刑された。こうして、中ソに翻弄された新疆の独立運動は幕を閉じた。しかし、現在も「独立の記憶」は生き続け、新疆には火種がくすぶっている。

中国共産党と満洲

一方、満洲に目を転じると、赤軍の進攻で、中国共産党も動きを活発化させていた。アメリカ側も、ソ連参戦で中国共産党が勢いづき、中国各地に浸透するのを憂慮していた。

一九四五年八月一一日夜、ハーレー駐華米国大使は、中国側に相談せず、ある提案をバーンズ国務長官にしている。それは、中国にある日本軍の武器はすべて国民政府に引き渡すよう、日本に求める降伏条件に入れることだ。「国民政府に対抗する好戦的な勢力を武装させようとした場合、日本にペナルティを与えるべきである」とまで書く。これは、中国共産党に武器が渡らないようにするための措置だ。さらに、日本本土から押収した武器で、中国軍を武装させることも提案した。(184)

ワシントンにとっても、中国共産党はもはや「用済み」であった。八月一〇日、統合参謀本部は、中国戦区の参謀長を務めるウェデマイヤーに、中国における日本軍の降伏は、蔣介石の軍が受けるように加勢せよと命じた。中国軍が展開する地域は、中国の他にも台湾や朝鮮、日本本土が予定されていた。(185)

だが、ワシントンからの指示は一歩遅かった。八月一〇日から翌日にかけて、中国共産党の第一八集団軍総司令の朱徳が、各部隊を満洲へ動かすように命じた。赤軍に呼応して、日本軍や満洲国軍の降伏を受け入れるのに備えるためだ。蔣介石は八月一一日に、勝手に降伏を受け入れないように朱徳に釘を刺したが、あとの祭りだった。(186)

日本のポツダム宣言受諾後に、満洲国皇帝の愛新覚羅溥儀《あいしんかくらふぎ》は退位し、満洲国は「解散」する。ソ連の赤軍が満洲国の首都だった新京（長春）を占領し、満洲国は名実ともに消滅した。しかし、赤軍の妨害や中国共産党の進出で、満洲全土が国民党の支配下に入ることはなかった。

張家口の争奪戦

スターリンが中国共産党を助けているのかは、アメリカも注視していた。一九四五年八月二七日に、スターリンと会談したハリマン駐ソ米国大使は、中国共産党と連絡を取り合っているかと、単刀直入に尋ねた。まだだとスターリンは答える。そして、「中国に二つの政府を持つなど愚かなことだ」し、蔣介石にはいま中国を統一するチャンスがめぐって来ていると述べた。しかし、蔣介石の軍は南にとどまり、満洲や「内モンゴル」の占領のために派兵していない。蔣介石は張家口から北京（北平）の地域まで赤軍が進出するのを恐れているのだろうが、両市を占領するつもりはなく、満洲に中国共産党の部隊はいないともスターリンは語った[187]。

日本側の記録は異なる。日本軍の停戦後も南進した赤軍とモンゴル人民革命軍は、八月一九日に張家口近くに進出し、日本軍を攻撃した。国民政府への投降を予定していた日本軍は、万里の長城内への両軍の侵入を停戦交渉で拒否したが、受け入れられなかった。結局、八月二一日に日本軍は撤退し、両軍が張家口を占領する。赤軍はそのまま南下し、八月三一日には山海関《さんかいかん》、秦皇島《しんのうとう》も占領した[188]。これにより、中国軍が満洲へ陸路で進出するのは困難になる。代わって、満洲へは中国共産党が容易に進出できた。

張家口には一万あまりの中国共産党軍が集結し、ソ連機が絶えず爆撃しているという報告は、蔣介石にも入っていた。彼は、赤軍が張家口を放棄するように日本軍へ迫り、中国共産党に使わせているのではないかと、事態を正確に推測している。また赤軍は、北京や天津まで南下するつもりだろうとも予測した。もっとも、中ソ友好同盟条約は結ばれたし、約束通りに赤軍が撤退したら、中国共産党軍は自分の移動命令を受け入れざるを得ないから、大局には影響しないと楽観している（「蔣中正日記」一九四五年八月三一日条）[189]。

国共内戦の帰結

蔣介石と違って、アメリカ側は中国共産党について冷静に分析し、前途を悲観する者も少なくなかった。

その一人が、エドウィン・ロック（Edwin A. Locke, Jr.）である。銀行勤務を経て、ローズヴェルト政権に参画し、戦時生産委員会委員長補佐官を務めた経歴の持ち主だ。大統領特使として中国へ赴く彼は、一九四五年八月二〇日に、中国共産党を侮らないよう、トルーマン大統領へ警告した。

もし中国で内戦が起きれば長引き、コストもかかるでしょう。私は、中央政府［国民政府］がすぐに勝利を収めることはできないと確信していますし、実際のところ、中央政府が勝てるかどうかも甚だ疑問に思っています。彼らは日本との戦争に先立つ一〇年の間ずっと、今よりもはるかに有利な状況で共産党員を滅ぼそうとしましたが、失敗しました。共産党員は、いまはおそらく中央政府の軍隊よりも装備は劣るが、非常に規律正しく、またうまく防備が施された比較的堅固な地域にしっかり根を下ろし、ゲリラ戦に熟練し、巧みに統率されている。彼らの戦績は中央政府よりもはるかに優れていると、我々［アメリカ］の陸軍の多くの者がいいます。もし彼らがかなりの量の日本の武器を手に入れることができれば（可能性は高い）、彼らはさらに手ごわい敵になるでしょう(190)。

さらにロックは、中国の内戦が世界に及ぼす影響についても記す。

中国の内戦は、全世界にとって経済的な大惨事となるでしょう。［まず］必然的に、中国は甚大な破壊を被る。中国が望む、早期発展の希望も打ち砕かれる。中国が発展するには安定が必要です。安定し、発展する中国は、世界の工業国の製品にとって、非常に大きな、成長が見込めるマーケットになる。［しかし］中国の内乱が長引けば、世界が国際貿易を最も必要としている時に、そのマーケットを大幅に減退させてしまう。どちらの側が勝っても、中国と世界にとっては負けなのです(191)

ロックは、国共どちらが勝利しても、中国の内戦は世界の損失だと、早々に見抜いていた。彼の懸念は、やがて現実となる。

アメリカの仲介で、中国共産党と国民党は、一九四五年一〇月一〇日に双十協定を結んで、「平和団結」、「和平建国」を確認した。しかし蔣介石は、内心でスターリンと毛沢東を次なる敵と見なしていた。その上で、彼は次のように自らを戒めた。

「九一八事変［満洲事変］以来、今日ほど党と国の危機が甚だしいことはなかった。もしわずかでも慎重さを欠けば、ソ連のスターリンは、共産党の毛沢東の口を借りて、私を罪に陥れる」（「蔣中正日記」一九四五年九月八日条(192)）。

そこで、蔣介石が九月八日の日記に記した対抗策は、日本軍の降伏と武装解除を国民党が行い、その次に満洲を取り戻し、ソ連が中国に約束している義務を履行させることだ(193)。

結論からいうと、彼の計画は早々に破綻した。赤軍の満洲からの撤退は一九四六年春まで遅れ、その間に、満洲では中国共産党が勢力を伸ばした。

日本軍の武装解除も、満洲や華北では、中国共産党が受け付けることが多々あった。日本軍から獲得し、ソ連からも流された武器で中国共産党の軍隊は強化された。一時は満洲の主要都市を支配下に収めた国民党も、強化された中国共産党に満洲を追い出された。

劣勢を挽回できぬまま、国民党は内戦で次々と敗れ、蔣介石は台湾へ一九四九年に逃亡する。こうした苦境を背景に、蔣介石の書簡外交は続いてゆくが、大戦後の詳細は別稿に譲る。

おわりに

蔣介石にとって、外交は日中戦争を勝ち抜くためのもう一つの戦場だった。日中戦争で追い詰められているとはいえ、中国の正式な政府を率いる彼の書簡を、各国の首脳も無下にはできなかった。否が応でも、蔣介石と同じ戦場に立たざるを得なかった彼らは、蔣介石と駆け引きを続ける。そのため、往復書簡は外交の最前線となった。

蔣介石の書簡は、戦時下で米英ソから軍事的、経済的な支援を引き出すのに少なからず貢献している。特に、借款の申し込みや武器の購入では、蔣介石の「トップセールス」が効を奏し、各国はそれらの増額にしばしば応じた。

とはいえ、各国の首脳も、冷静に国際情勢を分析し、自国の国益を最優先にして対華外交を展開した。そのため、蔣介石の書簡が果たした役割を過大評価してはならないが、彼の外交を探る上で必須の史料であることは、本書を通じて明らかにできたであろう。

振り返ると、一九三一年の満洲事変後、中国が単独では日本に対抗できなかった所から話が始まる。そこで、蔣介石は提携する国を探した。

最初に白羽の矢を立てたのが、友好関係にあるドイツやイタリアだ。米英仏ソから積極的な援助が得られない中で、両国は蔣介石の期待に応えた。中国からは資源を、独伊両国からは武器と、国防への助言を得るという取引だった。イタリアとの関係は日中開戦から間もなく行き詰まったが、中独貿易は一九四一年まで続く。

さらに蔣介石は、ソ連に政治的な提携を求め、満洲事変後に秋波を送っていた。彼は一九三七年からスターリンへの書簡攻勢を強めるが、その主な内容は四つに分類できる。
①ソ連が日中戦争へと直接介入し、ともに日本軍と戦うよう願う。
②ソ連に同盟国となるよう誘い、中ソで抗日統一戦線戦を組む。
③日本と戦うための軍需物資をソ連へ懇願する。
④一一月七日のロシア革命記念日や、スターリンの誕生日の祝電など。
蔣介石にとっては、①の対日参戦が最も望ましく、②の同盟樹立、③の武器援助と希望順位が下がってゆく。しかしソ連は、日本の矛先が中国に向かっていればこそ自国は安泰と考えていたから、わざわざ参戦するはずもない。①は無理でも、②や③でスターリンを動かしたい。ゆえに、蔣介石からの書簡は途切れなく送られた。

蔣介石はスターリンにすがるしかなかった。一九三七年からの四年間、中国に武器を支援してくれる数少ない国で、参戦すれば日本陸軍を釘付けにできる国はソ連だけだったからだ。

ただ、蔣介石は決して「向ソ一辺倒」にはならなかった。ソ連に頼りつつも、米英にも欠かさず支援を要請し、外交上の保険をかけ続けた。日中戦争前から抱くソ連への不信感が、そうした全方位外交の背景にはあった。ゆえに、蔣介石の外交を二国間関係の枠組みのみで分析するのは限界がある。

一九四一年六月の独ソ開戦でソ連が中国を支援する余裕がなくなり、同年一二月の日米開戦でアメリカの支援が巨大になると、中ソは疎遠になる。転機は一九四四年だった。新疆でのムスリムの反乱や、

「大陸打通作戦」の背後にソ連の影を見た蔣介石は、戦後の敵はソ連と考えるようになった。

ただ蔣介石は、スターリンにはねじれた親近感を抱いていた。日記にはこうある。

「いま中国の実情を良く分かっているのはロシアだけで、イギリスがそれに次ぐ。私についてよく知っているのはスターリン唯一人に過ぎず、いまスターリンをよく知る者は、恐らく私一人だけだろう。だからスターリンは、私にとって本当に生涯の知己だ」（「蔣中正日記」一九四五年五月五日条）[1]。

一方、日本の南進が触媒となって、日中戦争前から中米英の結束は深まっていた。日本が英米蘭と開戦すると、中国は、アメリカへの依存を強める。米中関係は一九四三年に最高潮を迎えた。この年に、蔣介石はカイロ会談に招かれ、戦後のアジアについて大統領と幅広く意見を交換している。蔣介石は、アジアにおける連合国の指導者として認められた。

しかしカイロ会談の直後から、中国の国際的な地位は低下する。テヘラン会談の席上、ドイツ降伏後にソ連が対日参戦するとの口約束がなされた。それもあって中国は、対日戦の脇役に追いやられる。

一九四四年から、米英ソは対日戦の構想を練るが、中国は一連の会議に招かれなかった。長らく日本と戦ってきた中国が蚊帳の外に置かれたのは、蔣介石の書簡外交の限界を示す。

中国の地位が凋落した原因は他にもある。第一に、太平洋での戦いが順調で、アメリカが中国を日本攻略のパートナーとして重視しなくなったことだ。第二に、日本軍の「大陸打通作戦」に中国軍がまともに反撃できず、アメリカの信用を失った。さらに、蔣介石がそのようなアメリカ人の蔑視を感じ取り、中国に駐在するアメリカ人たちと感情的な衝突を繰り返したことである。これが第三点だ。

第四の要因はイギリスだ。チャーチル首相とイギリスの軍人たちのヨーロッパ重視、そして中国蔑視は、連合国の戦略に影響を与えた。中国に同情的で、ビルマへの反攻にも理解を示すローズヴェルト大統領の方針を、チャーチルは覆し、ヨーロッパに戦力を集中させた。チャーチルと蔣介石の反りが合わなかった理由は、インドをはじめとする植民地の問題だけでない。こうした基本戦略の溝が埋まらなかったからである。蔣介石は、ビルマで連合国の陸海空軍の総力を結集し、アジア版のノルマンディー作戦が敢行されるのを夢見たが、米英の協力が得られず、構想は潰えた。

さらに、イギリスと中国は、アメリカの戦争資源を奪い合うライバルでもあった。蔣介石は、物事がうまくゆかないとソ連の陰謀を疑うのが常だったが、チャーチルの影響力こそ考慮すべきだった。もっとも、アジアよりもヨーロッパを重視していたのは、程度の差こそあれ、米英ソいずれも変わらない。

再び中国が首脳たちの話題になったのは、一九四五年二月のヤルタ会談だ。しかし、中国はもはや対日戦略を議論する側ではなかった。中国が話題になったのは、対日参戦の代償にソ連へ引き渡される利権についてだ。それも中国側に相談なく決められた。そうして決まったヤルタ秘密協定も、なかなか開示されず、原爆投下やソ連参戦の日時も、中国側に最後まで伏せられた。これら一つとっても、中国の地位の低下は明らかである。

ここまで軽視されたのは、ローズヴェルトが日本を降伏させるのに、中国ではなく、ソ連を切り札にしたことにある。後任の大統領であるトルーマンもその方針を踏襲し、一九四五年には、蔣介石と中国軍へ期待する声は消滅していた。

アメリカでも、対日戦の報奨に、実質的に満洲をソ連に引き渡すことになると、危険を認識していた者はいた。ローズヴェルト自身、ハリマン駐ソ米国大使がソ連の対日作戦を披露した一九四四年一一月一〇日に、「ロシア人たちは［満洲に］入ったら出て行くのだろうか」と懸念を述べた。(2)

ただ、一日でも早く日本に勝利し、戦争を終わらせる誘惑に、アメリカ人たちは勝てなかった。そのために犠牲となったのは、中国の主権である。

このように、蔣介石の外交は米英ソ各国に支えられたが、同時に振り回された。一九三九年の独ソ不可侵条約、一九四〇年のビルマ・ルート閉鎖、一九四一年の日ソ中立条約、一九四三年のビルマ進攻作戦の延期など、各国に裏切られたのは一度や二度ではない。

国際情勢に翻弄されたのは、中国自身に力がなかったためだ。具体的には、日本軍を食い止める軍事力、航空機など近代的な兵器を量産する科学技術力、戦時下でも国民生活を安定させる経済力に欠けていた。蔣介石もそのことには忸怩たる思いあったので、彼の日記には、しばしば「自強」や「自立」の文字が見える。

それでも、眼前の苦境を脱するには、欧米列強に頭を下げて支援を乞うしかなかった。あえて書名を記さないが、これを蔣介石の「無心外交」と評した者もいる。しかし、国家や国民が危急存亡の時に、頭も下げられない政治家など無用である。否、むしろ有害だろう。

日本に対抗するためなら、ヒトラー、ムッソリーニ、スターリン、チャーチル、ローズヴェルトと、次々に頼った蔣介石を、節操がないと非難するのもたやすい。しかし、このようなしたたかさを、同時代の日本の政治家や外交官、軍人たちはついに持ち合わせなかった。ナチスを滅亡まで見限れず、最後は世界の孤児となり、絶望的な戦争を国民に強いたのを思えば、外交という無形の戦場で、誰が勝者だったかは明らかだろう。

註

第六章

（1）ウィンストン・チャーチル（毎日新聞社編訳）『第二次大戦回顧録　抄』中公文庫、二〇〇一年、一四七頁。

（2）「邱吉爾函蔣中正新任駐華大使薛穆請予最大之信任」蔣中正総統文物（國史館）、史料番号 002-020300-00040-017.『蔣中正先生年譜長編』第七冊、二一一～二一二頁。

（3）イギリスの戦略は次のようにまとめられよう。「英国の大戦略は、主として、本国に対するドイツの脅威を封じ込める必要から組み立てられていた。二つ目の重大な関心事項は、死活的な中東からの石油供給と併せて、大西洋と地中海を経由する英国の生命線を防護することであった。マレーとシンガポールの防衛は優先事項の最下位に置かれていたのである」。ダグラス・E・フォード「太平洋戦争前夜におけるイギリスの極東戦略——一九四一年」『戦争史研究国際フォーラム報告書　第七回』防衛省、二〇〇九年、四七頁。

（4）ヘンリー・プロバート（池田清訳）「イギリスの戦略と極東戦争」細谷千博編『日英関係史——一九一七～一九四九』東京大学出版会、一九八二年、一二〇頁。

（5）"Memorandum of Conversation, by the First Secretary of Embassy in China (Vincent)," 30 December 1941, *FRUS, 1942, China*, pp. 429-430.

（6）"Sir Frederick Phillips of the British Purchasing Mission to the Secretary of the Treasury (Morgenthau)," 3 January 1942, *FRUS, 1942, China*, pp. 421-422.

（7）"The Secretary of State to President Roosevelt," 31 January 1942, *FRUS, 1942, China*, p. 454.

（8）"President Roosevelt to Generalissimo Chiang Kai-shek," 6 February 1942, *FRUS, 1942, China*, pp. 456-457.「羅斯福電蔣中正五億美元經濟援助已經參眾二院通過而宣告成立」蔣中正総統文物（國史館）、史料番号 002-020300-00031-016.『蔣中正先生年譜長編』第七冊、三〇頁。

(9) 「蔣中正電羅斯福代表全國軍民致謝美國議會無條件通過中國五萬萬美元借款有助於中國經濟與加強抗戰力量並待回重慶後詳報用度計畫」蔣中正總統文物(國史館)、史料番号 002-090103-00002-060.『蔣中正先生年譜長編』第七冊、三〇頁。

(10) 章百家「中國為抗日尋求外國軍事援助與合作的經歷」『中共党史研究』二〇〇七年第五期、二三頁。『ブリタニカ百科事典』によると、武器貸与法によるアメリカの援助額は四九一億ドルで、その内イギリス連邦構成諸国に六三パーセント、ソ連に二二パーセントが支出された。https://www.britannica.com/topic/lend-lease[二〇二〇年七月二二日参照]。

(11) 藤井元博「中国国民政府の対日戦略と軍事作戦——一九四二年のビルマ戦を事例として」『戦史研究年報』二二号、二〇一九年、一七頁。

(12) 『蔣中正先生年譜長編』第六冊、六八三頁。

(13) Mitter, *China's War with Japan,* p. 253.

(14) "The Ambassador in China (Gauss) to the Secretary of State," 10 March 1942, *FRUS, 1942, General; the British Commonwealth; the Far East, Vol. I,* p. 614.

(15) "From Chiang Kai-shek to Winston Churchill," 17 April 1942, The Churchill Papers (CHAR 20/73/120-123), Churchill Archives Centre (Cambridge).

(16) "From Prime Minister to General Chiang Kai-shek," 26 April 1942, The Churchill Papers (CHAR 20/74/39-40), Churchill Archives Centre (Cambridge).

(17) アーサー・ブライアント編(新庄宗雅訳)『参謀総長の日記——英帝国陸軍参謀総長アランブルック元帥 一九三九〜一九四三』フジ出版社、一九八〇年、三五〇頁。

(18) "President Roosevelt to Generalissimo Chiang Kai-shek," 21 April 1942, Franklin D. Roosevelt, Papers as President: Map Room Papers, 1941-1945, Box 10. (Franklin D. Roosevelt Presidential Library & Museum). http://www.fdrlibrary.marist.edu/_resources/images/mr/mr0059.pdf[二〇一九年一一月一五日参照]。

(19) "The Ambassador in China (Gauss) to the Secretary of State," 8 May 1942, *FRUS, 1942, China,* pp. 43-44.

(20) "Madame Chiang Kai-shek to Mr. Lauchlin Currie," 23 May 1942, *FRUS, 1942, China,* p. 55.

(21) 『蔣中正先生年譜長編』第七冊、一〇八頁。

(22) 抗戦歴史文献研究会編『蔣中正日記 民国三一年』、八四頁。

(23) "Generalissimo Chiang Kai-shek to President Roosevelt," 27 May 1942, *FRUS, 1942, China,* p. 57.

(24) 『蔣中正先生年譜長編』第七冊、一七二〜一七三頁。

（25）寺山『スターリンと新疆』、五〇〇頁。

（26）“The Ambassador in the Soviet Union (Standley) to the Secretary of State,” 3 July 1942, *FRUS, 1942, China,* p. 600.

（27）*Министерство иностранных дел СССР,* Советско-американские отношения во время Великой Отечественной войны, 1941 - 1945: документы и материалы. М.,1984. Т. 1. С. 215.

（28）新井政美・八尾師誠「現代のトルコ、イラン」永田雄三編『新版世界各国史［九］西アジア史Ⅱ――イラン・トルコ』山川出版社、二〇〇二年、四三一～四三二頁。

（29）ДВП СССР. Т. 26. Кн.1. 2 январь - 31 августа 1943 г. М., 2016. С. 632-635.

（30）寺山『スターリンと新疆』、五〇二頁。

（31）“Memorandum by Captain Roscoe E. Schuirmann of the Office of the Chief of Naval Operations,” 2 July 1942, *FRUS, 1942, China,* p. 202.

（32）“President Roosevelt to Generalissimo Chiang Kai-shek,” 9 February 1942, *FRUS, 1942, China,* p. 13.

（33）「蔣中正電羅斯福請將 DC 四式四馬達運輸機提先作中印運輸用」蔣中正総統文物（國史館）、史料番号 002-020300-00016-068. “Generalissimo Chiang Kai-shek to the Chinese Minister for Foreign Affairs (Soong),” 1 June 1942, *FRUS, 1942, China,* p. 62.

（34）“President Roosevelt to Generalissimo Chiang Kai-shek,” 27 June 1942, *FRUS, 1942, China,* p. 89.

（35）「蔣中正電羅斯福以大西洋憲章為基礎此將為中國等共同作戰之一大貢獻」蔣中正総統文物（國史館）、史料番号 002-020300-00029-005.『蔣中正先生年譜長編』第七冊、七～八頁。”The Coordinator of Information (Donovan) to President Roosevelt,” 9 January 1942, *FRUS, 1942, China,* p. 3.

（36）『蔣中正先生年譜長編』第七冊、二一八頁。

（37）『蔣中正先生年譜長編』第七冊、二二〇頁。

（38）段瑞聡「一九四二年蔣介石のインド訪問」慶應義塾大学日吉紀要刊行委員会『中国研究』三号、二〇一〇年。

（39）「邱吉爾電蔣中正在華爾達訪甘地影響集中全印度力量對抗日本之努力」蔣中正総統文物（國史館）、史料番号 002-020300-00021-015.『蔣中正先生年譜長編』第七冊、三三三頁。この書簡を、チャーチルは自身の回顧録に引用している。実際の書簡と内容に違いはないが、回顧録では助詞や冠詞などに修正が加えられている。Winston Churchill, *The Second World War. Vol. 4, The Hinge of Fate* (New York: Mariner, 1986), p. 183.

（40）『蔣中正先生年譜長編』第七冊、三二一頁。

（41）Mahatma Gandhi, *The Collected Works of Mahatma Gandhi, Vol. 75* (New Delhi: The Publications Division Government of India, 1979), pp. 306-307.「甘地於二月十一日十二日十三日致蔣中正函電」蔣中正総統文物（國史館）、史料番号 002-080106-00071-

010.

（42） Gandhi, *The Collected Works of Mahatma Gandhi, Vol. 75*, pp. 333-334.

（43） Gandhi, *The Collected Works of Mahatma Gandhi, Vol. 75*, p. 359.

（44）『蔣中正先生年譜長編』第七冊、三八頁。段「一九四二年蔣介石のインド訪問」、一二七頁。

（45） "The Chinese Minister for Foreign Affairs (Soong) to President Roosevelt," 25 February 1942, *FRUS, 1942, Vol. I*, pp. 604-606.

（46） Kimball, *Churchill & Roosevelt: The Complete Correspondence, Vol. I*, p. 373.

（47） 長崎暢子「ガンディー時代」辛島昇編『世界歴史大系［七］――南アジア史』山川出版社、二〇〇七年、四一七頁。

（48） "Madame Chiang Kai-shek to President Roosevelt," 23 April 1942, *FRUS, 1942, Vol. I*, p. 639.

（49）『蔣中正先生年譜長編』第七冊、一四三頁。

（50） "India: Source not stated No 901. Talk with Chiang Kai Shek about the Indian political situation," 27 June 1942, FO 954/12A/140, The National Archives, Kew.

（51） Mahatma Gandhi, *The Collected Works of Mahatma Gandhi, Vol. 76* (New Delhi: The Publications Division Government of India, 1979), pp. 223-224.「甘地函蔣中正爭取印度獨立任何行動以不妨害中國為準則」蔣中正総統文物（國史館）、史料番号 002-020300-00022-018.

（52） Gandhi, *The Collected Works of Mahatma Gandhi, Vol. 76*, p. 224.「甘地函蔣中正爭取印度獨立任何行動以不妨害中國為準則」蔣中正総統文物（國史館）、史料番号 002-020300-00022-018.

（53） Gandhi, *The Collected Works of Mahatma Gandhi, Vol. 76*, p. 225.「甘地函蔣中正爭取印度獨立任何行動以不妨害中國為準則」蔣中正総統文物（國史館）、史料番号 002-020300-00022-018.

（54） 長崎暢子『インド独立――逆光の中のチャンドラ・ボース』朝日新聞社、一九八九年、一七〇～一七三頁。

（55） Gandhi, *The Collected Works of Mahatma Gandhi, Vol. 76*, p. 225.「甘地函蔣中正爭取印度獨立任何行動以不妨害中國為準則」蔣中正総統文物（國史館）、史料番号 002-020300-00022-018.

（56） 抗戦歴史文献研究会編『蔣中正日記　民国三一年』、八四頁。

（57）「蔣中正函甘地印度局勢當有公正解決現望同盟國一致抗日侵略」蔣中正総統文物（國史館）、史料番号 002-020300-00022-024.『蔣中正先生年譜長編』第七冊、一四六頁。

（58）「甘地函蔣中正努力為援助中國與防止日軍侵略並避免緬甸悲劇重演」蔣中正総統文物（國史館）、史料番号 002-020300-00022-037.

(59)「蔣中正電羅斯福印度局勢演變關係同盟國間利弊得失速定正確方針」蔣中正総統文物（國史館）、史料番号002-020300-00022-041. "Generalissimo Chiang Kai-shek to President Roosevelt," 25 July 1942, *FRUS, 1942, General; the British Commonwealth; the Far East, Vol. I*, pp. 695-698.『蔣中正先生年譜長編』第七冊、一六六頁。

(60) Kimball, *Churchill & Roosevelt: The Complete Correspondence, Vol. I*, p. 550. なお、「条約によって義務を負う人々」とは、英領インドの半独立の王侯（藩王）領に住む人々のことだ。王侯領は藩王国とも呼ばれ、イギリスの統治に協力したとして存続が認められていた。王侯は個別にイギリス政府と条約を結び、限定された内政権のみ認められた。

(61) "President Roosevelt to Generalissimo Chiang Kai-shek," undated, *FRUS, 1942, General; the British Commonwealth; the Far East, Vol. I*, pp. 705-706.「羅斯福電蔣中正印度局勢見解與鄙見相同建議將作參考」蔣中正総統文物（國史館）、史料番号002-020300-00022-052.

(62)「蔣中正電羅斯福由於甘地尼赫魯等被捕請速定方針以緩和印度局勢」蔣中正総統文物（國史館）、史料番号002-020300-00022-059.『蔣中正先生年譜長編』第七冊、一八四頁。

(63) "Far East: Chungking telegram No 1134. Talk with Chiang Kai Shek about the Indian problem," 12 August 1942, FO 954/6C/592, The National Archives, Kew.

(64) "President Roosevelt to Generalissimo Chiang Kai-shek," 12 August 1942, *FRUS, 1942, General; the British Commonwealth; the Far East, Vol. I*, p. 614.

(65) Kimball, *Churchill and Roosevelt: The Complete Correspondence, Vol. I*, p. 558.

(66)「邱吉爾函蔣中正對解決印度問題之態度」蔣中正総統文物（國史館）、史料番号002-020300-00022-073.

(67)『蔣中正先生年譜長編』第七冊、二〇八頁。

(68) "Far East: Chungking telegram No 1327. Talk with Chiang Kai Shek," 24 September 1942, FO 954/6C/596, The National Archives, Kew.

(69) 竹中千春『ガンディー――平和を紡ぐ人』岩波新書、二〇一八年、一四八～一四九頁。

(70)『蔣中正先生年譜長編』第七冊、二九六頁。

(71)『蔣中正先生年譜長編』第七冊、四七八頁。

(72) 王建朗（石川誠人訳）「抗戦時期国民政府の版図構想とその変化についての試論」山田、松重編『蔣介石研究』、五四八頁。

第七章

（1）等松春夫「日中戦争と太平洋戦争の戦略的関係」『日中戦争の国際共同研究［二］』、三九六頁。

（2）"Memorandum by the United States Chiefs of Staff," 18 November 1943, *FRUS, The Conferences at Cairo and Tehran, 1943,* pp. 238-239.

（3）"From British Embassy, Chungking to Eden," 4 February 1943, FO 371/ 35799, The National Archives, Kew.

（4）"Memorandum of Conversation, by the Ambassador in China (Gauss)," 3 March 1943, *FRUS, 1943. China,* p. 16.

（5）『蔣中正先生年譜長編』第七冊、三一七頁。

（6）『蔣中正先生年譜長編』第七冊、三三五頁。

（7）『蔣中正先生年譜長編』第七冊、三六〇頁。

（8）『蔣中正先生年譜長編』第七冊、二二六～二二七頁。

（9）"President Roosevelt to Generalissimo Chiang Kai-shek," 10 October 1942, Franklin D. Roosevelt, Papers as President: Map Room Papers, 1941-1945, Box 10. (Franklin D. Roosevelt Presidential Library & Museum). http://www.fdrlibrary.marist.edu/_resources/images/mr/mr0059.pdf［二〇一九年一一月一五日参照］。「羅斯福電蔣中正居里報告空軍第十大隊續參中國戰區各中隊歸陳納德指揮」蔣中正総統文物（國史館）、史料番号 002-020300-00017-014.『蔣中正先生年譜長編』第七冊、二二七～二二八頁。

（10）「蔣中正電羅斯福中國空軍反攻緬甸時受陳納德指揮增強中印空運所需運輸機」蔣中正総統文物（國史館）、史料番号 002-020300-00017-015.『蔣中正先生年譜長編』第七冊、二四三頁。"Generalissimo Chiang Kai-shek to President Roosevelt," 14 November 1942, Franklin D. Roosevelt, Papers as President: Map Room Papers, 1941-1945, Box 10. (Franklin D. Roosevelt Presidential Library & Museum). http://www.fdrlibrary.marist.edu/_resources/images/mr/mr0059.pdf［二〇一九年一一月一五日参照］。

（11）「羅斯福電蔣中正已控制地中海南岸軍火運輸時間上可格外便利」蔣中正総統文物（國史館）、史料番号 002-020300-00017-016.

（12）「蔣中正電羅斯福雲南部隊準備完成照盟軍所擬春季攻緬」蔣中正総統文物（國史館）、史料番号 002-020300-00017-017.

（13）"President Roosevelt to Generalissimo Chiang Kai-shek," 2 January 1942, Franklin D. Roosevelt, Papers as President: Map Room Papers, 1941-1945, Box 10. (Franklin D. Roosevelt Presidential Library & Museum). http://www.fdrlibrary.marist.edu/_resources/images/mr/mr0060.pdf［二〇一九年一一月一五日参照］。

（14）「蔣中正電羅斯福英海軍並無準備在孟加拉灣作戰反攻緬甸計畫將被打消」蔣中正総統文物（國史館）、史料番号 002-020300-00017-020. この書簡は、以下によると、一月八日に出されたことになっている。『蔣中正先生年譜長編』第七冊、二七六～二七七頁。しかし、ローズヴェルトは一月七日一八時にチャーチルへその内容を知らせている。これは、重慶とワシントンとの時差によるのだろう。

(15) "President Roosevelt to Generalissimo Chiang," 9 January 1943, *FRUS, The Conferences at Washington, 1941-1942, and Casablanca, 1943,* p. 516.

(16) 『蔣中正先生年譜長編』第七冊、二三四頁。

(17) 『蔣中正先生年譜長編』第七冊、二七七頁。

(18) Kimball, *Churchill & Roosevelt: The Complete Correspondence*, *Vol. II,* pp. 112-113. もっとも、大統領の考えるビルマでの作戦は限定的なものだ。一九四三年一月七日の統合参謀本部との会議で、大統領は「ビルマ作戦」という言葉を使うべきではなく、単にビルマ・ロードを開通させるだけだと示す作戦名にするよう主張した。また、ラングーンを占領する必要性はないとも述べた。マーシャル陸軍参謀総長も、現在検討されている作戦は、ビルマ・ロードの開通を目指し、地域もビルマ北部に限定されると説明した。そこで作戦名は、「ビルマ・ロード作戦」と決まった。"Joint Chiefs of Staff Minutes of a Meeting at the White House," 7 January 1943, *FRUS, The Conferences at Washington, 1941-1942, and Casablanca, 1943,* p. 508.

(19) Kimball, *Churchill & Roosevelt: The Complete Correspondence*, *Vol. II,* pp. 116-117.

(20) "The Chinese Minister for Foreign Affairs (Soong) to Mr. Harry Hopkins, Special Assistant to President Roosevelt," 3 July 1942, *FRUS, 1943 China,* p. 53.

(21) "Final Report of the Combined Chiefs of Staff to the President and the Prime Minister," 23 January 1943, *FRUS, The Conferences at Washington, 1941-1942, and Casablanca, 1943,* p. 797.

(22) "Combined Chiefs of Staff Minutes," 17 January 1943, *FRUS, The Conferences at Washington, 1941-1942, and Casablanca, 1943,* p. 603.

(23) "Combined Chiefs of Staff Minutes," 14 January 1943, *FRUS, The Conferences at Washington, 1941-1942, and Casablanca, 1943,* p. 555.

(24) "Combined Chiefs of Staff Minutes," 18 January 1943, *FRUS, The Conferences at Washington, 1941-1942, and Casablanca, 1943,* p. 630.

(25) "President Roosevelt and Prime Minister Churchill to Generalissimo Chiang," 25 January 1943, *FRUS, The Conferences at Washington, 1941-1942, and Casablanca, 1943,* pp. 807-808.

(26) Reynolds and Pechatnov, *The Kremlin Letters*, p. 200.

(27) 「邱吉爾電蔣中正如德國敗在日本以前英將軍隊調往遠東對日作戰消」蔣中正総統文物（國史館）、史料番号 002-020300-00017-023.

(28) "From Generalissimo Chiang Kai-shek to Prime Minister and President Roosevelt," 31 January 1943 (Churchill Archives Centre, Churchill Papers, CHAR 20/105/112).

(29)『蔣中正先生年譜長編』第七冊、二八四頁。

(30) "From Headquarters of the Generalissimo to Prime Minister," 7 February 1943 (Churchill Archives Centre, Churchill Papers, CHAR 20/102).

(31)『蔣中正先生年譜長編』第七冊、二九〇～二九一頁。

(32)『宋子文駐美時期電報選』、一八三、四九八～四九九頁。

(33) "Memorandum by the British Chief of Staff," 12 May 1943, *FRUS, Conferences at Washington and Quebec, 1943*, p. 226.

(34) "Combined Chiefs of Staff Minutes," 12 May 1943, *FRUS, Conferences at Washington and Quebec, 1943*, p. 28.

(35) Christopher M. Bell, *Churchill and Sea Power* (Oxford: Oxford University Press, 2012), p. 292.

(36) "Memorandum by the United States Joint War Plans Committee," 9 August 1943, *FRUS, Conferences at Washington and Quebec, 1943*, p. 433.

(37) "Meeting of the Combined Chiefs of Staff with Roosevelt and Churchill, 2:30 p.m.," 12 May 1943, *FRUS, Conferences at Washington and Quebec, 1943*, pp. 31-32.

(38) Reynolds and Pechatnov, *The Kremlin Letters*, p. 257.

(39) "Meeting of the Combined Chiefs of Staff with Roosevelt and Churchill, 2:30 p.m.," 12 May 1943, *FRUS, Conferences at Washington and Quebec, 1943*, p. 32.

(40)『宋子文駐美時期電報選』、一九九、五二七頁。

(41) Reynolds and Pechatnov, *The Kremlin Letters*, pp 190-191.

(42) "Memorandum by the Secretaries of the Combined Chiefs of Staff," 25 May 1943, *FRUS, The Conferences at Cairo and Tehran, 1943*, pp. 377-378.

(43)「蔣中正電羅斯福駐華空軍與對華空運數量增強不勝感謝」蔣中正総統文物（國史館）、史料番号 002-020300-00017-048. "Generalissimo Chiang to President Roosevelt," 29 May 1943, *FRUS, The Conferences at Cairo and Tehran, 1943*, p. 385.

(44) "Generalissimo Chiang to the Chinese Foreign Minister (Soong) in Washington," 29 May 1943, *FRUS, Conferences at Washington and Quebec, 1943*, p. 386.

(45)『蔣中正先生年譜長編』第七冊、三六三～三六四頁。

(46)『蔣中正先生年譜長編』第七冊、三九四頁。

(47)「邱吉爾電蔣中正將與羅斯福會商戰爭及對緬作戰新司令不久可委派」蔣中正総統文物（國史館）、史料番号 002-020300-

00017-068.

（48） "Combined Chiefs of Staff Minutes," 23 August 1943, *FRUS, Conferences at Washington and Quebec, 1943*, pp. 946-947.

（49） "The Combined Chiefs of Staff to President Roosevelt and Prime Minister Churchill," 24 August 1943, *FRUS, Conferences at Washington and Quebec, 1943*, p. 1127.

（50） "President Roosevelt and Prime Minister Churchill to Generalissimo Chiang," 24 August 1943, *FRUS, Conferences at Washington and Quebec, 1943*, pp. 1160-1161.「羅斯福邱吉爾電蔣中正緬甸軍事在印度另設一部以英軍將領蒙巴頓為統帥」蔣中正総統文物（國史館）、史料番号 002-020300-00018-006. 國史館の書簡は八月二五日付だが、これはワシントンを経由したため。

（51） 大統領の釈明は以下の通り。「私［ローズヴェルト］はチャーチルにいった。君も私も死ぬように、蔣介石は死ぬ。それでも中国は残る。南北に分断されても、中国は残る。共産党と国民党に割れても、中国は中国だ。［中略］君自身がいった通り、中国は二五年後には近代化される。君はヨーロッパの共産化を恐れているね。中国はアジアで、共産主義に対抗するための防波堤になるぞ、と彼にいったんだ。そしたら、チャーチルは言葉もなかったよ」。Ronald Ian Heiferman, *The Cairo Conference of 1943: Roosevelt, Churchill, Chiang Kai-shek and Madame Chiang* (Jefferson, NC: McFarland & Company, 2011), p. 46.

（52） ДВП СССР. Т. 26. Кн.1. С. 266.

（53） "Memorandum of Conference Held at the White House, by Mr. Samuel H. Cross, Interpreter," 29 May 1942, *FRUS, 1942, Vol. III*, pp. 568-569.

（54） РГАСПИ. Ф. 558. Оп.11. Д. 232. Л. 71.

（55）『宋子文駐美時期電報選』、二二三、五五一頁。イギリスのイーデン外相は、中国を四大国の一員に加えるのに疑問を呈した。しかしローズヴェルトは、植民地帝国に批判的な米中ソが結束することで、イギリスにインドその他の植民地を信託統治へ移行させるつもりだったという。李錫敏「ローズヴェルトの戦後構想と中国」慶應義塾大学法学研究会『法學研究——法律・政治・社会』第九二巻一号、二〇一九年、三〇六、三一四頁。

（56） "Memorandum of Conversation with President Roosevelt," 5 October 1943, *FRUS, 1943, Vol. I*, pp. 541-542.

（57） モスクワにおける米英ソ外相会談については、以下に詳しい。細谷雄一「モスクワ四国宣言と英米関係——国際機構化へのイギリス外交、一九四三年」慶應義塾大学法学研究会『法學研究——法律・政治・社会』第八三巻一二号、二〇一〇年。

（58） 石黒亜維「モスクワ外相会議と四国宣言」西村成雄編『中国外交と国連の成立』法律文化社、二〇〇四年、六四〜六七頁。

（59）『蔣中正先生年譜長編』第七冊、四八四頁。

（60）「史達林電蔣中正感謝電賀簽署四國宣言完成」蔣中正総統文物（國史館）、史料番号 002-020300-00047-034.

（61）「邱吉爾電蔣中正四國宣言為國際和平制度基石中國署名使成效得保證」蔣中正総統文物（國史館）、史料番号 002-020300-00047-030.

（62）「羅斯福電蔣中正欣慰中國簽字四國宣言將與同盟國肩負國際自由安全」蔣中正総統文物（國史館）、史料番号 002-020300-00047-033.

（63）五百旗頭『米国の日本占領政策』上巻、一六一頁。

（64）『蔣中正先生年譜長編』第七冊、三六二頁。

（65）"President Roosevelt to Generalissimo Chiang," 30 June 1943, *FRUS, The Conferences at Cairo and Tehran, 1943*, p. 13.

（66）「蔣中正電羅斯福相晤時間九月以後為宜」蔣中正総統文物（國史館）、史料番号 002-020300-00023-005.『蔣中正先生年譜長編』第七冊、三七九頁。"Generalissimo Chiang Kai-shek to President Roosevelt," 9 July 1942, *FRUS, 1943 China*, p. 73.

（67）"The Chinese Minister of Foreign Affairs (Soong) to the Presidents Special Assistant (Hopkins)," 21 July 1943, *FRUS, The Conferences at Cairo and Tehran, 1943* p. 17.

（68）『蔣中正先生年譜長編』第七冊、四一一頁。

（69）"The Presidents Personal Representative (Hurley) to the President," 20 November 1943, *FRUS, The Conferences at Cairo and Tehran, 1943*, p. 102.

（70）"President Roosevelt to Generalissimo Chiang," 27 October 1943, *FRUS, The Conferences at Cairo and Tehran, 1943*, p. 47.「羅斯福電蔣中正極望與其及邱吉爾及早會晤及會晤時地」蔣中正総統文物（國史館）、史料番号 002-020300-00023-010.『蔣中正先生年譜長編』第七冊、四七三頁。

（71）Heiferman, *The Cairo Conference of 1943*, p. 53.

（72）Reynolds and Pechatnov, *The Kremlin Letters*, pp. 335-337. 一九四三年一一月一六日、モロトフと会談したハリマン駐ソ米国大使は、「大統領がモロトフを中国代表と同時にカイロに招待することは決してないと確信している」とモロトフをカイロに誘った。しかし彼は、スターリンの体調が思わしくないため仕事が多いと、招待を断った。Советско-американские отношения во время Великой Отечественной войны. T. 1. C. 438.

（73）"Minutes of the Presidents Meeting with the Joint Chiefs of Staff, November 19, 1943, 2 P.M., Admiral's Cabin, U. S. S. "Iowa"," 19 November 1943, *FRUS, The Conferences at Cairo and Tehran, 1943*, pp. 257-259. ローズヴェルトは、琉球というべきところを、小笠原諸島といってしまったと、五百旗頭真は推測している。それは、日本周辺の地理に関する、大統領の理解の低さを示しているともいう。五百旗頭『米国の日本占領政策』上巻、一六四頁。しかし、次のエピソードはその推論を覆す。アメリカ側が作成したカイロ会談の共同声明の草案でも、満洲や台湾と並んで、小笠原諸島が中国に返還されるべき領土とされていた。一九四三年一一月二四日、この訳を蒋介石に提出した王寵恵らは、小笠原諸島は澎湖諸島の間違いだろうと指摘し、蒋介石も照会するよう指示した。翌日、王寵恵がこの件を指摘すると、大統領の側近のホプキンスは誤りを認めた。最終的に、カイロでの共同声明は「満洲、台湾、澎湖諸島」が中国に返還されるべきとしている。「王寵恵報告開羅會議經辦事項紀要」蒋中正総統文物（國史館）、史料番号 002-080106-00021-008. いずれにせよ、アメリカ側の杜撰な地理認識が露呈したものには違いない。

(74) 抗戦歴史文献研究会編『蒋中正日記　民国三二年』、一六六頁。

(75) 段瑞聡「太平洋戦争前期における蒋介石の戦後構想（一九四一～一九四三）」『中国研究』五号、二〇一二年、一九八～一九九頁。

(76) 西村成雄「中国『東北要因』の政治的新経路形成」『現代中国研究』二三号、二〇〇八年、一五九～一六〇頁。

(77) 劉傑「太平洋戦争と中国の『大国化』」防衛省防衛研究所編『太平洋戦争の遺産と現代的意義』防衛省防衛研究所、二〇一三年、五六頁。

(78) 『蒋中正先生年譜長編』第七冊、二二三頁。

(79) 『蒋中正先生年譜長編』第七冊、四一五頁。

(80) 段「太平洋戦争前期における蒋介石の戦後構想」、一九二～一九三頁。

(81) 『宋子文駐美時期電報選』、一九五、五二〇頁。

(82) 『蒋中正先生年譜長編』第七冊、五〇二頁。抗戦歴史文献研究会編『蒋中正日記　民国三二年』、一六七頁。仏印については、蒋介石の日記の記述は疑わしい。一九四三年一一月二八日に、ローズヴェルトがスターリンに語った所では、カイロで蒋介石は次のように述べた。中国は仏印について何も構想はない。しかし、仏印の人々は独立する準備はできていない、と。そこで大統領は、仏印を信託統治領にして、二〇年から三〇年後の独立に備えるのはどうかと、蒋介石と話し合ったという。この話を聞いたスターリンは、「完全に同意する」と答えている。"Bolen Minutes," undated, *FRUS, The Conferences at Cairo and Tehran, 1943*, p. 485. ソ連側の会談記録によると、大統領は、蒋介石が仏印を欲していないと知って喜んだとスターリンへ語った。ちなみにスターリンは、連合国が仏印の解放のために血を流すのに、後からフランスが戻って植民地支配を復活させるのに疑問を呈した。また日本がビルマに独立を与えたのなら、連合国も植民地に「自由」を与えるべきだと発言している。ローズヴェルトも「一〇〇パーセント同意」した。Советско-американские отношения во время Великой Отечественной войны. Т. 1. С. 445. ここから読み取れるのは、米ソが英仏の植民地帝国を解体しようとしている姿である。とりわけスターリンにとっては、第二次世界大戦はアメリカの力を借りてそれを達成できる、またとない機会であった。

（83）『蔣中正先生年譜長編』第七冊、五〇二頁。抗戦歴史文献研究会編『蔣中正日記　民国三二年』、一六七頁。このように提議した理由も、蔣介石は日記に記している。まずアメリカを安心させる。第二に、日清戦争前から沖縄はすでに日本に属していたため。第三に、この地域がアメリカとの共同管理となれば、中国が独占するのに比べて穏当だからだ、と（「蔣中正日記」一九四三年一一月二三日条）。抗戦歴史文献研究会編『蔣中正日記　民国三二年』、一六七頁。蔣介石は沖縄の放棄を主張したのではなく、アメリカの出方次第だと含みを持たせたのが実情だろう。蔣介石は、帰国後に国防最高委員会で報告した際にも、沖縄の中国への帰属に固執しないとしながらも、沖縄を日本の支配から引き離す意向を示した。楊子震「国民政府の「対日戦後処理構想」——カイロ会談への政策決定過程」『東アジア近代史』一四号、二〇一一年、一〇八頁。

（84）「王寵恵報告開羅會議經辦事項紀要」蔣中正総統文物（國史館）、史料番号 002-080106-00021-008.

（85）「王寵恵報告開羅會議經辦事項紀要」蔣中正総統文物（國史館）、史料番号 002-080106-00021-008.

（86）"From Mr. Eden to the Prime Minister," 16 March 1943 (Churchill Archives Centre, Churchill Papers, CHAR 20/108/19).

（87）蔣介石によると、カイロ会談でインド問題を取り上げようとして、ローズヴェルト大統領に止められた。しかし宋美齢がインドについて言及し、チャーチルと論争になったと、一九四三年一二月二〇日の国防最高会議で蔣介石は報告した。楊天石（渡辺直土訳）「蔣介石とインド独立運動」西村、石島、田嶋編『国際関係のなかの日中戦争』、三一八頁。しかし、彼の証言の他に、この論争を裏付ける史料が見当たらない。

（88）小此木政夫『朝鮮分断の起源——独立と統一の相克』慶應義塾大学出版会、二〇一八年、二六〜二七頁。

（89）『蔣中正先生年譜長編』第七冊、五〇七〜五〇八頁。

（90）"Final Text of the Communiqué," 26 November 1943, *FRUS, The Conferences at Cairo and Tehran, 1943*, pp. 448-449. 訳出に当たっては、以下を参考にした。歴史学研究会編『世界史史料（一〇）二〇世紀の世界 I——ふたつの世界大戦』岩波書店、二〇〇六年、三九三〜三九四頁。

（91）"Combined Chiefs of Staff Minutes," 24 November 1943, *FRUS, The Conferences at Cairo and Tehran 1943*, pp. 336-345.

（92）Kimball, *Churchill & Roosevelt: The Complete Correspondence, Vol. II*, p. 616.

（93）"Roosevelt-Chiang Meeting, November 25, 1943, 5 p.m., Roosevelt's Villa," *FRUS, The Conferences at Cairo and Tehran 1943*, p. 350.

（94）『蔣中正先生年譜長編』第七冊、五〇四頁。　一一月二七日にローズヴェルト大統領は、ビルマでの上陸作戦の期日を早めると再度保証したが、チャーチルのみがまだ反対していると語ったという（「蔣中正日記」一九四三年一一月二七日条）。『蔣中正先生年譜長編』第七冊、五〇五頁。

（95）Heiferman, *The Cairo Conference of 1943*, p. 90.

(96)「王寵惠報告開羅會議經辦事項紀要」蔣中正総統文物（國史館）、史料番号 002-080106-00021-008.

(97) "Combined Chiefs of Staff Minutes," 23 November 1943, *FRUS, The Conferences at Cairo and Tehran, 1943*, pp. 314-315.

(98)『蔣中正先生年譜長編』第七冊、五〇三頁。カイロで会談したチャーチルについて、蔣介石は日記で称賛したとされてきた。以下はいずれも、一九四三年一一月二四日の日記を訳したもの。「彼の深謀遠慮、穏健自重な性格は、現代の政治家の中ではめったにない」（『総統蔣公大事長編初稿』）。「深謀遠慮、穏健自重な性格は、現代の政治家の中で稀に見るものである」（『蔣総統秘録』。『産経新聞』に連載された『蔣介石秘録』の台湾版）。これらの引用文は、以下を出典とするが、この部分は『総統蔣公大事長編初稿』がより正しいと説明するために引用されている。黄仁宇（北村稔、永井英美、細井和彦訳）『蔣介石——マクロヒストリー史観から読む蔣介石日記』東方書店、一九九七年、一八頁。

(99)『蔣中正先生年譜長編』第七冊、五〇八頁。

(100) "From Chiang Kai-shek to Prime Minister," 8 December 1943, The Churchill Papers (CHAR 20/125/15), Churchill Archives Centre (Cambridge).

(101) "From Deputy Prime Minister to Prime Minister," 11 December 1943 (Churchill Archives Centre, Churchill Papers, CHAR 20/125/26).

(102) "Record Type: Conclusion Former Reference: Confidential Annex to WM (43) 169," 13 December 1943, CAB 65/40/15, The National Archives, Kew.

(103)『蔣中正先生年譜長編』第七冊、五〇〇頁。

(104) ДВП СССР. Т. 26. Кн. 2. 1 сентября - 31 декабря 1943 г. М., 2016. С. 371.

(105) "Bolen Minutes," 29 November 1943, *FRUS, The Conferences at Cairo and Tehran, 1943*, p. 532.

(106) "Bolen Minutes," 28 November 1943, *FRUS, The Conferences at Cairo and Tehran, 1943*, p. 484.

(107) "First plenary Meeting, November 28, 1943, 4 p.m., Conference room, Soviet embassy," *FRUS, The Conferences at Cairo and Tehran, 1943*, p. 489.

(108) "Extract from "EUREKA," 1st meeting from held on 28th November, 1943," CAB 121/473, The National Archives, Kew. ちなみに「ユリーカ」はテヘラン会談のコード・ネームである。

(109) ДВП СССР. Т. 26. Кн. 2. С. 360.

(110) 五百旗頭真はやはりこの矛盾を指摘し、こう解釈している。「ローズベルト自身は理路整然たる一貫性といった小乗的価値に重きを置いていない。［中略］こうした大統領の性向を考えれば、その対中政策に矛盾があることなど驚くに当らない。はじめに、次元の高い感動的な、したがってあいまいさを残した方針を表明し、あとは情勢の進展のなかでプラグマティックに具体的措置をとっていく。これがローズベルトのいつものやりかたなのである」。五百旗頭『米国の日本占領政策』上巻、一四〇頁。

（111）"Roosevelt-Churchill-Stalin Luncheon Meeting," 30 November 1943, *FRUS, The Conferences at Cairo and Tehran, 1943*, p. 567. 同じ一一月三〇日には、テヘランで、モロトフ、イーデン、ホプキンスが会談している。ホプキンスは、日本とドイツを戦後も仮想敵とするので、アメリカはフィリピンが独立しても、英ソの同意を得た上で、フィリピンに軍事基地を置くと表明する。また、台湾が中国に返還されたら、やはりそこにも基地を置くと述べた。その上で、英ソも太平洋に基地を設けることを勧めた。これに、モロトフとイーデンも賛同した。РГАСПИ. Ф. 558. Оп.11. Д. 234. Л. 64-65.

（112）Советско-американские отношения во время Великой Отечественной войны. Т. 1. С. 454-455.

（113）一部を会話風に改めた。"Records of the Anglo-American-Russian Conversations in Tehran and of the Anglo-American-Turkish Conversations in Cairo," 7 January 1944, CAB 66/45/8, The National Archives, Kew. 後にチャーチルは、ソ連への対抗措置を考える。ソ連が北太平洋の温暖な場所に港を求めるなら、イギリスはどうするべきか、一九四四年一〇月二六日にイギリスの軍部へ諮る。参謀長会議では、イギリスも旅順か大連の隣に基地を設けるのが望ましいという結論になった。それが無理なら、南サハリンか千島列島に基地を置くよう勧めた。さらに、英米の基地を台湾か澎湖諸島に置き、中国とは友好関係を保つよう進言している。"Russian interests in the Far East" 26 October 1944, CAB 121/473, The National Archives, Kew.

（114）"Record of a Conversation between the Prime Minister and Marshal Stalin at the Soviet Embassy at Tehran on 30th November, 1943," 7 January 1944, CAB 66/45/9, The National Archives, Kew. ソ連側の会談記録によると、この日、チャーチルは、ドイツ敗北後にソ連が対日参戦すると表明したのは「歴史的な宣言」だとスターリンを持ち上げた。そして、「アメリカ人が太平洋の情勢に敏感なのは事実だが、日本との戦いは、ドイツ敗北後の見通しが大きいから、太平洋での上陸用装備を減らしてでも、ドイツの迅速な敗北を確実にするのが有益である」と述べた。ДВП СССР. Т. 26. Кн. 2. С. 390.

（115）РГАСПИ. Ф. 558. Оп.11. Д. 234. Л. 98.

（116）"Report by the Combined Staff Planners," 2 December 1943, *FRUS, The Conferences at Cairo and Tehran, 1943*, pp. 765-770.

（117）"Combined Chiefs of Staff Minutes," 4 December 1943, *FRUS, The Conferences at Cairo and Tehran, 1943*, p. 680.

（118）"Meeting of the Combined Chiefs of Staff with Roosevelt and Churchill, 11 a.m.," 5 December 1943, *FRUS, The Conferences at Cairo and Tehran, 1943*, p. 706.

（119）"Meeting of the Combined Chiefs of Staff with Roosevelt and Churchill, 11 a.m.," 5 December 1943, *FRUS, The Conferences at Cairo and Tehran, 1943*, p. 708.

(120) "President Roosevelt to Generalissimo Chiang Kai-shek," 5 December 1943, *FRUS, 1943, China,* p. 178.「羅斯福電蔣中正對德戰爭需要能有充分艦艇是否依照計畫進行或展延」蔣中正総統文物（國史館）、史料番号 002-020300-00018-020.

(121) 抗戦歴史文献研究会編『蔣中正日記　民国三二年』、一七六頁。

(122) "From de Wiart for the Prime Minister," 17 December 1943, The Churchill Papers (CHAR 20/125/39), Churchill Archives Centre (Cambridge).

(123)「蔣中正電羅斯福接受先將德擊潰戰略中國戰區困難請貸予十萬萬元」蔣中正総統文物（國史館）、史料番号 002-020300-00018-021.『蔣中正先生年譜長編』第七冊、五一八～五一九頁。"Generalissimo Chiang Kai-shek to President Roosevelt," 9 December 1943, *FRUS, 1943, China,* pp. 180-182.

(124)「蔣中正電羅斯福與史迪威商討將緬甸總攻勢展期至明年十一月」蔣中正総統文物（國史館）、史料番号 002-020300-00018-022.『蔣中正先生年譜長編』第七冊、五二二頁。

(125) "Proposed message for the Generalissimo from the President," 20 December 1942, Franklin D. Roosevelt, Papers as President: Map Room Papers, 1941-1945, Box 10. (Franklin D. Roosevelt Presidential Library & Museum). http://www.fdrlibrary.marist.edu/_resources/images/mr/mr0060.pdf［二〇一九年一一月一五日参照］。

(126) 斉藤勝弥「第二次世界大戦末期のアメリカの中国政策——対ソ強硬政策との関連で」『国際政治』四七号、一九七二年、九五～九六頁。湯浅成大「第二次大戦末期F・D・ローズヴェルトの対中国政策の再検討」『アメリカ研究』二一号、一九八七年、一五二～一五三頁。

(127) "The Secretary of State to the Ambassador in China (Gauss)," 5 January 1944, *FRUS, 1944, Vol. VI*, pp. 827-829.

(128) "The Ambassador in China (Gauss) to the Secretary of State," 16 January 1944, *FRUS, 1944, Vol. VI*, pp. 835-837.

(129) 小堀訓男「第二次大戦時における米国の対中政策転換の研究(三)」駒澤大学法学部『法学論集』四七号、一九九三年、二～四頁。

(130)「邱吉爾電蔣中正首次派出三艘戰鬥艦現正在開赴印度洋途中」蔣中正総統文物（國史館）、史料番号 002-020300-00018-029. チャーチルにしてみれば、「カイロからすっかりしょげている」蔣介石を励ますつもりで出した書簡であった。彼はあらかじめ部下に下書きを送り、この内容で安全保障上の問題はないか尋ねている。"From Minister to First Lord and First Sea Road," 1 January 1944 (Churchill Archives Centre, Churchill Papers, CHAR 20/179).

(131)『蔣中正先生年譜長編』第七冊、五六一頁。

(132) "From Prime Minister to Admiral Mountbatten," 9 December 1943, The Churchill Papers (CHAR 20/125/21-22), Churchill Archives Centre (Cambridge).

(133) Thomas M. Campbell and George C. Herring (eds.), *The Diaries of Edward R. Stettinius, Jr., 1943-1946* (New York: New Viewpoints, 1975), p. 53.

(134) Kimball, *Churchill & Roosevelt: The Complete Correspondence, Vol. III*, pp. 39-40.

(135) 「蒙巴頓電魏亞特密陳蔣中正布内厄海港海軍攻撃已開始進行」蔣中正総統文物（國史館）、史料番号 002-020300-00026-058.

(136) 結局、イギリス艦隊は、アメリカ海軍との協力のもと、翌年から太平洋での作戦に従事する。「アメリカの戦争」に協力しなければ、アメリカの世論に叩かれるのではないか、と恐れたのである。赤木完爾「イギリス太平洋艦隊始末　一九四四～一九四五年——連合戦争の政治・戦略・作戦」慶應義塾大学法学研究会『法学研究』第八三巻一二号、二〇一〇年、六五～六九頁。

(137) サキ・ドクリル「対日戦に関する英国の大戦略」『戦争史研究国際フォーラム報告書　第一回』防衛省、二〇〇三年、五六頁。

(138) 「蔣中正電邱吉爾承貴政府撥贈中國海軍巡洋艦一艘潛水艇二艘快艇八艘至為紉謝」蔣中正総統文物（國史館）、史料番号 002-090103-00013-193.『蔣中正先生年譜長編』第八冊、六一頁。"From Generalissimo Chiang Kai-shek to Prime Minister," 17 April 1945 (Churchill Archives Centre, Churchill Papers, CHAR 20/215).

第八章

（1） "Minutes of Meeting of the Pacific War Council," 12 January 1944, *FRUS, The Conferences at Cairo and Tehran, 1943*, p. 869.

（2） "Minutes of Meeting of the Pacific War Council," 12 January 1944, *FRUS, The Conferences at Cairo and Tehran, 1943*, p. 869.

（3） 五百旗頭『米国の日本占領政策』下巻、七六頁。

（4） АВПРФ. Ф. 6. Оп. 4. П. 21. Д. 222. Л. 124-134.

（5） АВПРФ. Ф. 6. Оп. 4. П. 21. Д. 222. Л. 135-136.

（6） АВПРФ. Ф. 6. Оп. 4. П. 21. Д. 222. Л. 139. モロトフは翌年七月三日の書簡でこの件に触れ、ソ連はこの件を拒否したと盛世才に思い出させている。寺山『スターリンと新疆』、四九三頁。ただし、拒否を明示した文書は見つからない。

（7） 抗戦歴史文献研究会編『蔣中正日記　民国三〇年』、四一頁。

（8） "Letter to the Soviet Ambassador in Chongqing," July 07, 1942, History and Public Policy Program Digital Archive, RGASPI, f. 558, op. 11, d. 323, l. 58. Obtained by Jamil Hasanli and translated by Gary Goldberg. http://digitalarchive.wilsoncenter.org/document/121905 [二〇一九年一一月一五日参照]。

（9） 『蔣中正先生年譜長編』第七冊、一五八頁。

(10)『蔣中正先生年譜長編』第七冊、一五九頁。

(11)『蔣中正先生年譜長編』第七冊、一九〇頁。

(12)『蔣中正先生年譜長編』第七冊、一九六～一九七頁。

(13)伊原吉之助「盛世才の新疆支配と毛沢民の死——抗日戦争期中ソ関係の一齣」竹内実編『転形期の中国』京都大学人文科学研究所、一九八八年、一五三～一五四頁。寺山『スターリンと新疆』、四九六頁。

(14)『蔣中正先生年譜長編』第七冊、二七一頁。

(15)『蔣中正先生年譜長編』第七冊、三五九頁。

(16)*Джамиль П. Гасанлы,* Синьцзян в орбите советской политики. Сталин и мусульманское движение в Восточном Туркестане 1931-1949, М.: Наука, 2015. С. 124-128. この政治局の決定の原文と英訳は、以下のリンク先に記載されている。"Excerpt on Xinjiang from Minutes No. 40 of the VKP(b) CC Politburo Meetings," May 04, 1943, History and Public Policy Program Digital Archive, RGASPI F. 17, Op. 162, D. 37, ll. 76-78. Obtained by Jamil Hasanli and translated by Gary Goldberg. http://digitalarchive.wilsoncenter.org/document/121806

(17)*Гасанлы,* Синьцзян в орбите советской политики. С. 138.

(18)上村明「アルタイ・オリアンハイ人はなぜアルタイ山脈を越えたのか?」『内陸アジア史研究』三一号、二〇一六年、一三五頁。モンゴル西部では、古くから多くのカザフ人が住んでいた。特に、一九四〇年に設置されたバヤン・ウルギー県は、人口の九割を占める二万二七〇〇人ものカザフ人が住んでいた。新疆とモンゴルのカザフ人には往来があり、モンゴル人民共和国も、新疆のカザフ人の「民族解放運動」を軍事的に支援した。T・スルタン、M・ゾリカフィリ(島村一平、八木風輝訳)「翻訳 モンゴル国のカザフ人の歴史」『人間文化——滋賀県立大学人間文化学部研究報告』三四号、二〇一三年、九〇頁。

(19)*Гасанлы,* Синьцзян в орбите советской политики. С. 150.

(20)"Stalin's Conversation with Choibalsan," January 22, 1944, History and Public Policy Program Digital Archive, Lkhamsurengiin Bat Ochir, "Stalin, Choibalsan naryn 1940-ud ony uulzaltuud", ? Khudulmur?, No 148. pp. 166-167. Original Translated by Sergey Radchenko https://digitalarchive.wilsoncenter.org/document/209765［二〇二〇年三月二日参照］。

(21)*Гасанлы,* Синьцзян в орбите советской политики. С. 151.

(22)この事件は以下に詳しい。吉田豊子「第二次世界大戦末期の中ソ関係と中国辺疆——アルタイ事件をめぐる中ソ交渉を中心に」中央大学人文科学研究所編『民国後期中国国民党政権の研究』中央大学出版部、二〇〇五年。

(23)「蔣中正電羅斯福共軍密集陝北伺機叛變等重大事件」蔣中正総統文物(國史館)、史料番号002-020300-00029-020.『蔣中正先生年譜長編』第七冊、六〇四頁。

(24)抗戦歴史文献研究会編『蔣中正日記　民国三三年』、三九頁。

(25)「羅斯福電蔣中正聞中國邊境糾紛不勝惋惜惟余情報與閣下所慮非同」蔣中正総統文物（國史館）、史料番号 002-020300-00029-021.

(26)"The Ambassador in the Soviet Union (Harriman) to Secretary of State," 25 April 1944, Moscow embassy, telegrams maintained by Ambassador Harriman, 1944–45, Box1, RG84, NA

(27)『蔣中正先生年譜長編』第七冊、四七一頁。

(28)『蔣中正先生年譜長編』第七冊、六一三頁。

(29)「蔣中正電羅斯福中國戰區形勢險惡中共實施赤化中國企圖於中美不利」蔣中正総統文物（國史館）、史料番号 002-020300-00018-031.『蔣中正先生年譜長編』第七冊、六一三〜六一四頁。"Generalissimo Chiang Kai-shek to President Roosevelt," 29 March 1944, Franklin D. Roosevelt, Papers as President: Map Room Papers, 1941-1945, Box 10. (Franklin D. Roosevelt Presidential Library & Museum). http://www.fdrlibrary.marist.edu/_resources/images/mr/mr0061.pdf［二〇一九年一一月一五日参照］。

(30)朱文原他編『中華民國建國百年大事記』上巻、四三〇頁。

(31)『蔣中正先生年譜長編』第七冊、六二三頁。

(32)『蔣中正先生年譜長編』第七冊、六二三頁。

(33)"The Secretary of State to the Ambassador in China (Gauss)," 11 April 1944, *FRUS, 1944, Vol. VI*, p. 772.

(34)「蔣中正電羅斯福相關建議自當接受惟實際非僅賴中國自制所能平息」蔣中正総統文物（國史館）、史料番号 002-020300-00029-024.『蔣中正先生年譜長編』第七冊、六二四〜六二五頁。

(35)『蔣中正先生年譜長編』第七冊、六二五頁。

(36)「邱吉爾電蔣中正悉閣下擬發動跨越薩爾溫區攻勢祝斯舉成功」蔣中正総統文物（國史館）、史料番号 002-020300-00026-042.『蔣中正先生年譜長編』第七冊、六三二頁。

(37)"From Chungking to Foreign Office," 6 May 1944, The Churchill Papers (CHAR 20/164/44), Churchill Archives Centre (Cambridge).

(38)防衛庁防衛研修所戦史室編『戦史叢書［一五］　イラワジ会戦――ビルマ防衛の破綻』朝雲新聞社、一九六九年、七〇〜七一頁。

(39)Joseph Stilwell diary transcript (37), 1944, Joseph Warren Stilwell papers, Hoover Institution Archives, https://digitalcollections.hoover.org/objects/56332［二〇二〇年三月七日参照］。

(40)『蔣中正先生年譜長編』第七冊、五九一頁。抗戦歴史文献研究会編『蔣中正日記　民国三三年』、三七頁。

（41） Yung-Fa Chen, “Chiang Kai-shek and the Japanese Ichigo Offensive, 1944, “ in Laura De Giorgi and Guido Samarini (ed.), *Chiang Kai-shek and His Time: New Historical and Historiographical Perspectives* (Venezia: Edizioni Ca’ Foscari-Digital Publishing, 2017), pp. 40-41.

（42） 「蔣中正電羅斯福中國遠征軍已渡過薩爾溫江及以中國國力貧弱要在河南平原與薩爾溫江兩面同時作戰實感困難」蔣中正総統文物（國史館）、史料番号 002-090103-00004-300.『蔣中正先生年譜長編』第七冊、六四四頁。

（43） 頻繁に飢饉に襲われたこの地域で、激しい収奪を繰り広げた湯恩伯は、水害、旱害、蝗害《こうがい》と並ぶ「四害」の一つとさえいわれていた。石島紀之『中国民衆にとっての日中戦争――飢え、社会改革、ナショナリズム』研文出版、二〇一四年、三一頁。

（44） 『蔣中正先生年譜長編』第七冊、五七四頁。

（45） 『蔣中正先生年譜長編』第七冊、六四三頁。一九四三年五月には、重慶国民政府の軍事委員会外事局に、七七名のソ連人顧問が登録されていたが、翌年五月までに彼らは全員引き揚げた。薛銜天、金東吉『民国時期中蘇関係史』中巻、一〇九頁。

（46） Русско-китайские отношения в XX веке. Т. 4. Кн. 1. С. 808-810.『事略稿本』第五七巻、六六頁。

（47） Русско-китайские отношения в XX веке. Т. 4. Кн. 1. С. 811.『事略稿本』第五七巻、六七頁。

（48） 『蔣中正先生年譜長編』第七冊、六二六頁。

（49） 「一九四三年末の湖南、湖北両省西部の戦闘と四四年の京漢線（北京―漢口）南段の戦闘の時、中共は日本軍特務機関を通じて国府軍の兵力配置と作戦計画を日本軍に通報した。中共のねらいは日本軍を誘導して中国抗戦の後方基地である華西に侵入させ、そのすきに乗じて中共軍が国府軍の封鎖線を突破し西北に向かって地盤を拡張、さらに日本軍とともに四川、貴州の抗戦根拠地をはさみ撃ちしようとすることにあった。中共と日本軍が相呼応していた時、ソ連も日本の中国侵略戦と呼吸を合わせて行動した」。蔣介石（毎日新聞外信部訳）『中国のなかのソ連――蔣介石回顧録』毎日新聞社、一九五七年、八二頁。

（50） 『蔣中正先生年譜長編』第七冊、六五一頁。

（51） “From Chungking to Foreign Office,” 29 May 1944 (Churchill Archives Centre, Churchill Papers, CHAR 20/165/73).

（52） “From Chungking to Foreign Office,” 31 May 1944 (Churchill Archives Centre, Churchill Papers, CHAR 20/165/66).

（53） “From Foreign Office to Chungking,” 1 June 1944 (Churchill Archives Centre, Churchill Papers, CHAR 20/165/73).

（54） “From Chungking to Foreign Office,” 30 June 1944 (Churchill Archives Centre, Churchill Papers, CHAR 20/167/103).

（55） “Memorandum of Conversation,” 17 May 1944, W. Averell Harriman Papers, Box 172, Manuscript Division, LC.

（56） John Morton Blum (ed.), *The Price of Vision: The Diary of Henry A. Wallace, 1942-1946* (Boston: Houghton Mifflin Company, 1973), p. 333.

(57) Blum (ed.), *The Price of Vision*, p. 353.

(58) "The Ambassador in China (Gauss) to the Secretary of State," 4 September 1944, *FRUS, 1944, Vol. VI*, p. 547.

(59) 中国共産党の周恩来は、一九四二年八月に、アメリカの陸軍軍人を歓迎するというメッセージを、大統領特使として重慶を訪れていたカリーに伝えている。"Memorandum by the Second Secretary of Embassy in China (Davies) to Mr. Lauchlin Currie, Administrative Assistant to President Roosevelt," 6 August 1942, *FRUS, 1942, China*, p. 227. アメリカによる延安への調査団派遣は、一九四四年二月九日に、大統領が蔣介石に送った書簡で取り上げられた。大統領は、日本の壊滅のためにも、満洲や華北に駐屯している日本軍についてアメリカの軍人が調査することを求めた。国民党に貸与した武器が中国共産党に対して使われているというアメリカ側の疑惑も、この調査の背景にある。"President Roosevelt to Generalissimo Chiang Kai-shek," 9 February 1944, *FRUS, 1944, Vol. VI*, p. 329.

(60) "The Ambassador in the Soviet Union (Harriman) to President Roosevelt," 11 June 1944, *FRUS, 1944, Vol. VI*, p. 97.

(61) "Memorandum of Conversation," 10 June 1944, W. Averell Harriman Papers, Box 172, Manuscript Division, LC.

(62) この事件の詳細は以下に詳しい。バーバラ・ワーセイム・タックマン（杉辺利英訳）『失敗したアメリカの中国政策――ビルマ戦線のスティルウェル将軍』朝日新聞社、一九九六年。加藤公一「アジア太平洋戦争末期の米国の対日戦略と中国――スティルウェル解任とソ連参戦問題」『一橋論叢』第一二三巻二号、二〇〇〇年。加藤公一「『スティルウェル事件』と重慶国民政府」石島紀之、久保亨編『重慶国民政府史の研究』東京大学出版会、二〇〇四年。杉田米行「一九四〇年代アメリカ対中国政策の不確定性――スティルウェル事件の一解釈」西村編『中国外交と国連の成立』所収。

(63) 『蔣中正先生年譜長編』第七冊、六八頁。彼はビルマから撤兵後の一九四二年六月二四日、自らが参謀長である連合国の中国戦区参謀部が、中国軍の軍令部の指揮を受けないよう、組織系統を変えて欲しいと蔣介石に直訴したが、認められなかった。『蔣中正先生年譜長編』第七冊、一四二頁。

(64) スティルウェルの日記は、スタンフォード大学フーヴァー研究所がオンラインで翻刻を公開している。Joseph Stilwell diary transcript (35), 15 June 1942, Joseph Warren Stilwell papers, Hoover Institution Archives, https://digitalcollections.hoover.org/objects/56330 [二〇二〇年二月五日参照]。

(65) 『蔣中正先生年譜長編』第七冊、一七一頁。

(66) スティルウェルはカイロ会談に先立ち、作戦計画を示していた。それによると、いまはビルマ北部でイギリス軍を助け、中国への陸路を開く。そして中国軍を訓練し、一九四四年初頭には中国から日本本土を爆撃する。さらに一九四四年一一月から翌年五月にかけて、広東と香港を奪還するというものだ。"Memorandum by the Generalissimo's Chief of Staff (Stilwell)," 22

November 1943, *FRUS, The Conferences at Cairo and Tehran, 1943,* pp. 370-371.

（67） "Major General Patrick J. Hurley to President Roosevelt," 10 October 1944, *FRUS, 1944, Vol. VI,* pp. 167-168.

（68） Blum, *The Price of Vision*, p. 356.

（69） Morgenthau, Presidential Diaries, Vol. 5, 28 June 1944, Franklin D. Roosevelt Library. http://www.fdrlibrary.marist.edu/_resources/images/morg/mpd16.pdf［二〇一九年九月一七日参照］。

（70） "The Officer in Chargé at New Delhi (Merrell) to the Secretary of State," 28 June 1944, *FRUS, 1944, Vol. VI,* p. 236.

（71） Charles F. Romanus and Riley Sunderland, *Stilwell's Command Problems, U.S. Army in World War II* (Washington, D.C.: U.S. Army Center of Military History, Government Printing Office, 1955), pp. 383-384.「羅斯福電蔣中正保薦史迪威並保證絕無干預中國政事之意」蔣中正総統文物（國史館）、史料番号 002-020300-00024-028.『蔣中正先生年譜長編』第七冊、六八八～六八九頁。

（72） 抗戦歴史文献研究会編『蔣中正日記　民国三三年』、九六頁。以下でも同日の日記が一部引用されているが、前半部分に大きな違いがある。『蔣中正先生年譜長編』第七冊、六八九頁。

（73） 「蔣中正電羅斯福原則贊成史迪威在其直屬之下指揮全部華軍與美軍之提議但請派一私人信任全權代表以便調整其與史迪威間之關係增進合作效率」蔣經國総統文物（國史館）、史料番号 005-010100-00001-014.『蔣中正先生年譜長編』第七冊、六八九頁。"Generalissimo Chiang Kai-shek to President Roosevelt," 8 July 1944, *FRUS, 1944, Vol. VI,* pp. 120-121.

（74） 『蔣中正先生年譜長編』第七冊、七一一頁。Mitter, *China's War with Japan,* p. 342.

（75） 『蔣中正先生年譜長編』第七冊、六九八頁。

（76） 『蔣中正先生年譜長編』第七冊、七三一～七三三頁。

（77） "Generalissimo Chiang Kai-shek to President Roosevelt," 12 August 1944, *FRUS, 1944, Vol. VI,* p. 141.

（78） "President Roosevelt to Generalissimo Chiang Kai-shek," 21 August 1944, *FRUS, 1944, Vol. VI,* pp. 148-149; Department of State, *United States Relations with China with Special Reference to the Period 1944-1949* (Washington, D.C.: US Government Printing Office, 1949), p. 67.

（79） "President Roosevelt to Generalissimo Chiang Kai-shek," 16 September 1944, *FRUS, 1944, Vol. VI,* pp. 157-158.

（80） 「羅斯福邱吉爾電蔣中正盡速擊敗德國俾以全力對日本」蔣中正総統文物（國史館）、史料番号 002-020300-00018-042.

（81） "Major General Patrick J. Hurley to President Roosevelt and the Chief of Staff (Marshall)," 7 September 1944, *FRUS, 1944, Vol. VI,* p. 154.

（82） 『蔣中正先生年譜長編』第七冊、七四三～七四四頁。備忘録の英語原文は以下を参照。「蔣中正函羅斯福致謝遣派赫爾葉納爾遜兩將軍來華協助軍事經濟建設」蔣中正與赫爾利談話備忘錄」蔣中正総統文物（國史館）、史料番号 002-080106-00027-009. *Military Situation in the Far East*: Hearings Before the Senate Committees on Armed Services and Foreign Relations, 82d Cong., 1st sess. (Washington, Government Printing Office, 1951), p. 2874.

（83） "President Roosevelt to Generalissimo Chiang Kai-shek," 5 October 1944, *FRUS, 1944, Vol. VI,* p. 166.「羅斯福電蔣中正接受解除史迪威職務並不令其負責租借物資事」蔣中正総統文物（國史館）、史料番号 002-020300-00024-066.『蔣中正先生年譜長編』第七冊、七五〇～七五一頁。

（84）「蔣中正電羅斯福中國全線或滇緬軍隊不能再授史迪威指揮權」蔣中正総統文物（國史館）、史料番号 002-020300-00024-069. "Major General Patrick J. Hurley to President Roosevelt," 10 October 1944, *FRUS, 1944, Vol. VI,* pp. 166-167.『蔣中正先生年譜長編』第七冊、七五四頁。

（85）『蔣中正先生年譜長編』第七冊、七五七頁。

（86） Romanus and Sunderland, *Stilwell's Command Problems,* p. 468.「羅斯福電蔣中正現正頒發命令將史迪威自中國戰區召回」蔣中正総統文物（國史館）、史料番号 002-020300-00024-072.『蔣中正先生年譜長編』第七冊、七六〇頁。

（87） Romanus and Sunderland, *Stilwell's Command Problems,* p. 469.「羅斯福電蔣中正現正頒發命令將史迪威自中國戰區召回」蔣中正総統文物（國史館）、史料番号 002-020300-00024-072.『蔣中正先生年譜長編』第七冊、七六〇頁。

（88）「蔣中正電羅斯福願委任魏德邁為中國戰區參謀長並指揮美國在華軍隊」蔣中正総統文物（國史館）、史料番号 002-020300-00024-073.『蔣中正先生年譜長編』第七冊、七六〇頁。

（89） 抗戦歴史文献研究会編『蔣中正日記　民国三三年』、一四九頁。

（90）「羅斯福電赫爾利蔣中正二十八日公布已解除史迪威中國戰區參謀長等職」蔣中正総統文物（國史館）、史料番号 002-020300-00024-076.

（91） "Memorandum of Conversation, by Mr. Everett F. Drumright of the Division of Chinese Affairs," 26 May 1945, *FRUS, 1945, Vol. VII,* p. 393. 宣教師は合衆国長老教会のフランシス・プライス（Francis Wilson Price）で、一九三三年から一九五二年まで中国で布教と教育に務めた。キリスト教徒だった蔣介石の「顧問であり友人」であった。

（92） A・C・ウェデマイヤー（妹尾作太男訳）『ウェデマイヤー回想録——第二次大戦に勝者なし』読売新聞社、一九六七年、四一八～四一九頁。

（93） "From General Carton de Wiart to Prime Minister," 4 December 1944 (Churchill Archives Centre, Churchill Papers, CHAR 20/176/76).

（94） Charles F. Brower, *Defeating Japan: The Joint Chiefs of Staff and Strategy in the Pacific War,* 1943-1945 (New York: Palgrave

Macmillan, 2012), pp. 100-102.

（95）"McFarland Minutes," 13 September 1944, *FRUS, Conferences at Quebec, 1944*, p. 316.

（96）「羅斯福電蔣中正為轟炸日本本土必須在成都有五個長程轟炸機機場」蔣中正総統文物（國史館）、史料番号 002-020300-00018-019.『蔣中正先生年譜長編』第七冊、四九一頁。

（97）Kimball, *Churchill and Roosevelt: The Complete Correspondence*, *Vol. II*, p. 594.

（98）"Draft by Major General Patrick J. Hurley," 28 October 1944, *FRUS, 1944, Vol. VI*, p. 659.

（99）"Memorandum by the Second Secretary of Embassy in China (Davies) to the Chief of the Division of Chinese Affairs (Vincent)," 14 November 1944, *FRUS, 1944, Vol. VI*, p. 693.

（100）Banac, *The Diary of Georgi Dimitrov*, pp. 312-313.

（101）Banac, *The Diary of Georgi Dimitrov*, p. 258.

（102）Banac, *The Diary of Georgi Dimitrov*, pp. 289-291.

（103）Banac, *The Diary of Georgi Dimitrov*, pp. 294-296.

（104）"The Ambassador in the Soviet Union (Harriman) to the Secretary of State," 5 September 1944, *FRUS, 1944, Vol. VI*, p. 255.

（105）山極晃「アメリカ軍事視察団の延安訪問について」『アジア研究』第一〇巻一号、一九六三年、三一～四四頁。

（106）"The Ambassador in China (Hurley) to the Secretary of State," 31 January 1945, *FRUS, 1945, Vol. VII*, p. 193.

（107）"Memorandum of Conversation, by the Second Secretary of Embassy in China (Drumright)," 2 October 1944, *FRUS, 1944, Vol. VI*, pp. 630-631.

（108）"Mr. Mao Tse-tung to President Roosevelt," 10 November 1944, *FRUS, 1944, Vol. VI*, pp. 688-689.

（109）「毛澤東函赫爾利國共合作五項條件」蔣中正総統文物（國史館）、史料番号 002-020400-00003-019. 滝田賢治「P・ハーレーの国共調停工作――一九四四～四五」『一橋研究』第一巻三号、一九七六年、八一頁。

（110）"The Ambassador in China (Hurley) to the Secretary of State," 31 January 1945, *FRUS, 1945, Vol. VII*, p. 195.

（111）"The Ambassador in China (Hurley) to the Secretary of State," 31 January 1945, *FRUS, 1945, Vol. VII*, p. 195.

（112）"Memorandum of Conversations with the President during Trip to Washington, D.C., October 21 - November 19, 1944, " undated, W. Averell Harriman Papers, Box 175, Manuscript Division, LC.

（113）"President Roosevelt to Mr. Mao Tse-tung," 10 March 1945, *FRUS, 1945, Vol. VII*, pp. 266-267.

（114）「羅斯福電蔣中正中國參加舊金山會議代表團可容共黨及其他政黨人士」蔣中正総統文物（國史館）、史料番号 002-020300-

00047-085.

(115) "The Secretary of State to the Ambassador in China (Hurley)," 15 March 1945, *FRUS, 1945, Vol. VII*, pp. 283-284.

(116) 段瑞聡「蔣介石と国連の成立――ダンバートン・オークスからサンフランシスコへ」慶應義塾大学日吉紀要刊行委員会『中国研究』六号、二〇一三年、三六～三七頁。

(117)「蔣中正電羅斯福中國出席舊金山會議代表團代表有國共兩黨無黨籍人士」蔣中正総統文物（國史館）、史料番号 002-020300-00047-087.『蔣中正先生年譜長編』第八冊、四六頁。

(118) "The Acting Secretary of State to the Secretary of the Navy (Forrestal)," 21 May 1945, *FRUS, 1945, Vol. VII*, p. 880.

第九章

（1）『蔣中正先生年譜長編』第七冊、七一七頁。

（2）高素蘭「戰時國民政府勢力進入新疆始末（一九四二～一九四四）」『國史館學術集刊』一七号、二〇〇八年、一五七～一五八頁。

（3）『蔣中正先生年譜長編』第七冊、七二三頁。

（4）甘粛省古籍文献整理編訳中心編『中国西北文献叢書二編――西北民俗文獻』第一一巻、二〇〇六年、四一九～四二一頁。

（5）『中国西北文献叢書二編――西北民俗文獻』第一一巻、四二二～四二四頁。

（6）『中国西北文献叢書二編――西北民俗文獻』第一〇巻、二八三頁。

（7）王柯『東トルキスタン共和国研究――中国のイスラムと民族問題』東京大学出版会、一九九五年、一二四～一二七頁。中見立夫、濱田正美、小松久男「革命と民族」小松久男編『新版世界各国史〔四〕――中央ユーラシア史』山川出版社、二〇〇〇年、三七八頁。寺山『スターリンと新疆』、五二五～五二六頁。近年のロシア側の文献でも、「東トルキスタン解放組織」が一九四三年に組織された際、ソ連の秘密エージェントが援助したことは公然と記載されている。Россия и Китай: Четыре века взаимодействия. История, современное состояние и перспективы развития российско-китайских отношений. M., 2013. C. 178.

（8）『蔣中正先生年譜長編』第七冊、七八五頁。

（9）この会議については、ロゾフスキー外務人民委員代理からモロトフ外務人民委員へ、一九四五年一月一三日に報告されている。АВПРФ. Ф. 6. Оп. 7. П. 38. Д. 557. Л. 1-3.

（10）"Report from L. Beria and A. Vyshinsky to Cde. I.V. Stalin," April 29, 1945, History and Public Policy Program Digital Archive, GARF, Fond R-9401ss, Opis' 2, Delo 95, ll. 334-338. Obtained by Jamil Hasanli and translated by Gary Goldberg. http://digitalarchive.

wilsoncenter.org/document/121724［二〇二〇年八月七日参照］。

（11）"Letter from Alihan Tore to Commander-in-Chief Marshal Stalin," April 22, 1945, History and Public Policy Program Digital Archive, GARF, Fond R-9401ss, Opis' 2, Delo 95, ll. 352-359. Obtained by Jamil Hasanli and translated by Gary Goldberg. http://digitalarchive.wilsoncenter.org/document/121726［二〇二〇年八月七日参照］。

（12）*Гасанлы,* Синьцзян в орбите советской политики. С. 176-178. この政治局の決定の原文と英訳は以下のリンク先に記載されている。"Exceprt on Xinjiang from Minutes No. 46 of the VKP(b) CC Politburo Meetings," June 22, 1945, History and Public Policy Program Digital Archive, RGASPI F. 17, Op. 162, D. 37, ll. 145-155. Obtained by Jamil Hasanli and translated by Gary Goldberg. http://digitalarchive.wilsoncenter.org/document/121807［二〇二〇年八月七日参照］。

（13）傅秉常駐ソ大使は、チャーチルとスターリンの会談で中国にも関係あることは知らせて欲しいと、アメリカのハリマン駐ソ大使に頼んだが、核心は知らされていない（『傅秉常日記』一九四四年一〇月一一日条）。傅錡華、張力編『傅秉常日記——民國三三年（一九四四）』中央研究院近代史研究所、二〇一四年、二三二頁。

（14）"Conversation," 17 October 1944, W. Averell Harriman Papers, Box 175, Manuscript Division, LC.

（15）"Harriman to President Roosevelt," 15 December 1944, W. Averell Harriman Papers, Box 176, Manuscript Division, LC.

（16）"Conversation," 14 December, 1945, W. Averell Harriman Papers, Box 175, Manuscript Division, LC.

（17）*Министерство иностранных дел СССР*, Советско-американские отношения во время Великой Отечественной войны, 1941 - 1945. Т. 2. С. 272.

（18）"Meeting of the President with his advisers," 4 February 1945, *FRUS: The Conferences at Malta and Yalta, 1945*, p. 567.

（19）"Roosevelt-Stalin meeting, February 8, 1945, 3:30 P.M., Livadia Palace, " 8 February 1945, *FRUS: The Conferences at Malta and Yalta, 1945*, p. 771.

（20）ローズヴェルトの通訳、ボーレンが残した記録である。"Roosevelt-Stalin meeting, February 8, 1945, 3:30 P.M., Livadia Palace," 8 February 1945, *FRUS: The Conferences at Malta and Yalta, 1945*, pp. 769-770.

（21）作成したのは、スターリンの通訳を務めていたヴィクトル・パブロフ (Виктор Николаевич Павлов) である。Ялта-45. Начертания нового мира. Документы и фотографии из личного архива Сталина. (Актуальная история). М., 2010. С. 161.

（22）"Memorandum of Conversation," 10 February, 1945, *FRUS: The Conferences at Malta and Yalta, 1945*, p. 894.

（23）"Memorandum of Conversation," 10 February, 1945, *FRUS: The Conferences at Malta and Yalta, 1945*, p. 895.

（24）長谷川毅『暗闘——スターリン、トルーマンと日本降伏』上巻、中公文庫、二〇一一年、六九頁。
（25）『蔣中正先生年譜長編』第八冊、二二頁。
（26）Foo Yee Wah, "Fu Bingchang, Chiang Kai-shek and Yalta," *Cold War History*, Vol. 9, No.3 (2009), p. 401.
（27）「魏道明電蔣中正謁羅斯福詢其在雅爾達與史達林所談遠東局勢内容」蔣中正總統文物（國史館）、史料番号 002-020300-00048-006.
（28）『蔣中正先生年譜長編』第八冊、四〇～四一頁。
（29）『蔣中正先生年譜長編』第八冊、五二頁。
（30）АВПРФ. Ф. 6. Оп. 3. П. 39. Д. 507. Л. 6.
（31）『傅秉常日記——民國三三年（一九四四）』、一〇四～一〇五頁。АВПРФ. Ф. 6. Оп. 3. П. 39. Д. 507. Л. 1.
（32）『蔣中正先生年譜長編』第七冊、七六八頁。
（33）『蔣中正先生年譜長編』第七冊、七七一頁。
（34）АВПРФ. Ф. 6. Оп. 3. П. 39. Д. 507. Л. 1.
（35）Русско-китайские отношения в XX веке. Т. 4. Кн. 1. С. 828-835.
（36）"Hurley to Secretary of State," 4 February 1945, General Record of Department of State, 1945-49, Central Decimal File, Box 4012, Record Group 59, National Archives and Records Administration, Washington D.C.［以下、NA と略記］。
（37）『蔣中正先生年譜長編』第八冊、五七頁。
（38）『蔣中正先生年譜長編』第八冊、五九頁。
（39）Geoffrey Roberts, "Sexing up the Cold War: New Evidence on the Molotov-Truman Talks of April 1945,'" *Cold War History*, Vol. 4, No. 3 (2004), p. 117.
（40）Blum (ed.), *The Price of Vision*, p. 451.
（41）五百旗頭『戦争・占領・講和』、一九一～一九二頁。
（42）"President Truman to the Ambassador in China (Hurley)," 12 May 1945, *FRUS, 1945, Vol. VII,* pp. 868-869.
（43）『蔣中正先生年譜長編』第八冊、六八頁。
（44）"Hurley to President Truman," 10 May 1945, General Record of Department of State, 1945-49, Central Decimal File, Box 4012, RG 59, NA.
（45）なおこの会談で宋子文は、太平洋地域の安全保障のため、地域間協定を提案したが、国際連合があるからと、大統領に断られている。アメリカを巻き込む形で、ソ連の圧力をかわそうとしたのかもしれない。"Memorandum of Conversation, Conference with President 2:00 p.m.," 14 May 1945, China Embassy, Chungqing, Top Secret, 1945, Box1, RG84, NA.

（46） "President Truman to the Ambassador in China (Hurley)," 12 May 1945, *FRUS, 1945, Vol. VII,* pp. 868-869.

（47） 『蔣中正先生年譜長編』第八冊、八三頁。

（48） "Memorandum by the Assistant to the Secretary of State (Bohlen)," 28 May 1945, *FRUS, The Conference of Berlin (the Potsdam Conference), 1945, Vol. I,* pp. 41-47. この時のスターリンの鷹揚な態度は、ソ連側の記録からも確認できる。スターリンは、新疆でも満洲でも、ソ連は中国に領有権を主張しないし、逆にソ連は、これらの地域が中国領に組み込まれるのを助けるとも述べた。会談に同席したハリマン駐ソ米国大使は念を押す。中国は現在、極東において果たすべき役割を果たしていないと一般に認識されている。しかし、アメリカは将来、中国が極東で重要な役割を果たすと考えており、それには米ソが協力する必要性を述べた。スターリンは、ソ連は協力する準備ができている、と答えた。Советско-американские отношения во время Великой Отечественной войны. Т. 2. С. 407.

（49） Henry L. Stimson Diaries, diary entry, 6 June 1945, 国立国会図書館憲政資料室蔵（以下では Stimson Diaries と略記）。

（50） Blum (ed.), *The Price of Vision*, p. 451.

（51） 『蔣中正先生年譜長編』第八冊、八八〜八九頁。

（52） "The Secretary of State to the Acting Secretary of State," 6 June 1945, *FRUS, 1945, Vol. VII,* pp. 894-895.

（53） "OPNAV to COMNAVGROUP, China," 9 June 1945, General Record of Department of State, 1945-49, Central Decimal File, Box 4012, RG 59, NA.

（54） "Grew memorandum," 14 June 1945, *FRUS, 1945, Vol. VII,* p. 902.

（55） 五百旗頭『米国の日本占領政策』下巻、七四頁。

（56） "Minutes of Meeting Held at the White House on Monday, 18 June 1945 at 1530," National Security Archive (George Washington University). https://nsarchive2.gwu.edu//dc.html?doc=3913488-Minutes-of-Meeting-Held-at-the-White-House-on［二〇二〇年八月七日参照］。

（57） "Records of meetings between Generalissimo Chiang Kai Shek and Admiral Mountbatten. Note by Secretary of State," 3 March 1945, CAB 80/93/51, The National Archives, Kew.

（58） "Hurley to President Truman and Secretary of State," 15 June 1945, China Embassy, Chungqing, Top Secret, 1945, Box1, RG84, NA.

（59） "The Ambassador in China (Hurley) to the Secretary of State," 15 June 1945, *FRUS, 1945, Vol. VII,* pp. 903-904. なおハーレーは蔣

介石へこう述べたという。ローズヴェルトは今後一〇〇年間、ソ連は米英の海軍と競争できないと考えた。だから千島列島、サハリン島、旅順を惜しまずソ連に譲ったのだろう、と（「蔣中正日記」一九四五年六月三〇日条）。『蔣中正先生年譜長編』第八冊、一〇八頁。

（60） Ministry of Foreign Affairs of the USSR (ed.), *Correspondence between Stalin, Roosevelt, Truman, Churchill and Attlee during World War Two*, p. 246.

（61） "Conversation between Harriman and Vyshinyski," 15 June 1945, Moscow Embassy Top Secret, Box1, RG84, NA.

（62） 「蔣中正函史達林派宋子文來蘇俄商談貴我兩國間各種重要問題」蔣中正総統文物（國史館）、史料番号 002-020300-00048-028.

（63） "Meeting between Marshal Stalin and Dr. Soong," June 30, 1945, History and Public Policy Program Digital Archive, Victor Hoo Collection, box 6, folder 9, Hoover Institution Archives. Contributed by David Wolff. http://digitalarchive.wilsoncenter.org/document/123400［二〇一九年一一月一五日参照］。

（64） 胡世澤（通称 Victor Hoo）は、後に中華民国外交総長となる胡惟徳《こいとく》の息子として、一八九四年にワシントンで生まれた。中等教育までをロシア帝国の首都サンクトペテルブルクで受ける。そのため英語もロシア語も堪能で、重慶では対ソ政策の御意見番として重宝された。戦後は国連に長く勤め、一九七二年に亡くなった。彼の個人文書は、スタンフォード大学フーヴァー研究所に寄贈された。詳細な伝記は以下を参照。Mona Yung-Ning Hoo, *Painting the Shadows: The Extraordinary Life of Victor Hoo* (London: Eldridge and Co., 1998).

（65） 『中華民国重要史料初編』の「戦時外交」に所収の会談記録は、以下に訳出されている。米濱泰英『ソ連はなぜ八月九日に参戦したのか――満洲をめぐる中ソ米の外交戦』オーラル・ヒストリー企画、二〇一二年。

（66） Русско-китайские отношения в XX веке Т. 4. Советско-китайские отношения. 1937-1945 гг. Кн. 2. 1945 г. М., 2000. С. 74.

（67） Русско-китайские отношения в XX веке Т. 4. Кн. 2. С. 76-78.

（68） 『蔣中正先生年譜長編』第五冊、二七九頁。

（69） 『蔣中正先生年譜長編』第八冊、一〇五頁。

（70） "Record of a Meeting between T.V. Soong and Stalin," July 02, 1945, History and Public Policy Program Digital Archive, Victor Hoo Collection, box 6, folder 9, Hoover Institution Archives. Contributed by David Wolff. http://digitalarchive.wilsoncenter.org/document/122505［二〇一九年一一月一五日参照］。

（71） “Record of a Meeting between T.V. Soong and Stalin,” July 02, 1945, History and Public Policy Program Digital Archive, Victor Hoo Collection, box 6, folder 9, Hoover Institution Archives. Contributed by David Wolff. http://digitalarchive.wilsoncenter.org/document/122505［二〇一九年一一月一五日参照］。

（72） 宋子文によると、スターリンはモンゴルの独立に関して、密約も持ちかけてきたという。"The Ambassador in the Soviet Union (Harriman) to President Truman and the Secretary of State," 3 July 1945, *FRUS, 1945, Vol. VII,* p. 912.

（73） Christopher P. Atwood, “Sino-Soviet Diplomacy and the Second Partition of Mongolia, 1945-1946,” in Stephen Kotkin and Bruce A. Elleman (eds.), *Mongolia in the Twentieth Century: Landlocked Cosmopolitan* (Armonk, New York: M. E. Sharpe, 1999), p. 141. チョイバルサンのモスクワ訪問に際し、モロトフらが飛行場で出迎えたことを知った蔣介石は、中国とモンゴルに同じ接遇を与えるのは侮辱だと、憤りを日記に記している（「蔣中正日記」一九四五年七月六日条）。『蔣中正先生年譜長編』第八冊、一一一頁。

（74） 『蔣中正先生年譜長編』第八冊、一一〇～一一一頁。

（75） 「宋子文電蔣中正史達林面交蘇方所擬中蘇兩國承認外蒙獨立之宣言草稿譯文」蔣中正総統文物（國史館）、史料番号 002-090400-00001-024.

（76） Русско-китайские отношения в XX веке Т. 4. Кн. 2. С. 108-109; “Record of a Meeting Between T. V. Soong and Stalin,” July 09, 1945, History and Public Policy Program Digital Archive, Victor Hoo Collection, box 6, folder 9, Hoover Institution Archives. Contributed by David Wolff. http://digitalarchive.wilsoncenter.org/document/123425［二〇二〇年八月七日参照］。

（77） Русско-китайские отношения в XX веке Т. 4. Кн. 2. С. 102-106.

（78） Русско-китайские отношения в XX веке Т. 4. Кн. 2. С. 76.

（79） Русско-китайские отношения в XX веке Т. 4. Кн. 2. С. 76-77.

（80） Русско-китайские отношения в XX веке Т. 4. Кн. 2. С. 79.

（81） “The Secretary of State to the Ambassador in the Soviet Union (Harriman),” 6 July 1945, *FRUS, 1945, Vol. VII,* p. 918.

（82） “Harriman to President Truman and the Secretary of State,” 9 July 1945, *FRUS, 1945, Vol. VII,* p. 925.

（83） Русско-китайские отношения в XX веке Т. 4. Кн. 2. С. 78.

（84） Русско-китайские отношения в XX веке Т. 4. Кн. 2. С. 100-101.

（85） Русско-китайские отношения в XX веке Т. 4. Кн. 2. С. 89. 中国側の会談記録も内容に大差はないが、末尾に以下の一文がある。「外モンゴルの独立は、即ちこの計画の一部分である。もし外モンゴルが独立しなければ、我々は派兵進駐できない」。秦『中華民国重要史料初編――対日抗戦時期　第三編　戦時外交（二）』、六〇三頁。

(86) Русско-китайские отношения в XX веке Т. 4. Кн. 2. С. 109-110.

(87) "The Secretary of State to the Ambassador in the Soviet Union (Harriman)," 6 July 1945, *FRUS, 1945, Vol. VII,* p. 918.

(88) Русско-китайские отношения в XX веке Т. 4. Кн. 2. С. 126-127.

(89) Русско-китайские отношения в XX веке Т. 4. Кн. 2. С. 137.

(90) Русско-китайские отношения в XX веке Т. 4. Кн. 2. С. 117.

(91) 『蔣中正先生年譜長編』第八冊、一一七～一一八頁。

(92) "Military Mission Moscow to US Forces European Theater," 14 July, 1945, W. Averell Harriman Papers, Box 181, Manuscript Division, LC.

(93) 『蔣中正先生年譜長編』第八冊、一一二五～一一二六頁。

(94) "The Ambassador in China (Hurley) to the President and the Secretary of State," 20 July 1945, *FRUS, The Conference of Berlin (the Potsdam Conference), 1945, Vol. II,* pp. 1225-1227.

(95) 「蔣中正電杜魯門收到六月十五日電建議之中蘇協定大綱」蔣中正總統文物（國史館）、史料番号 002-020300-00048-060.

(96) "The Ambassador in China (Hurley) to the President and the Secretary of State," 20 July 1945, *FRUS, The Conference of Berlin (the Potsdam Conference), 1945, Vol. II,* p. 1227.

(97) "The President to the Ambassador in China (Hurley)," 23 July 1945, *FRUS, The Conference of Berlin (the Potsdam Conference), 1945, Vol. II,* p. 1241.「杜魯門電蔣中正望設法使宋子文返莫斯科繼續努力以達諒解」蔣中正總統文物（國史館）、史料番号 002-020300-00048-070.

(98) 『蔣中正先生年譜長編』第八冊、一一三〇頁。

(99) "Truman–Stalin meeting, noon," 17 July 1945, *FRUS, The Conference of Berlin (the Potsdam Conference), 1945, Vol. II,* pp. 45-46.

(100) Советско-американские отношения во время Великой Отечественной войны. Т. 2. С. 439-440.

(101) Dennis Merrill, general ed., *Documentary History of the Truman Presidency. Vol. 1*: The Decision to Drop the Atomic Bomb on Japan (Bethesda, MD: University Publications of America, 1995), p. 118.

(102) Stimson Diaries, diary entry, 15 July 1945. 七月二三日にもハリマンは、ソ連はポーランド、オーストリア、ルーマニア、ブルガリアでの影響力拡大を目論むだけでなく、トルコでの基地や、地中海にあるイタリアの旧植民地まで狙っていると語った。そして昨日は、スターリンは朝鮮をただちに信託統治にするよう再び持ちかけてきたとも語り、ソ連の膨張がアジアへ及ぶのにも警戒心を隠さなかった。Stimson Diaries diary entry, 23 July 1945.

(103) "Memorandum by the Special Assistant to the Secretary of State (Bohlen)," 28 March 1960, *FRUS, 1945, The Conference of Berlin (the Potsdam Conference), Vol. II,* p. 1587.
(104) 山田康博『原爆投下をめぐるアメリカ政治――開発から使用までの内政・外交分析』法律文化社、二〇一七年、一〇九頁。
(105) "Proposal by the United States Delegation," *FRUS, 1945, The Conference of Berlin (the Potsdam Conference), Vol. II,* p. 610.
(106) "First plenary meeting, Tuesday, July 17, 1945, 5 P. M.," *FRUS, 1945, The Conference of Berlin (the Potsdam Conference), Vol. II,* p. 57.
(107) "First plenary meeting, Tuesday, July 17, 1945, 5 P. M.," *FRUS, 1945, The Conference of Berlin (the Potsdam Conference), Vol. II,* p. 58.
(108) "Thompson Minutes," 18 July 1945, *FRUS, 1945, The Conference of Berlin (the Potsdam Conference), Vol. II,* pp. 66-67.
(109) 五百旗頭『米国の日本占領政策』下巻、二〇〇～二〇一頁。
(110) 仲晃『黙殺――ポツダム宣言の真実と日本の運命』下巻、日本放送出版協会、二〇〇〇年、四四～四六頁。
(111) 大統領から発せられた以下の草案では、「我々、アメリカ合衆国大統領とイギリス首相は」に続いて、「そして蔣介石大元帥は（and Generallismo Chiang Kai-shek）」というフレーズが、鉛筆で書き加えられている。"Draft of the Potsdam Declaration from President Harry S. Truman to Ambassador Patrick J. Hurley for Generalissimo Chiang Kai-shek," 23 July 1945. Naval Aide Files - Berlin Conference File, Harry S. Truman Presidential Library & Museum. https://www.trumanlibrary.gov/library/truman-papers/berlin-conference-file-1945/volume-x-presidents-correspondence-chiang-kai?documentid=5&pagenumber=1［二〇二〇年九月六日参照］。しかし、七月二五日にハーレー駐華米国大使から中国側に渡された草案では、「そして蔣介石大元帥は」という書き込みがない。「蔣中正電杜魯門同意來電建議之對日本公告」蔣中正総統文物（國史館）、史料番号 002-020300-00027-002.
(112) "Memorandum from Ambassador Patrick Hurley to President Harry S. Truman and Secretary of State James Byrnes, "July 26, 1945. Naval Aide Files - Berlin Conference File," Harry S. Truman Presidential Library & Museum. https://www.trumanlibrary.gov/library/truman-papers/berlin-conference-file-1945/volume-x-presidents-correspondence-chiang-kai?documentid=6&pagenumber=1［二〇二〇年九月六日参照］。
(113) A・J・ベイム（河内隆弥訳）『まさかの大統領――ハリー・S・トルーマンと世界を変えた四カ月』国書刊行会、二〇一八年、四四一～四四二頁。蔣介石がいた重慶郊外の黄山には電信がなかったため、ハーレーは黄山と重慶市街をフェリーで往復しなければならなかった。"The Ambassador in China (Hurley) to the President and the Secretary of State," 25 July 1945, *FRUS, 1945, Vol. II,* p. 1278.
(114) 抗戦歴史文献研究会編『蔣中正日記　民国三四年』、一〇九頁。『蔣中正先生年譜長編』第八冊、一二八頁。
(115) モロトフは事前に、宣言の公表を二、三日遅らせるようバーンズへ書面で申し出ていた。しかしバーンズは、その書簡を受け取ったのは七月二七日の朝だったと、その日の夜にモロトフへ言い張る。さらにバーンズは、「政治的な理由から、日本人に降伏するよう即時にアピールすることが重要だと、大統領は考えていたと説明した」。また、「ソ連政府は日本と戦争中ではないから、困らせたくなかったので、相談しなかったと述べた」。"Bohlen Minutes," 27 July 1945, *FRUS, The Conference of Berlin (the Potsdam Conference), 1945, Vol. II,* pp. 449-450. バーンズの特別補佐官、ウォルター・ブラウンの七月二七日の日記によると、選挙で負けたチャーチルが辞任する前に、彼に署名させようと急いだともバーンズは弁明し、モロトフを落ち着かせた。"Walter Brown Diaries, July 10-August 3, 1945," National Security Archive (George Washington University). https://www.documentcloud.org/documents/3913513-Walter-Brown-Diaries-July-10-August-3-1945.html ［二〇二〇年八月五日参照］。

(116) 鈴木多聞『「終戦」の政治史――一九四三～一九四五』東京大学出版会、二〇一一年、一五五頁。

(117) "The Secretary of State to the Ambassador in China (Hurley)," 28 July 1945, *FRUS, The Conference of Berlin (the Potsdam Conference), 1945, Vol. II,* p. 1245.

(118) 『蔣中正先生年譜長編』第八冊、一三一頁。

(119) Dennis Merrill, general ed., *Documentary History of the Truman Presidency. Vol. 1*: The Decision to Drop the Atomic Bomb on Japan (Bethesda, MD: University Publications of America 1995), p. 121.

(120) "Walter Brown Diaries, July 10-August 3, 1945," National Security Archive (George Washington University). https://www.documentcloud.org/documents/3913513-Walter-Brown-Diaries-July-10-August-3-1945.html ［二〇一九年四月九日参照］。

(121) "Walter Brown Diaries, July 10-August 3, 1945," National Security Archive (George Washington University). https://www.documentcloud.org/documents/3913513-Walter-Brown-Diaries-July-10-August-3-1945.html ［二〇一九年四月九日参照］。

(122) 花田智之「ソ連の対日参戦における国家防衛委員会の役割」『戦史研究年報』二一号、二〇一八年、一五～一六頁。

(123) "The Ambassador in China (Hurley) to the Secretary of State," 29 July 1945, *FRUS, 1945, Vol. VII,* p. 953.

(124) 汪朝光（箱田恵子訳）「政治と縁戚関係――蔣介石日記より見た抗日戦後期の蔣・宋関係」『孫文研究』四七号、二〇一〇年、三七頁。

(125) 『蔣中正先生年譜長編』第八冊、一三一頁。

(126) 『蔣中正先生年譜長編』第八冊、一一八頁。

(127) 『蔣中正先生年譜長編』第八冊、一二九頁。

(128) На приеме у Сталина. Тетради (журналы) записей лиц, принятых И. В. Сталиным (1924-1953 гг.). М., 2008. С. 459.

(129) Русско-китайские отношения в XX веке Т. 4. Кн. 2. С. 160.

(130) 『外交部檔案叢書——界務類　第二冊　中蘇関係巻』外交部、二〇〇一年、四四頁。
(131) "From the Secretary of State to Ambassador Harriman," 8 August, 1945, W. Averell Harriman Papers, Box 181, Manuscript Division, LC.
(132) "Memorandum of Conversation, by the Minister Counselor in the Soviet Union (Kenan)," 8 August 1945, *FRUS, 1945, Vol. VII,* p. 961.
(133) 『外交部檔案叢書——中蘇関係巻』、四五頁。
(134) Русско-китайские отношения в XX веке Т. 4. Кн. 2. С. 162.
(135) 抗戦歴史文献研究会編『蔣中正日記　民国三四年』、一一七頁。
(136) Русско-китайские отношения в XX веке Т. 4. Кн. 2. С. 165.
(137) Русско-китайские отношения в XX веке Т. 4. Кн. 2. С. 166.
(138) Русско-китайские отношения в XX веке Т. 4. Кн. 2. С. 166.
(139) Русско-китайские отношения в XX веке Т. 4. Кн. 2. С. 167.
(140) Русско-китайские отношения в XX веке Т. 4. Кн. 2. С. 169.
(141) 『蔣中正先生年譜長編』第八冊、一四五頁。
(142) 『蔣中正先生年譜長編』第八冊、一四五頁。
(143) 『蔣中正先生年譜長編』第八冊、一一四頁。
(144) 『蔣中正先生年譜長編』第八冊、一四六頁。
(145) Русско-китайские отношения в XX веке Т. 4. Кн. 2. С. 182.『外交部檔案叢書——中蘇関係巻』、四九頁。
(146) Русско-китайские отношения в XX веке Т. 4. Кн. 2. С. 185.
(147) 石井明「中ソ関係における旅順・大連問題」『国際政治』九五号、一九九〇年、五一頁。
(148) 林美莉編『王世杰日記』上巻、中央研究院近代史研究所、二〇一二年、七二三頁。
(149) 歴史学研究会編『世界史史料［一〇］』、四〇八頁。
(150) 吉田豊子「第二次世界大戦後の中蒙関係——国民政府の対応を中心に　一九四五～一九四六」石川禎浩編『現代中国文化の深層構造』京都大学人文科学研究所、二〇一五年、二一五～二一九頁。
(151) "Record of a Meeting between T.V. Soong and Stalin," July 02, 1945, History and Public Policy Program Digital Archive, Victor Hoo Collection, box 6, folder 9, Hoover Institution Archives. Contributed by David Wolff. http://digitalarchive.wilsoncenter.org/document/122505［二〇一九年一一月一五日参照］。

（152）田淵陽子「内モンゴル人民共和国臨時政府の樹立と崩壊」西村成雄、田中仁編『中華民国の制度変容と東アジア地域秩序』汲古書院、二〇〇八年、二四六～二四七頁。

（153）“Record of a Meeting Between T.V. Soong and Stalin,” August 10, 1945, History and Public Policy Program Digital Archive, Victor Hoo Collection, box 6, folder 9, Hoover Institution Archives. Contributed by David Wolff. http://digitalarchive.wilsoncenter.org/document/134355［二〇一九年一一月一五日参照］。

（154）РГАСПИ. Ф. 558. Оп.11. Д. 352. Л. 88.

（155）『蔣中正先生年譜長編』第八冊、一一三頁。

（156）“Meeting between Marshal Stalin and Dr. Soong,” June 30, 1945, History and Public Policy Program Digital Archive, Victor Hoo Collection, box 6, folder 9, Hoover Institution Archives. Contributed by David Wolff. http://digitalarchive.wilsoncenter.org/document/123400［二〇一九年一一月一五日参照］。

（157）歴史学研究会編『世界史史料［一〇］』、四〇八頁。

（158）“The Ambassador in China (Hurley) to the Secretary of State,” 16 August 1945, *FRUS, 1945, Vol. VII,* p. 445.

（159）『蔣中正先生年譜長編』第八冊、一五四頁。

（160）“From Ambassador Harriman to the President and the Secretary of State,” 10 August 1945, W. Averell Harriman Papers, Box 181, Manuscript Division, LC.

（161）“From Joint Chiefs of Staff to MacArthur, Nimitz, Wedemeyer,” 15 August 1945, W. Averell Harriman Papers, Box 181, LC.

（162）Советско-американские отношения во время Великой Отечественной войны. Т. 2. С. 486-487.

（163）“The Ambassador in the Soviet Union (Harriman) to the Secretary of State,” 27 August 1945, *FRUS, 1945, Vol. VII,* p. 981.

（164）『蔣中正先生年譜長編』第八冊、一四〇頁。

（165）宮内庁編『昭和天皇実録［九］──自昭和一八年至昭和二〇年』東京書籍、二〇一六年、七五五頁。

（166）「吳國楨呈蔣中正對於日本政府接受波茨坦條款必需由日本天皇簽署」蔣中正総統文物（國史館）、史料番号 002-020300-00027-008; “The Ambassador in China (Hurley) to the Secretary of State,” 11 August 1945, *FRUS, 1945, Vol. VII,* p. 493.

（167）歴史学研究会編『世界史史料［一〇］』、四〇八～四一〇頁。

（168）JACAR. Ref. B18090012500. 大東亜地域に関し大東亜省および我方出先機関の執りたる措置ならびに現地の状況（昭二〇、八、一九）閣議報告資料　自昭和二〇年八月（外務省外交史料館）［一四画像目］。

（169）Hans van de Ven, *China at War: Triumph and Tragedy in the Emergence of the New China, 1937-1952* (London: Profile Books, 2017;

Cambridge, MA: Harvard University Press, 2018), p. 206.

(170) 城山英巳「国民政府「対日戦犯リスト」と蔣介石の意向——天皇の訴追回避と米国の影響に関する研究」『ソシオサイエンス』二〇号、二〇一四年、五二頁。

(171) 『蔣中正先生年譜長編』第八冊、一六六頁。

(172) "Roosevelt-Stalin meeting, February 8, 1945, 3:30 P.M., Livadia Palace," 8 February 1945, *FRUS: The Conferences at Malta and Yalta, 1945*, p. 769.

(173) Dennis Merrill, general ed., *Documentary History of the Truman Presidency Vol. 2: Planning for the Post-war World: President Truman at the Potsdam Conference, July 17-August 2, 1945* (Bethesda, MD: University Publications of America, 1995), p. 34. 香港を世界の商業に開かれた自由港にしたい。そのためにも、香港をまず中国に返還する。そうすれば蔣介石は、香港が返還された翌日には自由港にする。こうした見通しを、ローズヴェルト大統領はスティルウェルにも語っていた。William Roger Louis, *Imperialism at Bay: The United States and the Decolonization of the British Empire, 1941-1945* (New York: Oxford University Press, 1978), p. 280.

(174) "Record Type: Conclusion Former Reference: CM (45) 20 Attendees," 10 August 1945, CAB 128/1/3, The National Archives, Kew.

(175) "The British Prime Minister (Attlee) to President Truman," 18 August 1945, *FRUS, 1945, Vol. VII*, p. 504.

(176) "From the Ambassador in China (Hurley) to the Secretary of State," 21 August 1945, *FRUS, 1945, Vol. VII*, pp. 507-508.

(177) "The Secretary of State to the Ambassador in China (Hurley)," 21 August 1945, *FRUS, 1945, Vol. VII*, p. 509.

(178) 「蔣中正電杜魯門公正處理香港日軍投降問題並嚴守協定」蔣中正總統文物（國史館）、史料番号 002-020400-00049-005.

(179) 『蔣中正先生年譜長編』第八冊、一六三頁。なお香港では、一九四五年九月一六日に、藤田類太郎《るいたろう》海軍中将と岡田梅吉《うめきち》陸軍少将が、イギリス軍への降伏文書に署名した。「接受日本投降受降文物——日本向香港戰區投降降書」蔣中正總統文物（國史館）、史料番号 134-010301-0111-001.

(180) 中田吉信「伊寧事変と新疆の民族運動」『東洋学報』第五一巻三号、一九六八年、二一～二二頁。

(181) "The Situation in Xinjiang," September 15, 1945, History and Public Policy Program Digital Archive, RGASPI F. 17. Op. 162, D. 37, ll. 150-151. Obtained by Jamil Hasanli and translated by Gary Goldberg. http://digitalarchive.wilsoncenter.org/document/121808［二〇二〇年八月七日参照］。

(182) 中田「伊寧事変と新疆の民族運動」、二三～二六頁。

(183) "L. Beria to Cde. V.M. Molotov," October 15, 1945, History and Public Policy Program Digital Archive, GARF, f. 9401s, op. 2, d.

10004, ll. 62-63. Obtained by Jamil Hasanli and translated by Gary Goldberg. https://digitalarchive.wilsoncenter.org/document/208328［二〇二〇年八月七日参照］。

(184) "The Ambassador in China (Hurley) to the Secretary of State," 11 August 1945, *FRUS, 1945, Vol. VII,* pp. 529-530.

(185) "The Joint Chiefs of Staff to the Commanding General, United States Forces, China Theater (Wedemeyer)," 10 August 1945, *FRUS, 1945, Vol. VII,* pp. 527-528.

(186) 『蔣中正先生年譜長編』第八冊、一四四頁。

(187) "Conversation," 27 August, 1945, W. Averell Harriman Papers, Box 182, Manuscript Division, LC.

(188) JACAR. Ref.C13070337100. 第一軍司令部備忘録綴　昭和二〇年（防衛省防衛研究所）。

(189) 『蔣中正先生年譜長編』第八冊、一六二～一六三頁。

(190) "Memorandum by Mr. Edwin A. Locke, Jr., Personal Representative of President Truman in Charge of the American Production Mission in China, to President Truman," 20 August 1945, *FRUS, 1945, Vol. VII,* pp. 450-451.

(191) "Memorandum by Mr. Edwin A. Locke, Jr., Personal Representative of President Truman in Charge of the American Production Mission in China, to President Truman," 20 August 1945, *FRUS, 1945, Vol. VII,* p. 449.

(192) 『蔣中正先生年譜長編』第八冊、一七三頁。

(193) 『蔣中正先生年譜長編』第八冊、一七三頁。

おわりに

(1) 『蔣中正先生年譜長編』第八冊、七一頁。

(2) "Memorandum of Conversations with the President during Trip to Washington, D.C., October 21 - November 19, 1944, " undated, W. Averell Harriman Papers, Box 175, Manuscript Division, LC.

史料

(1) Русско-китайские отношения в XX веке. Т. 4. Кн. 1. С. 391-394.

(2) "Agreement Regarding Entry of the Soviet Union into the War Against Japan," 10 February, 1945, *FRUS: The Conferences at Malta and Yalta, 1945*, p. 984.

史料

史料① 中ソ東アジア平和保障協定草案（中蘇保障東亜和平協定草案）

中華民国国民政府とソヴィエト社会主義共和国連邦は、ともに東アジアの平和が世界の平和の基礎となると確認し、東アジアの平和の維持が両国の共通の政策であると宣言する。そして両国の結んだ一九三七年八月二一日の中ソ不可侵条約に引き続き、東アジアの和平保障を達成するために、あらゆる手段をとるため、双方は以下の全権代表を任命してこの条約を結ぶと宣言する。

［中略］

第一条

両締約国は相互の主権と領土、ならびに政治と行政の独立を互いに尊重することを厳粛に宣言する。

第二条

両締約国は相互の政治、経済、社会組織を尊重し、前記の相互の諸機関にとって有害な、いかなるプロパガンダも活動も制限することに合意する。

第三条

両締約国のうち一方の国が、アジアの第三国に一ヶ国もしくは複数の国によって侵略された場合、もしくは両締約国のうち一方の国が、アジアの第三国に一ヶ国もしくは複数の国によって協定上の権利を侵害された場合には、もう一方の国はあらゆる必要な援助を与えなければならない。

第四条

本協定の前記条項は、両締約国がこれまでに結んだ二ヶ国間、もしくは複数の国々の間で結ばれた条約や協定から派生した権利と義務に対して、影響や変更を与えない。

第五条

両締約国は東アジアにおける平和を維持し、本協定への加盟を望むいかなる第三国をも喜んで迎える

第六条

本協定は英語で記される。本協定は前期の代表者が調印した日から効力を発し、五年間の効力を有する。両締約国ともに条約を廃止する場合には、失効の六ヶ月前には通告しなければならない。両締約国が通告を行わない場合、本協定は最初の五年間に続き、自動的に五年間延長される。さらに五年間延長されるため、次の五年間にも、両締約国ともに条約を清算する場合には、失効の六ヶ月前には通告しなければならない。[1]

史料② ヤルタ秘密協定

三大国、すなわちソヴィエト連邦、アメリカ合衆国及びグレート・ブリテンの指導者は、ソヴィエト連邦が、ドイツが降伏し、かつ、ヨーロッパにおける戦争が終了した後二ヶ月又は三ヶ月で、次のことを条件として、連合国に味方して日本国に対する戦争に参加すべきことを協定した。

一 外モンゴル（モンゴル人民共和国）の現状が維持されること。

二 一九〇四年の日本国の背信的攻撃により侵害されたロシアの旧権利が次のとおり回復されること

(a)サハリン島の南部及びこれに隣接するすべての諸島がソヴィエト連邦に返還されること。

(b)大連港が国際化され、同港におけるソヴィエト連邦の優先的利益が擁護され、かつソヴィエト社会主義共和国連邦の海軍基地としての旅順口の租借権が回復されること。

(c)中東鉄道及び大連への出口を提供する南満洲鉄道が中ソ合同会社の設立により共同で運営されること。ただし、ソヴィエト連邦の優先的利益が擁護されること及び中国が満洲における完全な主権を保持することが了解される。

三 千島列島がソヴィエト連邦に引き渡されること。

前記の外蒙古並びに港及び鉄道に関する協定は、蔣介石大元帥の同意を必要とするものとする。大統領は、この同意を得るため、スターリン元帥の勧告に基づき措置をとるものとする。

三大国の首脳は、これらソヴィエト連邦の要求が、日本国が敗北した後に確実に満たされるべきことを合意した。

ソヴィエト連邦は、中国を日本国の羈絆から解放する目的をもって、自国の軍隊により中国を援助するため、ソヴィエト社会主義共和国連邦と中国との間の友好同盟条約を中国政府と締結する用意があることを表明する。(2)

主要参考文献

【未公刊史料所蔵先】

アジア歴史資料センター（Japan Center for Asian Historical Records, 脚注ではJACARと略記）

アメリカ議会図書館手稿部（Manuscript Division, Library of Congress, Washington D.C.）

アメリカ国立公文書館（The National Archives and Records Administration）

イギリス国立公文書館（The National Archives, Kew）

ウィルソンセンター・デジタルアーカイブ（Wilson Center Digital Archive）

國史館（台北）

チャーチル・アーカイブ・センター（Churchill Archive Centre）

ローズヴェルト大統領図書館（Franklin D. Roosevelt Presidential Library and Museum）

ロシア連邦外交政策文書館（Архив внешней политики Российской Федерации, 脚注ではАВПРФと略記）

ロシア連邦国立公文書館（Государственный архив Российской Федерации, 脚注ではГАРФと略記）

ロシア国立社会政治史文書館（Российский государственный архив социально-политической истории, 脚注ではРГАСПИと略記）

【公刊史料】

日本語

アーサー・ブライアント編（新庄宗雅訳）『参謀総長の日記――英帝国陸軍参謀総長アランブルック元帥 一九三九～一九四三』フジ出版社、一九八〇年
アメリカ国務省（朝日新聞社訳）『中国白書――米国の対華関係』朝日新聞社、一九四九年
アンソニー・イーデン（南井慶二訳）『イーデン回顧録［三］――独裁者との出会い 一九三一～一九三五』みすず書房、二〇〇〇年
安藤次男「第二次大戦前におけるアメリカ孤立主義と宥和政策」『立命館国際研究』第一四巻一号、二〇〇一年
アントニー・ベスト（武田知己訳）『大英帝国の親日派――なぜ開戦は避けられなかったか』中公叢書、二〇一五年
イアン・カーショー（福永美和子訳、石田勇治監修）『ヒトラー［下］ 一九三六～一九四五――天罰』白水社、二〇一六年
家近亮子『蔣介石の外交戦略と日中戦争』岩波書店、二〇一二年
五百旗頭真『米国の日本占領政策――戦後日本の設計図』上下巻、中央公論社、一九八五年
五百旗頭真『日本の近代［六］――戦争・占領・講和 一九四一～一九五五』中央公論新社、二〇〇一年
石井明『中ソ関係史の研究（一九四五～一九五〇）』東京大学出版会、一九九〇年
石井明「中ソ関係における旅順・大連問題」『国際政治』九五号、一九九〇年
石川禎浩『シリーズ中国近現代史［三］――革命とナショナリズム 一九二五～一九四五』岩波新書、二〇一〇年
石黒亜維「モスクワ外相会議と四国宣言」西村成雄編『中国外交と国連の成立』法律文化社、二〇〇四年
石島紀之『中国民衆にとっての日中戦争――飢え、社会改革、ナショナリズム』研文出版、二〇一四年
石田憲「同床異夢の枢軸形成」工藤章、田嶋信雄編『日独関係史 一八九〇～一九四五［二］――枢軸形成の多元的力学』東京大学出版会、二〇〇八年

市川健二郎「日中戦争と東南アジア華僑」『国際政治』四七号、一九七二年
伊藤隆、劉傑編『石射猪太郎日記』中央公論社、一九九三年
稲子恒夫編著『ロシアの二〇世紀――年表・資料・分析』東洋書店、二〇〇七年
井上久士「国民政府と抗日民族統一戦線の形成――第二次国共合作論への一視角」中国現代史研究会編『中国国民政府史の研究』汲古書院、一九八六年
岩谷將「一九三〇年代半ばにおける中国の国内情勢判断と対日戦略――蔣介石の認識を中心として」『戦史研究年報』一三号、二〇一〇年
ウィンストン・チャーチル（毎日新聞社編訳）『第二次大戦回顧録　抄』中公文庫、二〇〇一年
ウード・B・バルクマン「ハルハ河の戦い（一九三九年）の史的多次元性」ボルジギン・フスレ編『国際的視野のなかのハルハ河・ノモンハン戦争』三元社、二〇一六年
臼井勝美編『現代史資料［九］――日中戦争［二］』みすず書房、一九六四年
臼井勝美『新版　日中戦争』中公新書、二〇〇〇年
海野芳郎「ブリュッセル会議への期待と幻影――日中紛争の奔流に脆くも崩れた防波堤」新潟大学法学会『法政理論』第二二巻一号、一九八九年
A・C・ウェデマイヤー（妹尾作太男訳）『ウェデマイヤー回想録――第二次大戦に勝者なし』読売新聞社、一九六七年
A・J・ベイム（河内隆弥訳）『まさかの大統領――ハリー・S・トルーマンと世界を変えた四カ月』国書刊行会、二〇一八年
王柯『東トルキスタン共和国研究――中国のイスラムと民族問題』東京大学出版会、一九九五年
王建朗（石川誠人訳）「抗戦時期国民政府の版図構想とその変化についての試論」山田辰雄、松重充浩編著『蔣介石研究――政治、戦争、日本』東方書店、二〇一三年

汪朝光（箱田恵子訳）「政治と縁戚関係――蔣介石日記より見た抗日戦後期の蔣・宋関係」『孫文研究』四七号、二〇一〇年
小此木政夫『朝鮮分断の起源――独立と統一の相克』慶應義塾大学出版会、二〇一八年
大井孝『欧州の国際関係　一九一九～一九四六――フランス外交の視角から』たちばな出版、二〇〇八年
大石恵「日中戦争期におけるアメリカの対華支援［一］――経済的動機を中心に」京都大学経済学会『経済論叢』第一六六巻四号、二〇〇一年
尾崎秀実（米谷匡史編）『尾崎秀実時評集――日中戦争期の東アジア』平凡社、二〇〇四年
笠原孝太「ブリュヘル元帥粛清から見た張鼓峯事件とソ連」麻田雅文編『ソ連と東アジアの国際政治　一九一九～一九四二』みすず書房、二〇一七年
香島明雄『中ソ外交史研究　一九三七～一九四六』世界思想社、一九九〇年
加藤公一「アジア太平洋戦争末期の米国の対日戦略と中国――スティルウェル解任とソ連参戦問題」『一橋論叢』第一二三巻二号、二〇〇〇年
加藤公一「『スティルウェル事件』と重慶国民政府」石島紀之、久保亨編『重慶国民政府史の研究』東京大学出版会、二〇〇四年
加藤陽子『戦争の日本近現代史――東大式レッスン！　征韓論から太平洋戦争まで』講談社現代新書、二〇〇二年
上村明「アルタイ・オリアンハイ人はなぜアルタイ山脈を越えたのか？」『内陸アジア史研究』三一号、二〇一六年
辛島昇編『世界歴史大系［七］――南アジア史』山川出版社、二〇〇七年
川島真、服部龍二編『東アジア国際政治史』名古屋大学出版会、二〇〇七年
川島真「産経新聞『蔣介石秘録』の価値」山田辰雄、松重充浩編著『蔣介石研究――政治、戦争、日本』東方書店、二〇一三年
川田稔『昭和陸軍全史［三］――太平洋戦争』講談社現代新書、二〇一五年

河原地英武・平野達志訳（家近亮子・川島真・岩谷將監修）『日中戦争と中ソ関係――一九三七年ソ連外交文書　邦訳・解題・解説』東京大学出版会、二〇一八年
北岡伸一『門戸開放政策と日本』東京大学出版会、二〇一五年
樹中毅「蒋介石体制の成立――非公式エリート組織とファシズムの『中国化』」『アジア研究』五七号、二〇一一年
木畑洋一「第二次世界大戦」村岡健次、木畑洋一編『世界歴史体系　イギリス史［三］――近現代』山川出版社、一九九一年
北村稔「中華民国国民政府とナチス・ドイツの不思議な関係」『立命館文學』六〇八号、二〇〇八年
宮内庁編『昭和天皇実録［九］――自昭和一八年至昭和二〇年』東京書籍、二〇一六年
久保亨『シリーズ中国近現代史［四］　社会主義への挑戦　一九四五～一九七一』岩波新書、二〇一一年
小磯隆広『日本海軍と東アジア国際政治』錦正社、二〇二〇年
黄自進『蒋介石と日本――友と敵のはざまで』武田ランダムハウスジャパン、二〇一一年
黄自進、劉建輝、戸部良一編著『〈日中戦争〉とは何だったのか――複眼的視点』ミネルヴァ書房、二〇一七年
黄仁宇（北村稔、永井英美、細井和彦訳）『蔣介石――マクロヒストリー史観から読む蔣介石日記』東方書店、一九九七年
小松久男編『新版世界各国史［四］――中央ユーラシア史』山川出版社、二〇〇〇年
駒村哲「中ソ不可侵条約とソ連の対中国軍事援助」『一橋論叢』第一〇巻一号、一九八九年
佐々木雄太『三〇年代イギリス外交戦略――帝国防衛と宥和の論理』名古屋大学出版会、一九八七年
佐藤恭三「一九三〇年代後半のオーストラリア外交――コモンウェルスと太平洋国家意識の狭間」『国際政治』六八号
佐藤卓己・孫安石編『東アジアの終戦記念日――敗北と勝利のあいだ』ちくま新書、二〇〇七年
佐藤元英『外務官僚たちの太平洋戦争』ＮＨＫブックス、二〇一五年
城山英巳「国民政府「対日戦犯リスト」と蒋介石の意向――天皇の訴追回避と米国の影響に関する研究」『ソシオサ

イエンス』二〇号、二〇一四年
斎藤治子『リトヴィーノフ――ナチスに抗したソ連外交官』岩波書店、二〇一六年
斎藤元秀『ロシアの対日政策――帝政ロシアからソ連崩壊まで』上巻、慶應義塾大学出版会、二〇一八年
サキ・ドクリル「対日戦に関する英国の大戦略」『戦争史研究国際フォーラム報告書　第一回』防衛省、二〇〇三年
鹿錫俊『中国国民政府の対日政策――一九三一～一九三三』東京大学出版会、二〇〇一年
鹿錫俊『蔣介石の「国際的解決戦略」　一九三七～一九四一――「蔣介石日記」から見る日中戦争の深層』東方書店、二〇一六年
鹿錫俊「日中戦争長期化の政策決定過程におけるソ連要因の虚実――蔣介石らの私文書に基づく中国側の対応の考察を中心に」『軍事史学』第五三巻二号、二〇一七年
鹿錫俊「陳立夫訪ソをめぐる日中ソ関係史の謎解き――秘密はなぜ漏洩したのか、日本はなぜ柔軟に対応したのか」『北東アジア研究』二九号、二〇一八年
島田顕『ソ連・コミンテルンとスペイン内戦――モスクワを中心にしたソ連とコミンテルンのスペイン内戦介入政策の全体像』れんが社書房新社、二〇一一年
周俊「海南島作戦をめぐる日本海軍の戦略認識――南進問題か対英問題か」『アジア太平洋研究科論集』三三号、二〇一七年
周仏海（蔡徳金編、村田忠禧他訳）『周仏海日記』みすず書房、一九九二年
下田貴美子「ソ連の対中外交の成果としての一九三七年中ソ不可侵条約」『アジア太平洋研究科論集』三五号、二〇一八年
下田貴美子「ソ連の危機、蔣介石の危機としての一九三七年ドイツの日中和平調停」『アジア太平洋研究科論集』三六号、二〇一八年
蔣介石（毎日新聞外信部訳）『中国のなかのソ連――蔣介石回顧録』毎日新聞社、一九五七年

杉田米行「一九四〇年代アメリカ対中国政策の不確定性——スティルウェル事件の一解釈」西村編『中国外交と国連の成立』法律文化社、二〇〇四年
鈴木晟「日中戦争期におけるアメリカ対日経済制裁と対華援助」『アジア研究』第三三巻一号、一九八六年
鈴木多聞『「終戦」の政治史——一九四三〜一九四五』東京大学出版会、二〇一一年
スチュアート・D・ゴールドマン（山岡由美訳）『ノモンハン一九三九』みすず書房、二〇一三年
具島兼三郎「日中戦争とイギリス」『国際政治』四七号、一九七二年
田嶋信雄「日中戦争と欧州戦争」黄自進、劉建輝、戸部良一編著『〈日中戦争〉とは何だったのか——複眼的視点』ミネルヴァ書房、二〇一七年
田嶋信雄「書評　鹿錫俊『蔣介石の「国際的解決」戦略——一九三七〜一九四一』」『軍事史学』第五四巻一号、二〇一八年
田嶋信雄「満洲事変・日中戦争と国際関係——ドイツとの関係を中心に」波多野澄雄、中村元哉編『日中戦争はなぜ起きたのか——近代化をめぐる共鳴と衝突』二〇一八年
段瑞聡「一九四二年蔣介石のインド訪問」慶應義塾大学日吉紀要刊行委員会『中国研究』第三号、二〇一〇年
段瑞聡「太平洋戦争前期における蔣介石の戦後構想（一九四一〜一九四三）」『中国研究』五号、二〇一二年
段瑞聡「蔣介石と国連の成立——ダンバートン・オークスからサンフランシスコへ」慶應義塾大学日吉紀要刊行委員会『中国研究』六号、二〇一三年
段瑞聡「太平洋戦争勃発前蔣介石の対外政略——一九四一年を中心に」山田辰雄、松重充浩編『蔣介石研究——政治・戦争・日本』東方書店、二〇一三年
高光佳絵『アメリカと戦間期の東アジア——アジア太平洋国際秩序形成とグローバリゼーション』青弓社、二〇〇八年
滝田賢治「P・ハーレーの国共調停工作一九四四〜四五」『一橋研究』第一巻三号、一九七六年

竹中千春『ガンディー――平和を紡ぐ人』岩波新書、二〇一八年
田淵陽子「内モンゴル人民共和国臨時政府の樹立と崩壊」西村成雄、田中仁編『中華民国の制度変容と東アジア地域秩序』汲古書院、二〇〇八年
T・スルタン、M・ゾリカフィリ（島村一平、八木風輝訳）「翻訳　モンゴル国のカザフ人の歴史」『人間文化――滋賀県立大学人間文化学部研究報告』三四号、二〇一三年
寺山恭輔『スターリンと新疆　一九三一～一九四九年』社会評論社、二〇一五年
等松春夫「日中戦争と太平洋戦争の戦略的関係」波多野澄雄、戸部良一編『日中戦争の国際共同研究〔二〕――日中戦争の軍事的展開』慶應義塾大学出版会、二〇〇六年
戸部良一「米英独ソ等の中国援助」河野収編『近代日本戦争史　第三編――満州事変・支那事変』同台経済懇話会、一九九五年
戸部良一「華中の日本軍、一九三八～一九四一――第一一軍の作戦を中心として」波多野澄雄、戸部良一編『日中戦争の国際共同研究〔二〕――日中戦争の軍事的展開』慶應義塾大学出版会、二〇〇六年
仲晃『黙殺――ポツダム宣言の真実と日本の運命』上下巻、日本放送出版協会、二〇〇〇年
長崎暢子『インド独立――逆光の中のチャンドラ・ボース』朝日新聞社、一九八九年
中田吉信「伊寧事変と新疆の民族運動」『東洋学報』第五一巻三号、一九六八年
永田雄三編『新版世界各国史〔九〕西アジア史Ⅱ――イラン・トルコ』山川出版社、二〇〇二年
西村成雄「張学良「游欧（ヨーロッパ）体験」の精神史――「救国」と「救亡」の葛藤」『立命館経済学』第四四巻六号、一九九六年
西村成雄「中国『東北要因』の政治的新経路形成」『現代中国研究』二三号、二〇〇八年
野中郁次郎、戸部良一、河野仁、麻田雅文『知略の本質――戦史に学ぶ逆転と勝利』日本経済新聞出版社、二〇一九年
野村浩一、近藤邦康、砂山幸雄編『新編原典中国近代思想史〔六〕――救国と民主　抗日戦争から第二次世界大戦へ』

岩波書店、二〇一一年
バーバラ・ワーセイム・タックマン（杉辺利英訳）『失敗したアメリカの中国政策――ビルマ戦線のスティルウェル将軍』朝日新聞社、一九九六年
長谷川毅『暗闘――スターリン、トルーマンと日本降伏』上下巻、中公文庫、二〇一一年
秦郁彦『日中戦争史』河出書房新社、一九六一年
波多野澄雄、戸部良一、松元崇、庄司潤一郎、川島真『決定版　日中戦争』新潮新書、二〇一八年
服部龍二『広田弘毅――「悲劇の宰相」の実像』中公新書、二〇〇八年
花田智之「ノモンハン事件・日ソ中立条約」筒井清忠編『昭和史講義――最新研究で見る戦争への道』ちくま新書、二〇一五年
平井友義「ソ連の動向」日本国際政治学会太平洋戦争原因研究部編著『新装版　太平洋戦争への道――開戦外交史［四］――日中戦争［下］』朝日新聞社、一九八七年
平井友義「ソ連の初期対日占領構想」『国際政治』八五号、一九八七年
馮青「蔣介石の日中戦争期和平交渉への認識と対応――『蔣介石日記』に基づく一考察」『軍事史学』第四五巻四号、二〇一〇年
福田茂夫「アメリカの反枢軸政策構想の形成（一九三七年――一九四一年）」日本国際政治学会太平洋戦争原因研究部編著『新装版　太平洋戦争への道　開戦外交史［六］――南方進出』朝日新聞社、一九八七年
藤井元博「重慶国民政府軍事委員会の『南進』対応をめぐる一考察――『中越関係』案を手がかりに」三田史学会『史学』八二号、二〇一四年
藤井元博「中国国民政府の対日戦略と軍事作戦――一九四二年のビルマ戦を事例として」『戦史研究年報』二二号、二〇一九年
ヘンリー・プロバート（池田清訳）「イギリスの戦略と極東戦争」細谷千博編『日英関係史――一九一七〜一九四九』

東京大学出版会、一九八二年
細谷雄一「『ユナイテッド・ネーションズ』への道［一］――イギリス外交と『大同盟』の成立、一九四一～四二年」慶應義塾大学法学研究会『法學研究――法律・政治・社会』第八三巻四号、二〇一〇年
細谷雄一「モスクワ四国宣言と英米関係――国際機構化へのイギリス外交、一九四三年」慶應義塾大学法学研究会『法學研究――法律・政治・社会』第八三巻一二号、二〇一〇年
ボリス・スラヴィンスキー（高橋実、江沢和弘訳）『考証日ソ中立条約――公開されたロシア外務省機密文書』岩波書店、一九九六年
松本和久「西安事変の『平和的解決』とソ連――外務人民委員部資料から見た中国『抗日化』認識の形成過程」『現代中国』八九号、二〇一五年
松本和久「トラウトマン工作における蔣介石の対日・対ソ戦略――「防共」をめぐる矛盾を手がかりとして」『史学雑誌』第一二六巻一〇号、二〇一七年
水羽信男「毛沢東の統一戦線論――一九三五～一九三七年を中心として」石川禎浩編『毛沢東に関する人文学的研究』京都大学人文科学研究所、二〇二〇年
三宅正樹「トラウトマン工作の性格と史料――日中戦争とドイツ外交」『国際政治』四七号、一九七二年
三宅正樹『スターリン、ヒトラーと日ソ独伊連合構想』朝日選書、二〇〇七年
森山優『日本はなぜ開戦に踏み切ったか――「両論併記」と「非決定」』新潮選書、二〇一二年
森山優『日米開戦と情報戦』講談社現代新書、二〇一六年
山田朗『昭和天皇の戦争――「昭和天皇実録」に残されたこと・消されたこと』岩波書店、二〇一七年
山田辰雄『中国国民党左派の研究』慶応通信、一九八〇年
山田康博『原爆投下をめぐるアメリカ政治――開発から使用までの内政・外交分析』法律文化社、二〇一七年
ラーズ・リー、オレーグ・フレヴニュク、オレーグ・ナウモフ（岡田良之助、萩原直訳）『スターリン極秘書簡――

モロトフあて、一九二五年～一九三六年』大月書店、一九九六年
劉紅「駐米大使胡適――知識人の対米外交（一九三八年～一九四二年）」『コスモポリス』一三号、二〇一九年
歴史学研究会編『世界史史料［一〇］二〇世紀の世界Ｉ――ふたつの世界大戦』岩波書店、二〇〇六年
楊奎松（梅村卓訳）「抗戦期間における中国共産党とコミンテルン」西村成雄、石島紀之、田嶋信雄編『国際関係のなかの日中戦争』慶應義塾大学出版会、二〇一一年
楊子震「国民政府の「対日戦後処理構想」――カイロ会談への政策決定過程」『東アジア近代史』一四号、二〇一一年
楊天石（渡辺直土訳）「蔣介石とインド独立運動」西村、石島、田嶋編『国際関係のなかの日中戦争』前掲
吉井文美「日中戦争下における揚子江航行問題――日本の華中支配と対英米協調路線の蹉跌」『史学雑誌』第一二七巻三号、二〇一八年
吉田豊子「第二次世界大戦末期の中ソ関係と中国辺疆――アルタイ事件をめぐる中ソ交渉を中心に」中央大学人文科学研究所編『民国後期中国国民党政権の研究』中央大学出版部、二〇〇五年
吉田豊子「第二次世界大戦後の中蒙関係――国民政府の対応を中心に　一九四五～一九四六」石川禎浩編『現代中国文化の深層構造』京都大学人文科学研究所、二〇一五年
米濱泰英『ソ連はなぜ八月九日に参戦したのか――満洲をめぐる中ソ米の外交戦』オーラル・ヒストリー企画、二〇一二年
李錫敏「ローズヴェルトの戦後構想と中国」慶應義塾大学法学研究会『法學研究――法律・政治・社会』第九二巻一号、二〇一九年
劉傑「太平洋戦争と中国の『大国化』」防衛省防衛研究所編『太平洋戦争の遺産と現代的意義』防衛省防衛研究所、二〇一三年

中国語

王永祥『雅爾達密約與中蘇日蘇關係』東大圖書公司、二〇〇三年
郭榮趙編譯『蔣委員長與羅斯福總統戰時通訊』中国研究中心、一九七八年
抗戦歴史文献研究会編『蔣中正日記』抗戦歴史文献研究会、二〇一五年（非売品）
高素蘭「戰時國民政府勢力進入新疆始末（一九四二〜一九四四）」『國史館學術集刊』一七号、二〇〇八年
甘粛省古籍文献整理編訳中心編『中国西北文献叢書二編――西北民俗文獻』第一一巻、二〇〇六年
朱文原他編『中華民國建國百年大事記』上巻、國史館、二〇一二年
章百家「中國為抗日尋求外國軍事援助與合作的經歷」『中共党史研究』二〇〇七年第五期
秦孝儀主編『中華民国重要史料初編――対日抗戦時期』全七編、中国国民党中央委員会党史委員会、一九八一年
秦孝儀主編『総統蔣公大事長編初稿』中国国民党中央委員会党史委員会／中正文教基金会、一九七八年〜継続刊行中
薛銜天、金東吉『民国時期中蘇関係史（一九一七〜一九四九）』上中下巻、中共党史出版社、二〇〇九年
中国人民抗日戦争記念館編著『抗戦時期蘇聯援華論』社会科学文献出版社、二〇一三年
張祖葵『蔣介石与戦時外交研究（一九三一〜一九四五）』浙江大学出版社、二〇一三年
張友坤、銭進主編『張学良年譜』社会科学文献出版、一九九六年
楊奎松『中共與莫斯科的關係（一九二〇〜一九六〇）』東大図書公司、一九九七年
李嘉谷「中蘇関係史研究二題」『抗日戦争研究』一九九五年第一期
李蓉『国共合作史――第二次国共合作』済南出版社、二〇一六年
呂芳上主編『蔣中正先生年譜長編』第六巻、國史館、二〇一四年
傅錡華、張力編『傅秉常日記　民國三三年（一九四四）』中央研究院近代史研究所、二〇一四年

英語

Banac, Ivo (ed.), The Diary of Georgi Dimitrov, *1933-1949* (New Haven: Yale University Press, 2003)

Blum, John Morton (ed.), *The Price of Vision: The Diary of Henry A. Wallace, 1942-1946* (Boston: Houghton Mifflin Company, 1973).

Brower, Charles F. *Defeating Japan: The Joint Chiefs of Staff and Strategy in the Pacific War*, 1943-1945 (New York: Palgrave Macmillan, 2012).

Butler, Susan. (ed.), *My Dear Mr. Stalin: The Complete Correspondence of Franklin D. Roosevelt and Joseph V. Stalin* (New Haven and London: Yale University Press, 2005)

Chuikov, Vasilii I. (David P. Barrett ed.), *Mission to China: Memoirs of a Soviet Military Advisor to Chiang Kaishek* (Norwalk CT: EastBridge, 2004).

Clarke III, Joseph Calvitt, *Alliance of the Colored Peoples: Ethiopia and Japan before World War II* (London: James Currey, 2011).

Dallin A. and Firsov, F. I. (eds), *Dimitrov and Stalin, 1934-1943: Letters from the Soviet Archives* (New Haven: Yale University Press, 2000).

Dimitrov, Georgi (intro. and ed. Ivo Banac). *The Diary of Georgi Dimitrov, 1933-1949* (New Haven: Yale University Press. 2003).

Fatica, Michele, "The Beginning and the End of the Idyllic Relations between Mussolini's Italy and Chiang Kai-shek's China (1930–1937)," in *Italy's Encounters with Modern China. Imperial Dreams, Strategic Ambitions,* edited by Maurizio Marinelli and Giovanni Andornino (New York: Palgrave Macmillan, 2014).

Fridrikh I. Firsov, Harvey Klehr and John Earl Haynes, *Secret Cables of the Comintern,1933-1943* (New Haven, CT: Yale University Press, 2014).

Gandhi, Mahatma, *The Collected Works of Mahatma Gandhi, Vols. 75, 76* (New Delhi: The Publications Division Government of India, 1979).

Garver, John, *Chinese–Soviet Relations, 1937-1945: The Diplomacy of Nationalism* (New York: Oxford University Press, 1988).

Gorodetsky, Gabriel (translated by Tatiana Sorokina and Oliver Ready), *The Maisky Diaries: Red Ambassador to the Court of St James's, 1932-1943* (London: Yale University Press, 2015).

Hans van de Ven, *China at War: Triumph and Tragedy in the Emergence of the New China, 1937-1952* (London: Profile Books, 2017; Cambridge, MA: Harvard University Press, 2018).

Hill, Alexander, *The Red Army and the Second World War* (New York: Cambridge University Press, 2016).

Kai-shek, Chiang, *The Collected Wartime Messages of Generalissimo Chiang Kai-shek,1937-1945* (New York: John Day, 1946).

Kimball, Warren F. (ed.), *Churchill & Roosevelt: The Complete Correspondence.* Vol. I: Alliance Emerging October 1933-November 1942 (Princeton, N.J.: Princeton University Press, 1984).

Kotkin, Stephen, *Stalin: Waiting for Hitler, 1929-1941* (New York: Penguin Press, 2017).

Louis, William Roger, *Imperialism at Bay: The United States and the Decolonization of the British Empire, 1941-1945* (New York: Oxford University Press, 1978).

Heiferman, Ronald Ian, *The Cairo Conference of 1943: Roosevelt, Churchill, Chiang Kai-shek and Madame Chiang* (Jefferson, NC: McFarland & Company, 2011).

Merrill, Dennis, general ed., *Documentary History of the Truman Presidency. Vol. 1*: The Decision to Drop the *Atomic* Bomb on Japan (Bethesda, MD: University Publications of America, 1995).

Merrill, Dennis, general ed., *Documentary History of the Truman Presidency Vol. 2: Planning for the Post-war World: President Truman at the Potsdam Conference, July 17-August 2, 1945* (Bethesda, MD: University Publications of America, 1995).

Ministry of Foreign Affairs of the USSR (ed.), *Correspondence between Stalin, Roosevelt, Truman, Churchill and Attlee during*

World War Two: Correspondence with Winston S. Churchill and Clement Attlee (July 1941-November 1945) (Moscow: Foreign Languages Publishing House, 1957).

Mona Yung-Ning Hoo, *Painting the Shadows: The Extraordinary Life of Victor Hoo* (London: Eldridge and Co., 1998).

Moorhouse, Roger, *The Devils' Alliance: Hitler's Pact with Stalin, 1939-41* (London: Bodley Head, 2014)

Roberts, Geoffrey, " 'Sexing up the Cold War: New Evidence on the Molotov–Truman Talks of April 1945,'" *Cold War History,* Vol. 4, No.3 (2004).

Romanus, Charles F. and Sunderland, R. *Stilwell's Command Problems, U.S. Army in World War II* (Washington, D.C.: U.S. Army Center of Military History, Government Printing Office, 1955).

Ruggiero, John, *Hitler's Enabler: Neville Chamberlain and the Origins of the Second World War* (Santa Barbara, CA: ABC-CLIO, 2015).

Shai, Aron, *Origins of the War in the East: Britain, China and Japan, 1937-1939* (London and New York: Routledge, 2011).

Shai, Aron, *Zhang Xueliang: The General Who Never Fought* (New York: Palgrave Macmillan, 2012).

Sontag, Raymond James and Beddie, James Stuart (eds.), *Nazi–Soviet Relations, 1939-1941: Documents from the Archives of the German Foreign Office* (Washington, D.C.: Department of State, 1948).［邦訳は、米国務省編『大戦の秘録——独外務省の機密文書より』読売新聞社、一九四九年］

Taylor, Jay, *The Generalissimo: Chiang Kai-shek and the Struggle for Modern China* (Cambridge, Mass.: Harvard University Press, 2009).

United States Department of State, *Foreign relations of the United States Diplomatic Papers*［FRUS と略記］

Utley, Jonathan G. *Going to War with Japan, 1937-1941* (New York: Fordham University Press, 2005)

Woodward E. L. and Butler, Rohan (eds.), *Documents on British Foreign Policy: 1919-1939, Third Series, Vol. VII, 1939* (London: Her Majesty's Stationery Office, 1954).

Yee Wah, Foo, “Fu Bingchang, Chiang Kai-shek and Yalta,” *Cold War History* Vol. 9, No. 3 (2009).

Yee Wah, Foo, *Chiang Kaishek's Last Ambassador to Moscow: The Wartime Diaries of Fu Bingchang* (New York: Palgrave Macmillan, 2011).

Yung-Ning Hoo, Mona, *Painting the Shadows: The Extraordinary Life of Victor Hoo* (London: Eldridge and Co., 1998).

ロシア語

ВКП(б), XVIII съезд Всесоюзной коммунистической партии (б). 10–21 марта 1939 г. Стенографический отчет. М., 1939.

ВКП(б), Коминтерн и Китай. Т. 4. ВКП(б), Коминтерн и советское движение в Китае. 1931-1937. Ч. 2. М., 2003.

ВКП(б), Коминтерн и Китай. Т. 5. ВКП(б), Коминтерн и КПК в период антияпонской войны. 1937-май 1943: Документы. М., 2007.

Джамиль Гасанлы. Синьцзян в орбите советской политики: Сталин и мусульманское движение в Восточном Туркестане (1931-1949). М., 2015.

Документы внешней политики СССР.

Министерство иностранных дел СССР, Советско-американские отношения во время Великой Отечественной войны, 1941-1945: документы и материалы. М.,1984. Т. 1-2.

Переписка И.В. Сталина с Ф. Рузвельтом и У. Черчиллем в годы Великой Отечественной войны. Документальное исследование : в 2 т. М., 2015. 英訳は、David Reynolds and Vladimir Pechatnov (ed.), *The Kremlin Letters: Stalin's Wartime Correspondence with Churchill and Roosevelt* (New Haven; London: Yale University Press, 2018). ［中国語訳は、弗拉基米爾・奥列戈維奇・佩恰特諾夫編『偉大祖国戦争期間斯大林与羅斯福和邱吉爾往来書信――文献研究』世界知識出版社発行部、二〇一七年］

Политбюро ЦК РКП(б) — ВКП(б) и Коминтерн:1919–1943 гг.: документы. М., 2004.

Русско-китайские отношения в XX веке. Т. 4: Советско-китайские отношения. 1937-1945 гг. Кн. 1: 1937-1944 гг. М., 2000.

Русско-китайские отношения в XX веке. Т. 4: Советско-китайские отношения. 1937-1945 гг. Кн. 2: 1945 г. М., 2000.

Русский архив: Великая Отечественная. Т. 18 (7-1). Советско-японская война 1945 года: история военно-политического противоборства двух держав в 30-е – 40-е годы. Документы и материалы. М., 1997.

Соколов В. В. “Забытый дипломат” Д. В. Богомолов (1890-1938) // Новая и новейшая история. 2004. No. 3.

Тайны и уроки зимней войны. 1939-1940. СПб., 2000.

Тихвинский С. Л. Переписка Чан Кайши с И. В. Сталиным и К. Е. Ворошиловым. 1937-1939 годы // С. Л. Тихвинский. Избранные произведения. Т. III. История Китая. 1919-1945. М., 2006.

Ялта-45. Начертания нового мира. Документы и фотографии из личного архива Сталина. (Актуальная история). М., 2010.

あとがき

本書は、八年間に及ぶ日中戦争の一片を切り取ったに過ぎない。それでも江湖に問うのは、母方の曽祖父や父方の祖父など、多くの人間を巻き込んだこの戦争について、研究の進展を願っているからだ。

きっかけは、「和解への道——日中戦争の再検討」というシンポジウムである。数年間にわたり、台湾や日本で開催された同シンポでの報告は、台湾で刊行された論文集に収められている（拙稿「一九三七至一九四一年間蔣介石與史達林的書信往来」黄自進主編『邁向和解之路——中日戦争的再検討』下冊、稲郷出版社、二〇一九年）。

同シンポがなければ、このテーマに深入りしなかったかもしれない。会議にお招き頂いた黄自進先生、戸部良一先生に感謝申し上げたい。日台中の研究者を前に日中戦争について話すのは大きな負荷ではあったが、研究に一層の拍車をかけた。

また、母校の学習院大学史学科からも招待を受け、僭越ながら講演する機会を得た。こちらも文章にまとめている（拙稿「蔣介石の書簡外交、一九三六〜一九四一年」『学習院史学』五六号、二〇一八年）。恩師の福井憲彦先生をはじめ、登壇にお力添え頂いた皆様に御礼を申し上げる。さらに二〇一九年九月にも、モスクワの学会で報告する機会に恵まれた。こちらは加藤聖文先生のおかげである。

このように各国で報告を重ね、多様な歴史の見方を学べたのは収穫だった。一昔前なら感情が先に立つ話題だったが、良くも悪くも、日中戦争は歴史の一部になりつつある。ただそれは、関心の低下や忘却と紙一重でもある。最近は若い研究者が研究テーマに選ばないとも聞く。

しかし、この大戦争で語られた史実は、まだ氷山の一角だろう。東アジアの国際政治史を語る上でも、日中戦争で掘り下げられるべき点はまだ尽きそうもない。

なお、書籍化に奔走して下さったのは、人文書院の敏腕編集者、井上裕美さんである。井上さんには、最終稿を渡すまでに随分お待たせした。その間の仕事が、本書に奥行きを与えたのを願うばかりだ。概して専門書は、多大な売り上げにはつながらない。それでも、労を惜しまずに取り組む編集者と出版社にめぐり会えたのは、僥倖だった。厚く御礼を申し上げる。また、イギリスの史料の閲覧については、菅沼由貴さんに大変お世話になった。

さらに謝意を呈したいのは、草稿に目を通して頂いた段瑞聡先生、岩谷將先生、寺山恭輔先生、広中一成先生である。先生方の含蓄のあるご指摘が、どれだけ勉強になったかことか。とりわけ等松春夫先生と田嶋信雄先生には、格別の御指導を賜ったことを御礼申し上げる。もちろん、本書の内容はすべて筆者に責任が帰せられる。

なお本書は、筆者が研究代表者を務めた科研費の研究成果の一部である（独立行政法人日本学術振興会若手研究（A）「日中戦争下におけるスターリンと蔣介石の往復書簡の分析」、二〇一六〜二〇一九年度）。

思い出されるのは、蔣介石について議論した岩手大学の学生たちだ。教育とは、ともに学ぶことだという原点を教えてくれたのは彼らである。

最後に、常日頃、なかなか机を離れないのに理解を示してくれた家族に、尽きせぬ感謝を捧げる。

初秋の盛岡にて

麻田雅文

や　行

ら　行

わ　行

な 行

は 行

パニューシキン、アレクサンドル　上 126, 131, 132, 134, 176, 185, 186, 191, 206/下 85, 97

ま 行

た　行

さ 行

索引（上下巻）

あ 行

か 行

著者略歴

麻田雅文（あさだ・まさふみ）
1980年　東京生まれ
2010年　北海道大学大学院文学研究科歴史地域文化学専攻スラブ社会文化論専修博士課程単位取得後退学。博士（学術）。専門は東アジア国際政治史。
現在、岩手大学人文社会科学部准教授
著書に『中東鉄道経営史―ロシアと「満洲」1896-1935』（名古屋大学出版会、2012）、『シベリア出兵』（中公新書、2016）、『日露近代史』（講談社現代新書、2018）などがある。
第8回樫山純三賞受賞。

ISBN978-4-409-51089-6 C1022

蔣介石の書簡外交
――日中戦争、もう一つの戦場――　下巻

二〇二一年一月二〇日　初版第一刷印刷
二〇二一年一月三〇日　初版第一刷発行

著者　麻田雅文
発行者　渡辺博史
発行所　人文書院
〒六一二-八四四七
京都市伏見区竹田西内畑町九
電話〇七五（六〇三）一三四四
振替〇一〇〇〇-八-一一〇三

印刷・製本　モリモト印刷株式会社
装丁　間村俊一

乱丁・落丁本は送料小社負担にてお取替いたします。

http://www.jimbunshoin.co.jp/

好評既刊書

アンドリュー・バーシェイ著　富田武訳

神々は真っ先に逃げ帰った　棄民棄兵とシベリア抑留　3800円

著者は歴史家として、シベリア抑留を北東アジアの歴史と地政学のなかに置き直し、分析に有効な例として香月泰男、高杉一郎、石原吉郎を選び出した。苛酷な抑留体験をした彼らの戦中戦後をセンシティブにたどりながら、喪失の意味をさぐる。国家が責任をとらずに、特権階級だけが真っ先に難を逃れる構造はいまもかわらない。

富田武著

シベリア抑留者への鎮魂歌　3000円

新発見の公文書から明らかにされるソ連で銃殺刑判決を受けた日本人の記録、シベリア出兵からソ連の対日参戦へ、諜報活動から長期抑留された女囚の謎、詩人石原吉郎、画家四國五郎の苛酷な抑留生活とその戦後、など様々な抑留の実態を伝える。

富田武著

シベリア抑留者たちの戦後　3000円

——冷戦下の世論と運動　1945-56 年

冷戦下で抑留問題はどう報じられ、論じられたか。
抑留問題は実態解明がまだまだ不十分である。本書は、従来手つかずだった抑留者及び遺家族の戦後初期（1945-56 年）の運動を、帰国前の「民主運動」の実態や送還の事情も含めてトータルに描く。

山室信一著

レクチャー　第一次世界大戦を考える

複合戦争と総力戦の断層　日本にとっての第一次世界大戦　1500円

複合戦争と総力戦の断層　日本にとっての第一次世界大戦
中国問題を軸として展開する熾烈なる三つの外交戦。これら五つの複合戦争の実相とそこに萌した次なる戦争の意義を問う！

山室信一著

近現代アジアをめぐる思想連鎖　各3400円

アジアの思想史脈——空間思想学の試み
アジアびとの風姿——環地方学の試み

日清・日露から安重根事件、韓国併合、辛亥革命、満洲国まで、日本を結節点としてアジアは相互に規定しあいながら近代化をすすめた。アジアの思想と空間を問い直し、思想のつながりを描き出す。

表示価格（税抜）は 2021 年 1 月現在